DER UFO-ABSTURZ BEI CORONA

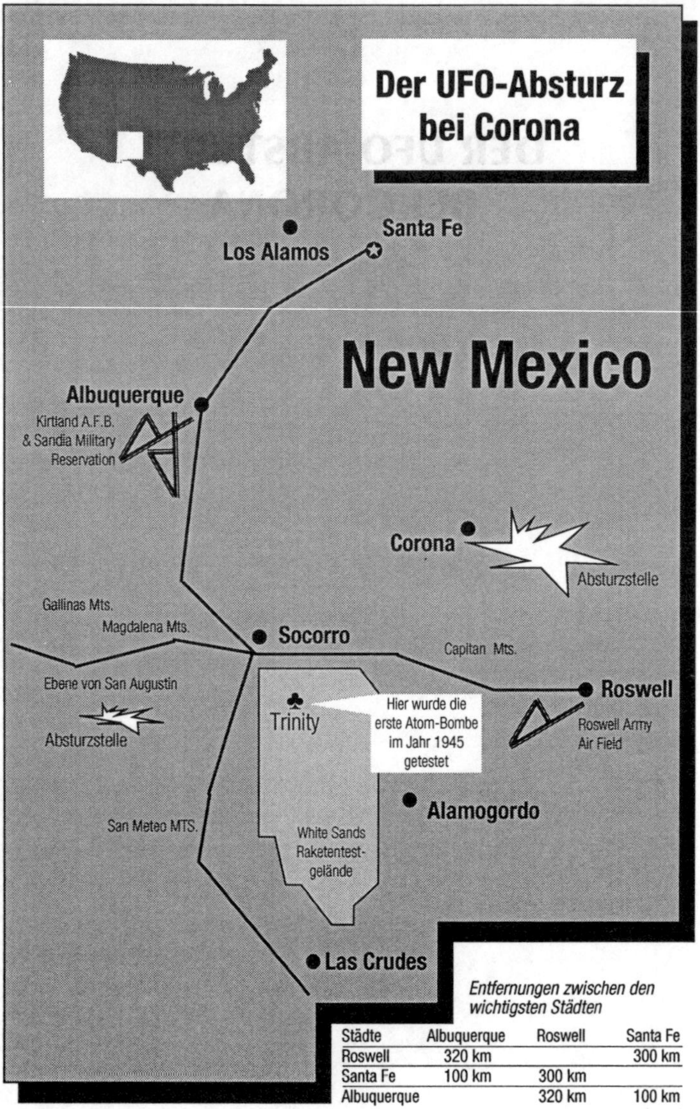

Entfernungen zwischen den wichtigsten Städten

Städte	Albuquerque	Roswell	Santa Fe
Roswell	320 km		300 km
Santa Fe	100 km	300 km	
Albuquerque		320 km	100 km

Stanton T. Friedman ■ Don Berliner

Der UFO-ABSTURZ BEI CORONA

Die Bergung eines UFOs
durch das U.S. Militär

Jochen Kopp Verlag

Original English language edition published by Paragon House, New York.

Aus dem Amerikanischen von Astrid Ogbeiwi
Umschlagabbildung: Andreas von Rétyi
Layout: Monika Hintz
Druck und Bindung: Druckerei Deile GmbH, Tübingen

Printed in Germany

ISBN 3-930219-03-4

INHALT

DANKSAGUNG

Die Autoren möchten dem „Fund for UFO Research“ und Robert Bigelow ihre aufrichtige Dankbarkeit ausdrücken für deren moralische und finanzielle Unterstützung. Wir möchten den Hunderten von Leuten unseren Dank aussprechen, mit denen wir über verschiedene Aspekte des Problems der abgestürzten Untertasse gesprochen haben, dem „Mutual UFO Network“, dafür, daß es so viele Arbeiten über abgestürzte Untertassen veröffentlicht hat, außerdem „Unsolved Mysteries“ für seine hervorragende Produktion über abgestürzte UFOs in New Mexico, deren Agenten John White und deren Herausgeber Andy DeSalvo. Unseren besonderen Dank bezeigen wir Gerald Anderson, John Carpenter, Glenn Dennis, Walter Haut, Alice Knight, Vern Maltais, Dr. Jesse Marcel, Sappho Henderson, Loretta Proctor, Robert Porter, Phyllis McGuire, Elizabeth Tulk, Barbara Dugger, Robert Shirkey, L. W. Rickett, General Thomas Jefferson DuBose, Jack Tiffany, der Forscherin Renneta Friesen und vielen anderen für ihre Zusammenarbeit, ihre Zeit und ihr Vertrauen zu uns.

Stanton Friedman möchte seiner Familie besonderen Dank aussprechen dafür, daß sie seine Besessenheit von abgestürzten Untertassen und die vielen Wochen, die er in mehr als einem Jahrzehnt von zuhause abwesend war, geduldig ertragen hat, bis er schließlich zum Co-Autor dieses Buches wurde, über das er so lange gesprochen hatte.

VORWORT

Auf seine einfachsten Begriffe reduziert, ist dies ein Buch, das eine der am häufigsten gestellten Fragen über UFOs beantworten will: Wenn sie echt sind, warum ist dann nie eines abgestürzt? Die dem zugrundeliegende Schlußfolgerung ist: Da UFOs vermutlich nicht abstürzen, können sie auch nicht echt sein.

Das Studium Tausender von Berichten ausgezeichneter Beobachter (Piloten von Fluggesellschaften und des Militärs) aus der Nähe, Beobachtungen bei Tageslicht offensichtlich gebauter Flugzeuge, deren Form und Verhalten selbst die neuesten wissenschaftlichen Theorien überbieten, unterstützt die Behauptung, daß einige der Dinger, die als UFOs beschrieben werden, beinahe mit Sicherheit echt - und vollkommen unerklärt - sind.

Der Mangel an stichhaltigen Beweisen, daß auch nur eines abgestürzt war, hat alle, die sich mit dem Thema beschäftigten, jahrzehntelang geplagt. Man konnte sich nur schwer vorstellen, daß es überhaupt konstruierte Geräte geben sollte, die so unfehlbar sind, daß sie nie versagen. Und mit nicht mehr als einem nicht nachprüfbaren Gerücht über einen Absturz war es schwer, für die Realität der UFOs, geschweige denn deren außerirdischen Ursprungs einzutreten.

Das Bedürfnis nach einem verbesserten, aktualisierten, besser verständlichen und besser lesbaren Buch, das dem „Roswell Zwischenfall" von Bill Moore und Charles Berlitz aus dem Jahre 1980 folgen sollte, lag dem Dozenten und Forscher Stanton Friedman viele Jahre lang auf dem Herzen. Er hatte bereits einen Großteil der Ermittlungen für das Buch angestellt und grub sich immer noch tiefer in den Absturz bei Corona,

New Mexico, ein (bei Roswell ist außer ein paar Buchtiteln überhaupt nichts abgestürzt; das war einfach die größte Stadt im Umkreis von 40 Kilometern um den Absturzort). Stan verbrachte Jahre mit dem Aufspüren von Zeugen und der Witwen von Zeugen, von Nachbarn und Kollegen und anderer, die auch nur ein winziges Stückchen zu der sich langsam verdichtenden Geschichte beitragen konnten.

Der Plan, zusammen mit Bill Moore ein weiterführendes Buch zu schreiben, wurde zunichte gemacht, aber die Idee und das drängende Bedürfnis blieben. Informationen und Bestätigungen früherer Informationen häuften sich zusehends, und daher wäre jedes folgende Buch zweifelsohne stärker und überzeugender. In den 80er Jahren waren jedoch formale Arbeiten, die er teilweise zusammen mit Moore verfaßte und entweder privat veröffentlichte oder bei den jährlichen Konferenzen des MUFON (Mutual UFO Network) vorstellte, das einzige, was er über die Geschichte herausließ, die er in Hunderten von Telefonaten jeden Monat und Tausenden von Meilen, die er umherreiste, zusammentrug.

Im Sommer 1989 überredete er die Produzenten der Fernsehserie der NBC „Unsolved Mysteries" zu einer längeren Folge über Ermittlungen zu dem Absturz bei Corona und fungierte als technischer Berater der Show, die die Herbstsaison 1989 einleitete. Die intensive Reaktion der Zuschauer auf die erste Ausstrahlung im September 1989 und die Wiederholung im Januar 1990 überraschten alle außer Friedman. Scharen von Zuschauern riefen unter einer speziellen Telefonnummer an, um über ihre Beziehung (direkt, indirekt, durch Hörensagen oder Einbildung) zu einigen Aspekten der rätselhaften Ereignisse in New Mexico zu berichten. So kamen doch ein paar interessante Hinweise zustande, die wiederum ein paar zuvor unvermutete Quellen wertvoller Informationen erschlossen. Dies traf insbesondere auf den weniger bekannten Absturz in der Ebene von San Augustin zu, zu dem sich ein direkter Zeuge meldete.

1989 schlug Friedman dem Literaturagenten John White ein Buch über die neuen Beweise für die Abstürze bei Corona und San Augustin vor. Etwa zu derselben Zeit offerierte auch der Wissenschafts- und Luftfahrtschriftsteller Don Berliner White eine ähnliche Idee, der zuvor einen Verleger für ein Buch über Luftfahrt für ihn gefunden hatte. White brachte sie zusammen und schlug vor, daß sie zusammenarbeiteten, wobei Friedman sich auf die Ermittlungen und Berliner aufs Schreiben konzentrieren sollte.

Die beiden hatten bereits zusammengearbeitet als 1988 der „Fund for UFO Research", in dessen Vorstand Berliner saß, die Ermittlungen über die höchst kontroversen Majestic-12 Dokumente finanzierte, die Friedman vorgeschlagen hatte. Sie kannten sich schon lange, und jeder betrachtete den anderen als Mitglied jener kleinen Gruppe in der UFO-Gemeinschaft, auf deren Arbeit man zählen konnte. Nach einer privaten Konferenz für Zeugen des Absturzes, die vom Fond finanziell unterstützt wurde, wurde Mitte 1990 ein Vertrag unterzeichnet, und die Forschungen und deren Niederschrift kamen voran.

Die Suche nach Beweisen für den Absturz auch nur eines einzigen UFOs war von einer langen Reihe von Entäuschungen begleitet, unterbrochen nur von der gelegentlichen erfreulichen Entdeckung eines Zeugen, dessen Geschichte einer Überprüfung standhielt, und dessen Hintergrund solide war. Aber die meisten Hinweise erwiesen sich als nichtig oder konnten einfach überhaupt nicht nachgeprüft werden. Eine Frau, die behauptete, ihr Vater sei Militärarzt gewesen und habe die Autopsie einer außerirdischen Leiche durchgeführt, wurde von Mitgliedern ihrer Familie schließlich als jemand entlarvt, der eine geradezu krankhaft lebhafte Phantasie hatte.

Friedman war entschlossen, einer streng wissenschaftlichen Methode zu folgen, und so begann er mit der aufreibenden Durchforstung umfangreicher Berichte, Akten und alter Zeitungen. Andere UFO-Forscher hatten vage Gerüchte aufgegriffen und sie zu wunderbar detaillierten Geschichten aufgebaut, die leider auf keinerlei Tatsachen basierten. Wiederum andere hatten offensichtlich selbst Märchen erfunden, um den unersättlichen Hunger der Presse nach Antworten auf Fragen zu befriedigen, die unbeantwortet bleiben.

Jede dieser Episoden, ob sie nun von Mitgliedern der privaten UFO-Gemeinschaft oder von Extremisten der Anti-UFO-Clique erfunden wurden, verletzen jene, die geduldig einen Berg Sand durchsiebten, in der Hoffnung, ein Körnchen Gold zu finden. Aber es fanden sich genügend glänzende Stellen, so daß der ernsthafte Sucher mehr und mehr Sand durchsiebte, in der Hoffnung, die Hauptader zu finden. Und obwohl so manches sorgfältig plazierte „Falschgold" auftauchte, gab es doch auch das Echte. Nicht der absolute Beweis, den jedermann wollte - forderte - aber eine ermutigende Sammlung überzeugender Beweisstücke.

Eines der großen Handicaps, denen Friedman sich gegenübersah, war das Alter des Ereignisses. Diejenigen, die bedeutende Positionen bekleideten, als die Abstürze sich ereigneten - Generäle, Gesetzgeber, Kabinettsmitglieder, Wissenschaftler - waren, mit ein paar wenigen Ausnahmen, lange tot. Alle Leute, die mehr als nur einen kleinen Teil der riesigen Geschichte gekannt hatten, waren nicht mehr da, und ihre Erinnerungen waren entweder klassifiziert oder sorgfältig von allem gereinigt worden, was auf eine Verwicklung hinweisen könnte. Diejenigen die noch übrig geblieben waren, waren die Statisten, Leute, die nur wenig gesehen oder gehört hatten.

Ein weiteres bedeutendes Handicap war die brillante Verschleierung durch die gesamte amerikanische Regierung, möglicherweise sogar in Zusammenarbeit mit anderen Regierungen, einschließlich des schändlich schlauen Tricks, jeden zum Narren zu machen, der mehr als zufälliges Interesse an UFOs zeigt. Und weil dies die Ermittlungen weit schwieriger machte, als sie hätten sein sollen, hatte es den unbeabsichtigt positiven Effekt, daß die Enthüllungen über die Abstürze zu echten Ereignissen wurden. Warum würde sich die Regierung andernfalls so sehr bemühen, sie als Einbildung darzustellen?

Der Beweis liegt irgendwo da draußen. Wenn wir von mindestens zwei Männern wissen, die mit dem Verpacken und dem Transport des Wracks zu tun hatten und sich Souvenirs mitnahmen, so können wir annehmen, daß auch andere sich zu kleinen Stücken unbekannten Materials verholfen haben, die vielleicht einmal bedeutenden Wert gewinnen. Ein Teil des Materials wurde wahrscheinlich von Verwandten wegwarfen, die nichts von dessen wahrer Natur wußten. Manches jedoch ist wahrscheinlich noch immer in Koffern auf Dachböden, in kleinen Kisten und vielleicht sogar zwischen den Seiten ungelesener Bücher auf einem Regal.

Es gibt Gerüchte, daß einer oder mehrere Archäologiestudenten, die zufällig auf den Absturz in der Ebene von San Augustin stießen, sich Stücke des Materials in die Tasche steckten und später in einer Höhle vergruben. Oder daß ein junger Mann, der in der Nähe der Absturzstelle bei Corona lebte, über Monate hinweg Stücke auflas und sie in einer Kaffeedose versteckte, die er in seiner kleinen Privathöhle hatte.

Und dann gibt es da noch das Material, einschließlich der Leichen, das die Regierung barg. Man schaudert bei dem Gedanken, daß etwas davon weggeworfen worden sein könnte, und deshalb muß es irgendwo versteckt sein. Mehr als einer muß die Details kennen: wo, von wem und ganz besonders warum ...

Dieses Buch ist mit Sicherheit nicht das Ende. Es ist vielmehr nur der neueste Schritt bei dieser komplexen, frustrierenden, faszinierenden Suche nach Zeugen und Beweisen für eines der erstaunlichsten Ereignisse der Weltgeschichte. Die Suche wird weitergehen, bis die Fakten veröffentlicht sind.

EINLEITUNG

Am 8. Juli 1947 war die Klappe wenige Stunden lang offen, und man konnte einen kurzen Blick auf das Rätsel werfen. Die Klappe wurde dann wieder heruntergelassen, und zwar so dicht und so autoritär, daß fast jeder vergaß, daß sie jemals offen war.

Die gänzlich unerwartete Entwicklung kam aus dem „Public Information Office" beim Armeeflugplatz Roswell im Südwesten New Mexicos. Die Presseerklärung, die von Informationsoffizier Leutnant Walter Haut auf direkten Befehl des Kommandeurs der Basis, Oberst William Blanchard verteilt wurde, war ein Schock:

> „Die zahlreichen Gerüchte über fliegende Scheiben wurden gestern wahr, als das Nachrichtenbüro der Bombergruppe 509 der Eighth Air Force, Armeeflugplatz Roswell, das Glück hatte, durch die Mithilfe eines Ranchers am Ort und des Sheriffsbüros von Chaves County in den Besitz einer Scheibe zu gelangen.
>
> Das fliegende Objekt landete letzte Woche auf einer Farm bei Roswell. Da der Rancher kein Telefon hatte, verwahrte er die Scheibe bis zu der Zeit, zu der er das Büro des Sheriffs erreichen konnte, der wiederum Major Jesse A. Marcel vom Nachrichtenbüro der Bombergruppe 509 informierte.
>
> Es wurde sofort gehandelt, und die Scheibe wurde im Haus des Ranchers abgeholt. Sie wurde auf dem Armeeflugplatz Roswell inspiziert und daraufhin von Major Marcel höheren Hauptquartieren geliehen."

Die Nachricht schoß über die Fernschreiber zu jeder Zeitung und jedem Radiosender im Land. Nach zwei Wochen vager Berichte über unglaubliche Sichtungen am Himmel war hier nun endlich etwas Greifbares. Nicht daß irgendein hartgesottener Reporter die unsinnige Geschichte für bare Münze genommen hätte, aber das war doch zumindest mehr als die übliche Behauptung einer Hausfrau, sie habe eine Aluminiumscheibe über ihren Hof fliegen sehen. Fragen überschwemmten die Nachrichtenbüros der Army Air Force von Roswell bis Washington, und viele Männer in Uniform liefen im Kreis.

Etwa drei Stunden nachdem die Geschichte herausgegeben worden war, wurde sie annulliert und durch eine vollkommen andere ersetzt: Die wunderbare „fliegende Scheibe" war nicht mehr als der Radarschirm eines wandernden Wetterballons, der von den Ersten, die ihn gesehen hatten, irgendwie falsch identifiziert worden war. Seufzer der Erleichterung ertönten im Pentagon wie auch in Redaktionsräumen, wo altgediente Journalisten versucht hatten, mit einer Meldung klar zu kommen, die überhaupt nicht in das etablierte Muster paßte.

Das Hauptquartier der U.S. Eighth Air Force in Fort Worth, Texas, wurde dann das Zentrum der Aktivitäten. Stücke der Überreste dessen, was immer es auch sei, wurden in einer B-29 Superfortress, einem der Flugzeuge, die von der Bombergruppe 509 geflogen wurden, von Roswell dorthin gebracht. Dies war die einzige Einheit der Welt, die die Ausrüstung besaß, atomare Waffen zu transportieren. Es waren die B-29 der Einheit 509, die die Atombomben über Hiroshima und Nagasaki abgeworfen hatten.

Major Marcel flog mit dem Wrack, das er von der Absturzstelle auf der Farm geborgen hatte, nach Fort Worth, und es wurde dem Kommandeur der Eighth Air Force, Brigadegeneral Roger Ramey, gezeigt. Er brachte einen kleinen Teil in ein Büro und erlaubte Pressefotografen, aus einer gewissen Entfernung Fotos zu machen, verbot ihnen aber, nahe genug heranzukommen, daß sie sie hätten berühren können. Das Büro wurde kurz geschlossen, dann wieder geöffnet, so daß die Presse Wrackteile aus der Nähe betrachten und sogar anfassen konnte.

Stabsfeldwebel Irving Newton wurde von seinem Posten als Wetteroffizier herbeigerufen und identifizierte die Wrackteile prompt als Radarschirm eines Wetterballons, der Rawinsonde genannt wurde. Er wurde verwendet, um Geschwindigkeit und Richtung von Winden in großer Höhe zu bestimmen und gehörte zu der Zeit zur Standardausrüstung.

General Ramey ging zur Funkstation auf Fort Worth, um zu erläutern, was geschehen war, und um die Dinge herunterzuspielen, obwohl sein angekündigter Plan, über NBC zu sprechen, nie ausgeführt wurde.

Währenddessen wurden Wrackteile verpackt und in ein Flugzeug geladen, um nach Wright Field in Dayton, Ohio, geflogen zu werden, der Heimat der wissenschaftlichen Labors der U.S. Army Air Force. Die Presse berichtete all dies und schloß einmütig, daß alles nur ein Irrtum gewesen sei, ein Ballon sei als fliegende Scheibe identifiziert worden.

Laut der „Washington Post" vom 9. Juli „fand [der Rancher William] Brazel die zerbrochenen Überreste des Wettergerätes über eine Quadratmeile seines Landes verstreut ... Er bündelte die Zinnfolie, die zerbrochenen Holzstäbe und die zerrissenen Plastikteile des Ballons und rollte sie unter ein Gebüsch..."

Soweit es die Presse und die Öffentlichkeit anging, war dies das Ende des Märchens von der abgestürzten „fliegenden Untertasse". Niemand dachte auch nur daran nachzufragen, warum etwas so Gewöhnliches wie ein Wetterballon solche Verwirrung gestiftet hatte. Oder wie es möglich war, daß zwei Offiziere einer Eliteeinheit der Air Force ihn nicht hatten identifizieren können. Oder wie dieses kleine zerbrechliche ulkige Gerät, das kaum mit Gewalt zur Erde gekommen sein konnte, seine Teile über „eine Quadratmeile" einer Schafranch streuen konnte.

Wären diese Fragen gestellt worden, wäre das Zuschlagen der Klappe nicht so effektiv gewesen. Aber sie wurden nicht gestellt, und man ließ zu, daß die Welle der fliegenden Untertassen von 1947 verebbte. Mehr als zwei Wochen lang waren die Zeitungen und Nachrichtensendungen voll gewesen von faszinierenden, phantastisch klingenden Geschichten über bestimmte fliegende Objekte, und nichts kam dabei heraus. Es war Zeit, zu anderen Dingen überzugehen. Die Baseball-Fahnen wehten in voller Brise, und sowohl die Presse wie auch die Öffentlichkeit waren mit ihnen vertraut und wußten, wie man mit Meldungen über Pinch-hit Homers und Shutouts umgeht. Fliegende Scheiben waren doch für alle etwas unbequem.

KAPITEL 1

Die Geschichte der Modernen Sichtungen

Bevor es UFOs gab, gab es bemerkenswerte Meteore, mysteriöse Luftschiffe, mysteriöse Flugzeuge, „Foo Fighters", Geisterraketen, fliegende Scheiben und fliegende Untertassen. In der Tat können unidentifizierte Sichtungen am Himmel so weit in der Geschichte zurückverfolgt werden, wie man nur nachforschen möchte. An Höhlenwänden in Europa fand man Zeichnungen, die als Darstellungen von Raumschiffen und Menschen aus dem Weltraum gedeutet wurden und die Zehntausende von Jahren zurückzudatieren sind. Prähistorische Linien auf einer Ebene in Peru sind Leitlinien für die Landung von UFOs, sagt man. Biblische Passagen werden als die Erscheinung dessen verstanden, was jetzt UFOs genannt wird. Im ganzen 19. Jahrhundert berichteten Schiffskapitäne und Astronomen, sie hätten Dinge am Himmel gesehen, die zu nichts Bekanntem paßten und die deshalb höchst unbefriedigend als „bemerkenswerte Meteore" bezeichnet wurden.

Unglücklicherweise gibt es keinerlei Möglichkeit bei der Überprüfung der Legitimität von Behauptungen, die älter sind als eine gewisse Reihe von Jahren, wissenschaftliche Techniken anzuwenden. Die Originalquellen sind zu vage, und die Zeugen schon lange tot, und so sind amüsante Märchen und der zwingende Hinweis auf ein Verbindungsglied zwischen dem Unbekannten der Antike und seinem modernen Gegenstück alles, was übrigbleibt. Alte Berichte wörtlich zu nehmen, wäre unwissenschaftlich und extrem. Der Schriftsteller und Philosoph Charles Fort sammelte etliche Bände von Anekdoten über Mysterien vor

1930, katalogisierte sie und überließ sie späteren Generationen zur Entzifferung.

Am Ende des 19. Jahrhunderts, als Ballonfahren ein populärer Sport war und angetriebene Ballons - Luftschiffe - getestet wurden in der Hoffnung, eine einfache Form des Lufttransportes liefern zu können, brach eine Welle von Sichtungen „mysteriöser Luftschiffe“ los. Wenn auch viele Berichte schließlich Wichtigtuern und verantwortungslosen Journalisten zugeschrieben werden mußten, ließen manche doch auf echte Maschinen schließen, deren Flugfähigkeit größer war als alles, was zu dieser Zeit als flugtauglich bekannt war.

Aber erst als der Mensch mit den ersten Flügen der Gebrüder Wright 1903 das Zeitalter des mechanischen Fluges betrat, konnten Berichte über seltsame Sichtungen in der Luft im Lichte einer sich rasch weiterentwickelnden Technologie beurteilt werden. Erst 1911/12 konnte man Flugzeuge in großer Zahl sehen, und dann hauptsächlich auch nur bei Flugshows, wo es Leute gab, die bereit waren, für dieses Privileg zu bezahlen. Dem folgte bald die erste Welle der UFO-ähnlichen Sichtungen des 20. Jahrhunderts. „Mysteriöse Flugzeuge“ genannt, erlangen sie erst jetzt allmählich ernsthaftes Interesse.

In den 30er Jahren wurde aus den Vereinigten Staaten und aus Europa über ähnliche Wellen mysteriöser Flugzeuge berichtet, die zu keinerlei bekannten Flugaktivitäten paßten. Aber erst im letzten Stadium des Zweiten Weltkrieges schenkten die Presse und die Regierungen einem damit zusammenhängenden Phänomen Aufmerksamkeit: den „Foo Fighters“.

Über diese rätselhaften, oft „verspielten“ Lichtbälle und strahlenden Kugeln berichteten die erfahrenen Besatzungen amerikanischer Kriegsflugzeuge Ende 1944 und Anfang 1945 sowohl von den europäischen wie auch von den pazifischen Kriegsschauplätzen. Es wurde berichtet, daß sie einzeln und in kleinen Formationen neben ihren Flugzeugen herflogen und sogar Fangen mit ihnen spielten. Nicht ein einziges Mal wurde davon gesprochen, daß ein Foo Fighter sich als aggressiv oder auch nur im geringsten unfreundlich erwiesen hätte. Mitten im schrecklichsten Krieg der Geschichte, ließ dies zwei mögliche Erklärungen zu: Sie waren etwas Natürliches (wie etwa das Elmsfeuer, die gespenstische atmosphärische Entladung aufgestauter statischer Elektrizität) oder es waren heimtückische feindliche Maschinen, die noch nicht so recht kampfbereit waren. Schließlich war der Himmel voller V-1-Bomben und V-2-Raketen; wer konnte sagen, welch teuflische Apparate die Nazis noch bereitmachten?

Bei den Nachrichtenbüros der Army Air Force liefen so viele Berichte über Sichtungen von Foo Fighters ein, daß den höheren Hautquartieren kaum eine andere Wahl blieb, als sie ernst zu nehmen. Die Eighth Air Force, stationiert in England und kommandiert von dem berühmten Renn- und Testpiloten Jimmy Doolittle, ließ eine Studie über die Foo Fighters anfertigen. Es kam zwar bis heute noch keine einzige Kopie davon ans Licht, aber die Studie kam angeblich zu dem Ergebnis, einige der Foo Fighters könnten deutsche oder japanische Waffen sein, die noch nicht Operationsstatus erreicht hätten, während andere Fehlinterpretationen gewöhnlicher Sichtungen sein müßten. (Nach dem Krieg wurde berichtet, daß beschlagnahmte Dokumente des Feindes gezeigt hätten, daß die Deutschen und die Japaner von den Foo Fighters wußten, aber geschlossen hatten, die rätselhaften Dinger wären wahrscheinlich Waffen der Alliierten!)

Auf der Grundlage des Wenigen, das über die Geschichte bekannt ist, kann mit einiger Sicherheit nur gesagt werden, daß die Foo Fighters eine Eigentümlichkeit der Kriegszeit waren. Sobald die Berichte über ihre Sichtung aufhörten, war es jedermann ein Leichtes, sie zu vergessen. Der Krieg war aus, und es gab bedeutendere Dinge, die die Leute beschäftigten.

Im Sommer 1946 begannen dann seltsame Sichtungen am Himmel, dieses Mal über den skandinavischen Ländern. Sie erhielten schon bald den Spitznamen „schwedische Geisterraketen", da viele angeblich lang und dünn waren wie Raketen. Die Zeitungen überall in der Gegend veröffentlichten massenhaft Berichte, und schon bald richtete der Schwedische Verteidigungsrat eine geheime Kommission ein, die die Berichte sammeln und studieren sollte. Die meisten Leute innerhalb und außerhalb der Regierung vermuteten, es handle sich um sowjetische Geräte, die mit der Hilfe gefangener Naziwissenschaftler gebaut und von Peenemünde, der legendären deutschen Testbasis, weniger als hundert Meilen jenseits des Baltikums (aus schwedischer Sicht) abgeschossen wurden.

Detaillierte Information war nur schwer zu finden, und als die schwedische Regierung jegliche Publicity zunichte machte (einen Tag, nachdem sich der ehemalige General der U.S. Army Air Force, Jimmy Doolittle, und der ehemalige Berater Eisenhowers, General David Sarnoff, mit schwedischen Regierungsvertretern getroffen hatten), wurde es fast unmöglich herauszufinden, was da geschah. Erst Ende der 80er Jahre, als die Geheimhaltung endlich gelockert wurde, hatte es den Anschein, daß die Geisterraketen möglicherweise keine sowjetischen Marschflugkörper waren und deshalb als UFO-Prototypen betrachtet werden müssen.

1946 war jedoch nur wenig über die Natur und den Ursprung der Geisterraketen bekannt, und so nahmen die Wenigen, die ernsthaft über sie nachdachten, an, es gäbe eine Verbindung zu vermutlich sowjetischen Raketen- oder Marschflugkörper Experimenten, auch wenn die raketenförmigen UFOs für gewöhnlich in gleicher Höhe wie Flugzeuge flogen und nur wenig oder gar keinen Lärm machten. Die Wissenschaftler sind sich einig, daß es solche Tests in Peenemünde nie gegeben hat, und hätte es sie gegeben, so hätte das deren Geheimhaltung wie auch die Beziehungen zu einem traditionell neutralen Nachbarn in unverantwortlicher Weise gefährdet. Aber die Logik scheint bei der Aufnahme der Geschichte in der Öffentlichkeit keine große Rolle gespielt zu haben.

Die Geisterraketen, die schließlich sogar so weit südlich wie Griechenland gesehen wurden, verschwanden Ende 1946, als ein weiteres, besonderes Zwischenspiel. Aber seltsame Sichtungen am Himmel hörten nicht auf. Sie wurden bis zum Frühjahr 1947 berichtet, aber sehr geheim, denn die Furcht vor der Lächerlichkeit hatte mehr Gewicht als die Notwendigkeit, Nachrichten zu machen oder potentiell wichtige Informationen aufzuzeichnen.

Der langsam köchelnde Topf kochte am 24. Juni 1947 mit dem historischen Erlebnis eines altgedienten Bergpiloten im Staate Washington plötzlich über. Der Pilot und Geschäftsmann Kenneth Arnold half bei der Suche nach einem vermißten militärischen Transportflugzeug in der Umgebung des 4.718 m hohen Mount Rainier, als seine Aufmerksamkeit durch den strahlenden Glanz von etwas in der Ferne gefesselt wurde. Er vergaß die Suche und konzentrierte sich auf das, was nun als eine Formation von neun rundlichen Flugkörpern erschien, die in einer Linie flogen und sich schlangenförmig um ein paar Berggipfel bewegten, die Arnold von früheren Flügen her gut kannte.

Ihre Geschwindigkeit versetzte ihn in Erstaunen, und so benutzte er den Sekundenzeiger der Uhr auf seiner Instrumententafel, um festzustellen, daß sie die 77 Kilometer zwischen Mount Rainier und Mount Adams in 1 Minute und 42 Sekunden zurückgelegt hatten, was eine Geschwindigkeit von 2700 km/h ergibt! Zu dieser Zeit lag der Geschwindigkeits-Weltrekord für Flugzeuge gerade mal bei 1033 km/h; und es würde noch 15 Jahre dauern, bis er sich 2700 km/h näherte. Es gab ein paar Experimental- und Forschungsflugzeuge, die schneller fliegen konnten als der offizielle Rekord, aber diese flogen nie in Formation.

Arnold beschrieb die Flugbewegungen der Objekte als solche, die über das Wasser hüpfenden Untertassen ähneln; dies wurde von der Presse aufgenommen und schnell zu „fliegenden Untertassen“ verdreht. Der Bericht des erfahrenen Piloten über eine Gruppe von Objekten von unkonventioneller Form, unkonventionellem Flugverhalten und verblüffender Geschwindigkeit zog sofort das Interesse des ganzen Landes auf sich - einschließlich, so kann man vernünftigerweise annehmen, der amerikanischen Luftwaffe.

Zu diesem Bericht gesellten sich bald Hunderte von weiteren aus allen Bundesstaaten über „fliegende Untertassen“ oder „fliegende Scheiben“, die einzeln oder in Formation flogen. Viele kamen von hochqualifizierten Beobachtern wie dem Piloten und dem Kopiloten einer DC-4 der United Airlines und etlichen Offizieren der geheimen Testbasis der Army Air Force in Muroc Field, Kalifornien (dem späteren Luftwaffenstützpunkt Edwards). Diese erste amerikanische UFO-Welle erreichte die Hochwassermarke am Wochenende um den 4. Juli, als innerhalb weniger Tage etliche hundert Sichtungen festgehalten wurden, die sich auch noch nach dem Feiertag in großer Zahl fortsetzten, obwohl die meisten Amerikaner an ihren Arbeitsplatz zurückgekehrt waren.

Die Untertassen seien mit hoher und niedriger Geschwindigkeit in großer und niederer Höhe geflogen. Sie flogen leise, manchmal mit leicht schwirrendem oder summendem Geräusch. Aber kein einziger Zeuge berichtete, daß sie mit dem Boden in Berührung gekommen wären, sei es absichtlich, in dem sie landeten, sei es unabsichtlich, etwa durch einen Absturz.

Die Zeitungen und Radiosendungen waren voller Geschichten über die rätselhaften fliegenden Scheiben, begleitet von einer langen Liste von Erklärungen von Wissenschaftlern, die es eigentlich hätten besser wissen müssen, und von gewöhnlichen Leuten, von denen man nicht erwarten konnte, daß sie wissen, worüber sie sprachen. Es müssen Flugzeuge sein oder Ballons oder Eiskristalle oder Hagelkörner, die irgendwie abgeflacht wurden (keiner erklärte je wie), so daß sie über den Himmel gleiten und dabei den Eindruck erwecken, daß sie fliegen. Es könnten die glühenden Endrohre von Jets sein. Es waren nur Flecken vor den Augen. Es war eine optische Täuschung. Oder sie waren einfach das Produkt einer wilden Phantasie.

Eines war offensichtlich: Sie konnten unmöglich das sein, als was die Leute sie beschrieben! Es gab keine runden oder scheibenförmigen Flugmaschinen. Es gab überhaupt nichts, das mit 2700 km/h durch die

Atmosphäre fliegen konnte, ohne Krach zu machen. All das summierte sich entweder zu etwas Sonderbarem oder etwas Eingebildetem.

Etliche Wochen lang flogen die Untertassen und auch die Geschichten über sie überall im Land umher, und fast jeder lachte darüber. Ganz besonders Nachrichtenkommentatoren und Karikaturisten hatten ein dankbares Objekt in fliegenden Untertassen, fliegenden Suppenschüsseln und anderen Formen himmlischer Töpferware. Dann hörte es auf. Die Untertassen hörten auf zu fliegen. Was immer sie auch waren, sie hatten eigentlich gar nichts getan. Sie hatten niemanden verletzt, keine Kotflügel zerbeult und auch niemandes Geranien zerdrückt. Zunächst war es fast so, als wenn sie überhaupt nicht da gewesen wären. Und wenn sie keinen ersichtlichen Einfluß auf das amerikanische Leben hinterlassen hatten, vielleicht waren sie dann nicht mehr als eine neue Art der Massenhysterie, ähnlich der, die Orson Welles' Hörspiel „Krieg der Welten" 1938 hervorgerufen hatte.

Echte Dinge machen ihre Anwesenheit durch mehr als nur einfallsreiche Märchen bekannt. Sie sind von Experten anerkannt. Sie bewirken Veränderungen. Aber die „fliegenden Untertassen" hatten nicht dazu geführt, daß auch nur ein einziger Wissenschaftler sich betroffen gezeigt hätte. Die Regierung - insbesondere die U.S. Army Air Force - sagte, sie seien keine amerikanischen Experimentalflugzeuge oder -raketen. Die Presse war nahezu einhellig leichtfertig in ihrer Behandlung des Phänomens. Wer kann ein paar wenigen zufälligen Beobachtern Aufmerksamkeit schenken, wo doch die Leute, die es wissen müs-sten und die es anginge, nicht eine Spur von Interesse gezeigt haben?

Allem Anschein nach kam und ging der große Schrecken der „fliegenden Untertassen" 1947 innerhalb weniger Wochen und ließ nichts Greifbareres zurück als nur Erinnerungen. Lustige und erstaunliche Erinnerungen mit Sicherheit. Aber eben doch nur Erinnerungen.

Das Argument gegen ihre Existenz als real und solide schien recht offensichtlich: Wenn fliegende Untertassen wirklich existieren und mit schöner Regelmäßigkeit über die Vereinigten Staaten flogen, dann müßte es doch auch den zufälligen Absturz geben. Alle bekannten von Menschen gemachten Fahrzeuge stürzen ab, und 1947 nahm man an, daß die fliegenden Untertassen von Menschen gemacht waren, wenn sie tatsächlich überhaupt etwas waren. Wenn sie niemals abstürzen und alles auf ein totales Fehlen von Unfällen hinwies, dann schien es doch, als wären es nicht wirklich von Menschen gemachte Geräte.

Wenn sie nichts sind, was von den Vereinigten Staaten, der UdSSR oder jemand anderem hergestellt worden war, dann müssen sie eine Mischung aus falsch identifizierten atmosphärischen und astronomischen Erscheinungen sein: Wolken, Vögel, Meteore, Sterne, Planeten. Die einzige andere Möglichkeit war, was zu dieser Zeit niemand ernsthaft vermutete: daß es außerirdische Raumschiffe sein könnten.

KAPITEL 2

Die Suche nach Beweisen beginnt

„Derjenige, mit dem Sie wirklich sprechen sollten, ist Jesse Marcel. Er hatte mit Stücken von einem dieser Dinger zu tun."

Die Bemerkung kam scheinbar aus dem Nichts, aber mit solchem Nachdruck, daß sie den geselligen Atomphysiker Stanton Friedman kurz gesagt vor den Kopf stieß. Seit elf Jahren hatte er über UFOs geforscht und vor Hunderten von Colleges und Gruppen, die sich in Beruf, Lehre oder Wissenschaft damit befaßten, Vorträge gehalten und er dachte, er sei eigentlich auf fast alles vorbereitet, einschließlich auf Berichte über abgestürzte außerirdische Flugzeuge. „Ich wußte nicht, was ich mit der Behauptung anfangen sollte, und so fragte ich: 'Wer ist das?'"

Es war der 20. Februar 1978. Friedman war in Baton Rouge, Louisiana, um an diesem Abend vor der Louisiana State University einen Vortrag zu halten, den er „Fliegende Untertassen *sind echt*" nannte. Im Zuge der Werbung für den Vortrag gab er eine Reihe von Radio- und Fernsehinterviews, und er befand sich gerade mit dem Direktor einer der Fernsehsender in der Kaffeepause, als diese Bemerkung in einer ansonsten belanglosen Unterhaltung fiel.

Der Fernsehdirektor erklärte, Marcel sei Major bei der Army Air Force gewesen „und habe mit dem Wrack eines dieser Dinger zu tun gehabt", will heißen, einer abgestürzten fliegenden Untertasse. Marcel war kein Fremder, der den Sender aus einem Impuls heraus angerufen hatte und mit dieser unwahrscheinlichen Geschichte herausgeplatzt war. „Wir sind alte Radio-Hasen", erklärte der Direktor. „Ich kenne ihn seit Jahren; er ist ein sehr zuverlässiger Mensch."

Nun haben ja jede Menge Leute für jeden, bei dem sie Grund haben anzunehmen, daß er sie nicht auslachen würde, insbesondere sei einem Wissenschaftler, der sich für UFOs ausspricht, Geschichten über fliegende Untertassen auf Lager. Geschichten über lustige Lichter, die sie gesehen haben, während sie des Nachts durch die Wüste fuhren. Geschichten über Bekannte, die behaupten, jemanden zu kennen, der mit mit jemandem zusammengearbeitet hatte, der sagte, er wisse, wo die Leichen der Besatzung einer fliegenden Untertasse verwahrt würden. Geschichten, die beeindruckend sein mögen, denen aber jegliche Substanz oder Grundlage fehlt, auf der man sie weiterverfolgen könnte. Geschichten, die bei weitem mehr frustrieren als bilden.

Das war nicht das erste Märchen über fliegende Untertassen, das Friedman in den elf Jahren, in denen er Vorträge hielt und anderen zuhörte, zu hören bekam. Tatsächlich hatte es etliche solcher Geschichten gegeben, aber keine davon hatte zu irgendwelchen verwertbaren Beweisen geführt. 1978 grenzten Behauptungen über die Bergung abgestürzter Untertassen an Rufschädigung, und so stellte Friedman diese in seinem Gedächtnis ab und ging zur Universität, um dort seinen Vortrag zu halten, einen von Hunderten, die er in den 70er Jahren vor College-Gruppen hielt.

„Am nächsten Tag", erinnerte sich Friedman, „ich befand mich gerade auf einem Flugplatz [auf dem Weg] zu meinem nächsten Vortrag, rief ich die Auskunft an und erhielt die Nummer eines Jesse Marcel in Houma, Louisiana, und ich rief ihn an." Der Hinweis war offensichtlich doch nicht ganz so weit in den Tiefen seines Gedächtnisses versunken und kam nun wieder an die Oberfläche, weil etwas Besonderes an ihm war. „[Marcel] klang aufrichtig. Er erwähnte, er sei der Sicherheitsbeamte des Armeeflugplatzes Roswell in New Mexico gewesen, aber er könne sich nicht mehr an das genaue Datum des Absturzes erinnern ... außer, daß es Ende der vierziger Jahre gewesen sei.

Er sagte, er erhielt einen Telefonanruf aus dem Sheriffsbüro, während er gerade im Offizierskasino zu Mittag aß. Der Sheriff sagte, dieser Rancher sei mit ein paar seltsamen Wrackteilen vorbeigekommen, und es befänden sich noch viel mehr draußen auf seiner Ranch. Der Sheriff dachte, der Stützpunkt interessiere sich vielleicht dafür."

Jesse erklärte, er sei zum Büro des Sheriffs von Chaves County gegangen, habe mit dem Rancher gesprochen, sich ein kleines Wrackteil angesehen und habe dann, wieder zurück auf der Luftwaffenbasis, mit seinem Vorgesetzten darüber geredet. Er wurde angewiesen, einen Mann der Spionageabwehrtruppe mitzunehmen und wieder dorthin zu gehen, um nachzusehen, was das für ein Zeug war. Genau das tat Major Marcel, zusammen mit einem Offizier namens Cavitt (er konnte sich nicht an dessen Vornamen erinnern, alle nannten ihn einfach Cav). Sie fuhren zu der Ranch, kamen bei Anbruch der Nacht an, teilten sich eine Dose Bohnen, schliefen die Nacht über in ihren Schlafsäcken und fuhren am nächsten Morgen mit dem Rancher zu der Stelle, an der das Wrack lag, wo sie jede Menge des Materials in kleinen Stücken fanden.

Marcel beschrieb Friedman das Material am Telefon und gab dabei dem altgedienten UFO-Forscher einen ersten Hinweis auf die Natur dessen, was sich möglicherweise als die wichtigste Entdeckung des Jahrtausends herausstellen könnte. Das von Wrackteilen bedeckte Gebiet war grob geschätzt etwa 1 1/4 Kilometer lang und etliche hundert Meter breit. Das Material, das Marcel und Cavitt sahen, war höchst ungewöhnlich und vollkommen unidentifizierbar. Sehr viel war folienartig: so dünn wie die Folie um eine Packung Zigaretten, genauso leicht und doch extrem fest. Es gab kurze Stücke von Streben mit seltsamen Symbolen an der Oberfläche. Es gab anderes Material, das Pergament - schwerem Papier - ähnelte und das, wie die Folie und die Streben, extrem leicht und fest war. Kein erfahrener Mann der Luftwaffe hatte je etwas gesehen, was dem auch nur entfernt ähnlich war.

„[Marcel]“ fuhr Friedman fort, „suchte nach Hinweisen auf einen Krater oder [andere Unregelmäßigkeiten in dem Gelände].“ Es gab nicht eine. Es schien ihm so, als ob es in der Luft explodiert sein mußte. Sie luden einen Haufen von dem Zeug auf einen Carry-All-Jeep der Armee und einen alten Buick-Mannschaftswagen und brachten es in die Stadt zurück. Am nächsten Tag wurde Marcel von Colonel Blanchard angewiesen, das Zeug in eine B-29 zu verfrachten und sie zum Flugplatz Wright in Ohio zu fliegen (dem Sitz der wissenschaftlichen und technischen Labors der Army Air Force, wo die unbekannten Materialien von Experten untersucht werden könnten). Beim Hauptquartier der Eighth Air Force, deren Teil sie waren, in Fort Worth, Texas, war ein Zwischenhalt vorgesehen.

„Als sie in Texas ankamen, befahl ihm Brigade General Roger Ramey, der Kopf der Eighth Air Force, nichts zu sagen. Marcel tat das auch nicht, da er unter Befehl stand. Und General Ramey sagte der Presse, es sei lediglich der Radarschirm eines Wetterballons. Einfach Schrott. Marcel sagte, ‘ich konnte nichts sagen. Es war mit Sicherheit kein Teil eines Wetterballons; das wußte ich. Aber ich wußte nicht, was es war.

Wir kamen nach Roswell zurück. Mein Bild war in allen Zeitungen am Ort;' fügte er hinzu, 'und ich weiß immer noch nicht, was es war!'"

Friedman stellte Jesse Marcel noch ein paar Fragen und verstaute dann alles an einem bestimmten Platz, der für faszinierende Hinweise reserviert war, bei denen jegliche Hoffnung auf Verifizierung fehlt. Er war auch früher schon Geschichten über abgestürzte Untertassen nachgegangen, wie zum Beispiel der, daß über ein Dutzend außerirdischer Leichen, im wahrscheinlich mythischen Hangar 18 der Wright Patterson Luftwaffenbasis versteckt sein sollten - genau dem Flugplatz Wright, später umbenannt, zu dem das Material aus Roswell angeblich geflogen worden war. Alle Geschichten endeten auf gleiche Weise damit, daß die Hauptinformationsquelle etwas im Auftrag von „jemandem sagt, ... man aber dessen Namen nicht nennen darf. Nein, man kann nicht mit ihm sprechen. Es gibt keine Möglichkeit, sie zu verifizieren, und so muß man sie einfach für bare Münze nehmen." Diese Art Information ist so lange wertlos, bis sich jemand findet, der sie bestätigt. Die Aussage einer Person allein ist nicht genug, um einem solchen einen Bericht mehr als ein paar gekritzelte Notizen zu würdigen.

Und so fiel es Friedman schwer, sonderlich aufgeregt zu sein, als er Marcels Geschichte hörte, selbst wenn sie und Marcel geradeheraus schienen. Es gab kein Datum, nicht einmal ein annäherndes, für den Bericht. Und Friedman war sehr damit beschäftigt, viele andere, scheinbar vielversprechendere Hinweise zu verfolgen.

Aber diese Geschichte, so dünn sie auch schien, nagte immerzu an Friedman. Da war etwas an diesem *Absturz* und *New Mexico*, das mehr ergab als einfach nur drei Worte. Vielleicht weil New Mexico nach dem Zweiten Weltkrieg der Schauplatz so vieler geheimer Tätigkeiten war, die für Personen unbekannten Ursprungs und unbekannter Absichten von Interesse sein könnten. Hier war das weitläufige Testgelände White Sands, wo die U.S. Army in der ersten Phase dessen, was das großartige amerikanische Weltraumprogramm werden sollte, beschlagnahmte deutsche V-2 Raketen abschoß. Und hier war Trinity Site, wo das erste atomare Gerät der Welt gezündet wurde, und Los Alamos, wo während des Krieges mit erstaunlicher Geheimhaltung die Atombombe geschaffen und wo noch weit mächtigere Waffen entwickelt wurden. Friedman hatte Los Alamos vor zehn Jahren besucht, als er am atomaren Raketenprogramm arbeitete, und dabei besonders die riesige Auswahl von Material über UFOs in der Bibliothek des Labors bemerkt. Oder vielleicht waren es andere Orte in diesem Staat, wo so viel an fortschrittlichem Radar und wer weiß was noch alles gearbeitet wurde.

Insgesamt ergab dies die recht zentralisierte Lokalisierung der fortschrittlichsten Technologie der Nation, ja in der Tat der ganzen Welt, die allesamt darauf zielte, Waffen von enormer Zerstörungskraft und die Möglichkeit des interplanetaren Raumfluges zu schaffen. All das wäre doch mit Sicherheit von großem Interesse für den, der da in scheibenförmigen Raumschiffen herumflog, seien es nun die Russen oder Außerirdische. Ganz hinten in Friedmans Kopf klickte es ein paar Mal, einschließlich eines anderen Hinweises, den er ein paar Jahre zuvor aufgelesen hatte, und der mit Marcels Geschichte in Verbindung stehen konnte. Er war aufgetaucht, als er zusammen mit der Schriftstellerin Bobbi Slate Gironda von der Westküste an einer Serie von Zeitungsartikeln arbeitete. Sie hatte von einem Förster namens Sleppy aus Südkalifornien eine interessante UFO-Anekdote gehört. „Diejenige, mit der Sie eigentlich sprechen sollten, ist meine Mutter, Lydia Sleppy“, sagte er ihr.

Zusammen machten sie Lydia ausfindig, die ihnen eine Geschichte erzählte. Sie sei in New Mexico gewesen und habe bei einem Radiosender in Albuquerque gearbeitet. Einer der Leute aus ihrer Filiale in Roswell rief an, und sagte ihr, sie solle eine Geschichte über die Bergung einer abgestürzten fliegenden Untertasse, die zum Flugplatz Wright gebracht wurde, in den Fernschreiber tippen. Er diktierte die Geschichte, und sie hatte angefangen, sie zu senden, als ihre Verbindung unterbrochen wurde. Offensichtlich überwachte das FBI diese Leitungen, was angesichts all der geheimen Arbeit, die zu der Zeit in New Mexico vor sich ging, keine Überraschung war. Sie sagten ihr: „Führen Sie diese Übermittlung nicht fort.“ Und sie tat wie ihr gesagt worden war, denn die Leute in diesem Teil des Landes waren sehr sicherheitsbewußt, selbst wenn sie nicht für die Regierung arbeiteten.

Als Mrs. Sleppy einige Zeit später mit dem Mann sprach, der ihr die Geschichte diktiert hatte, verschloß dieser sich vollkommen und weigerte sich, noch irgend etwas darüber zu sagen. Das war mit Sicherheit eine verblüffende Geschichte, wenn auch nicht viel mehr als so viele andere aus der Gerüchteküche über fliegende Untertassen, die sich aber gewöhnlich bei näherer Betrachtung in nichts auflösten. Dennoch enthielt diese die Namen einiger Personen, die daran beteiligt waren, genau die Art spezifischer Information also, die den meisten anderen Geschichten mit schöner Regelmäßigkeit auffallenderweise fehlte.

Friedman spürte ein paar der Namen nach, was aufgrund der vielen Jahre, die seit dem Ereignis vergangen waren, beträchtlichen Aufwand erforderte und er fand sich bald vor einer undurchdringlichen Mauer. Er konnte nirgendwo mehr hin. Einer wollte überhaupt nichts sagen (höchst verdächtig, aber kaum ein Beweis für irgend etwas), während ein anderer auch keine weiteren Hinweise hatte und sich nur vage an den Vorfall erinnerte. War das auch nur wieder eine von den vielen Geschichten, die am Anfang so gut klingen und sich am Ende in Luft auflösen?

Die Anekdote von Jesse Marcel könnte sich immer noch als wahr und wichtig herausstellen. Wenn der Major wirklich der war, der er zu sein behauptete, dann wäre er in einer Position gewesen, in der er gewußt hätte, was passiert war (immer vorausgesetzt, daß wirklich etwas passiert war). Aber war er, wer er zu sein behauptete, oder hatte er nur eine zu lebhafte Phantasie? Und selbst wenn er legitim war, gab es überhaupt eine Verbindung zwischen seiner Geschichte und der von Lydia Sleppy? Ereigneten sie sich überhaupt im selben Jahr? Könnte das alles nur ein Irrtum sein oder waren Informationen durcheinandergebracht worden?

Diese und noch viele weitere Zweifel trübten das Thema und ließen Friedman nicht annehmen, daß er endlich auf der richtigen Spur war. Bis sich nicht einige Zweifel geklärt hätten, war das noch nichts, worüber man nach Hause schreiben konnte. Marcels Geschichte klang mit Sicherheit aufregend und wichtig, aber Friedman hatte keinen Grund, sie mit irgend etwas anderem in Verbindung zu bringen, denn es fehlte ihr ja sogar ein auch nur annäherndes Datum. Sie wurde zu den Akten genommen, aber mit einem goldenen Stern versehen, so daß man sie auf ein kurzes Stichwort wieder finden würde, sollte das notwendig werden.

Später im selben Jahr, am 24. Oktober 1978, hielt Friedman einen Vortrag an der Bemidji State University in Minnesota, und es kam ein Paar vorsichtig auf ihn zu, das den Saal gegen Ende seines Vortrages verlassen hatte, sich dann aber dazu entschloß zurückzukommen. Nachdem der größte Teil der Zuhörer gegangen war, fragten sie ihn, ob er je von einer Untertasse gehört habe, die in New Mexico abgestürzt sei ... mit den Leichen Außerirdischer. „Ich habe Gerüchte über solche Geschichten gehört", antwortete er. „Erzählen Sie mir mehr." Das war eine von den vielen vorbereiteten Antworten, die er für Hinweise auf Lager hatte, die in der offenen Atmosphäre eines gut besuchten UFO-Vortrages oft zutage traten.

Vern und Jane Maltais erzählten ihm kurz, daß ein sehr guter Freund von ihnen, „Barney" Barnett, eine Geschichte geschildert habe, nach der er Ende der vierziger Jahre unten in New Mexico eine abgestürzte Untertasse mit den Leichen von Außerirdischen gesehen habe. Auch sie konnten kein spezifisches Jahr angeben, ganz zu schweigen von einem Monat oder Tag. Aber sie betonten, daß Barnett, Ingenieur im Staatsdienst, eine hochgeachtete Persönlichkeit war. Sie hatten keinen Grund anzunehmen, daß er ihnen etwas anderes als die Wahrheit erzählte, trotz des bizarren Inhalts der Geschichte. Abgestürzte Untertassen sind eine Sache und können sich sehr gut als futuristische amerikanische oder sogar ausländische Flugzeuge oder Raketen herausstellen. Aber die Leichen von Außerirdischen sind etwas ganz anderes und können kaum Opfer von Fehlinterpretationen sein. Leichen sind entweder Leute oder sie sind es nicht.

Die Maltais hatten über etliche Jahre Verbindung zu Barnett, aber nun war er tot. Sie dachten, Friedman könnte sich für die Geschichte interessieren, und sie hatten recht. Teile, bis jetzt noch vollkommen ohne Verbindung, begannen, sich zusammenzufügen. Er nahm ihre Namen auf, und als er am nächsten Tag zufällig William Moore über den Weg lief, einem High-School-Lehrer am Ort, von dessen Interesse an UFOs er schon seit Jahren wußte, schlug er vor, daß Moore sich die Geschichte der Maltais und Barnetts einmal näher anschauen sollte. Friedman und Moore hatten sich vor zehn Jahren zum ersten Mal getroffen, als Friedman für Westinghouse an Atomraketen arbeitete und einer UFO-Forschungsgruppe angehörte, die sich hauptsächlich aus Wissenschaftlern zusammensetzte. Er und Moore erneuerten ihre Bekanntschaft in einer Pizzeria in Minnesota.

Im Januar 1979 erfuhr Moore von einer weiteren Geschichte, die mit dem sich langsam verdichtenden Bericht über den Absturz in Zusammenhang stehen konnte. Er begann eine Korrespondenz mit Hughie Green, einem englischen Flieger und Entertainer, der in seiner Autobiographie etwas Seltsames erwähnt hatte. Als er kurz nach dem Zweiten Weltkrieg durch die Vereinigten Staaten fuhr, sagte Green, hörte er Radioberichte über die Bergung einer abgestürzten Untertasse irgendwo im Westen Amerikas. Green war insbesondere darüber erstaunt, daß es ihm unmöglich war, mehr über die Geschichte zu erfahren, als er an der Ostküste ankam. Moores Nachfrage brachte das ungefähre Datum zutage - Anfang Juli 1947- aber keine weiteren Informationen. Hier war noch ein Teil des Puzzles (oder wahrscheinlich mehrerer verschiedener Puzzles), aber noch waren die Teile klein, vage und weit verstreut. Sie bildeten noch nichts, was einer zusammenhängenden Gestalt auch nur nahe kam. Aber selbst diese wenigen Datenstückchen waren ein Fortschritt gegenüber allen früheren Geschichten über abgestürzte Untertassen.

Als sich Moore dann am 10. Februar 1979 durch die Zeitungsakten der Hauptbibliothek der Universität in Minnesota arbeitete, stieß er auf etliche Ausschnitte, die genau dasselbe beschrieben, was Jesse Marcel Friedman vor einem Jahr umrissen hatte. Das war der Durchbruch, nach dem sie gesucht hatten.

Jesse Marcel war offensichtlich genau der, der er zu sein behauptete und daher ein wichtiges Rad an einer Maschine, deren bloßer Umriß gerade erst Gestalt annahm. Er war in der Tat zur richtigen Zeit am richtigen Ort gewesen, um von dem Absturz, dem Wrack und dem Transport des rätselhaften Materials zum Flugplatz der Armee in Roswell zu erfahren. Der ehemalige Nachrichtenoffizier einer Elite-Einheit der Army Air Force war genau die Art Augenzeuge, die die Geschichte des Absturzes in die Geschichtsbücher bringen konnte. Nach mehr als dreißig Jahren hatte die Festung der offiziellen Geheimhaltung ihren ersten Riß bekommen.

Die Ausschnitte eröffneten alle möglichen Gelegenheiten zu weiterer Nachforschung. Der Name des Ranchers, auf dessen Eigentum das Ding abgestürzt war, war vorhanden: William „Mac" Brazel. Es waren etliche wichtige Militärleute erwähnt, einschließlich dem Kommandeur der Eighth Air Force, Brigadegeneral Roger Ramey, seines Personalchefs Colonel Thomas Jefferson DuBose, sowie dem Kommandeur des Stützpunktes Roswell, Colonel William Blanchard, und dem Offizier für Öffentlichkeitsarbeit, Oberleutnant Walter Haut - der die erstaunliche Meldung über die Bergung der Überreste einer „fliegenden Scheibe" herausgegeben hatte. Wenn man auch nur einen dieser Männer ausfindig machen und dazu überreden könnte auszusagen, könnte der Fall sehr viel mehr an Substanz gewinnen.

Was folgte, waren intensive Bemühungen, weitere Tatsachen und stützende Informationen unter Verwendung der traurigerweise beschränkten Ressourcen auszugraben, die bei diesem Spielstand zur Verfügung standen. Zunächst einmal mußten Friedman und Moore mehr als dreißig Jahre nach dem Ereignis Leute aufspüren, meistens Angehörige des Militärs. Wieviele von denen, die noch lebten, konnte man finden? Und wenn man jemanden ausfindig machen konnte, wäre er bereit, über eine Sache zu sprechen, die mit großer Sicherheit eng umhüllt war mit-Bedenken wegen der „nationalen Sicherheit"? Als Mitglieder der 509 Bombergruppe waren sie sicherheitsbewußter gewesen als fast alle anderen, da ihnen viele Geheimnisse über die Atombomben anvertraut worden waren, sie die einzigen beiden Atombomben der Geschichte zu

Kriegszeiten abgeworfen und an Nachkriegs-Atombombentest im Pazifik teilgenommen hatten. Sie lebten 24 Stunden am Tag mit äußersten Sicherheitsmaßnahmen.

Der offensichtliche erste Schritt war, auf den pensionierten Oberstleutnant Jesse Marcel zurückzukommen, denn sie wußten, wo er lebte und daß er willens war, über die Details, die er über den Absturz wußte, zu sprechen ... wenn nicht in der Zwischenzeit unbekannte Parteien zu ihm gekommen waren und ihn davon überzeugt hatte, daß es ihm besser erginge, wenn er den Mund hielte. Er hatte Details, die von großer Bedeutung waren, wenn sich das Ereignis als echt herausstellen sollte. Moore sprach Mitte Februar 1979 mit ihm und kam bald mit seinem Sohn in Kontakt, Jesse Jr., Arzt, Pilot und Forscher auf dem Gebiet der Flugzeugabstürze. Obwohl er zur Zeit des Absturzes erst 11 Jahre alt war, hatte er doch Kenntnisse über Teile der Geschichte, und er war nun, als führendes Mitglied seiner Gemeinde von allen, die ihn kannten, hoch geschätzt.

Im April 1979 schrieb Dr. Marcel mit zusätzlicher Information an Moore:

> Bei unserem Telefongespräch vor kurzem über den UFO-Vorfall 1947 ließ ich eine verblüffende Beschreibung des Wracks weg, aus Angst, sie könnte als blühende Phantasie eines Elfjährigen interpretiert werden. Auf der Kante einiger Strebenreste befanden sich hieroglyphenartige Zeichen. Ich fragte neulich meinen Vater danach, und auch er erinnerte sich, diese Zeichen gesehen zu haben, und beschrieb sie sogar als von rosa oder lila-rosa Farbe. Ägyptische Hieroglyphen wären eine annähernde Beschreibung der Zeichen, außer daß ich nicht glaube, daß Tierzeichen da waren, wie es sie in echten ägyptischen Hieroglyphen gibt.
>
> Ich frage mich, ob einige Überreste des Absturzes noch immer auf dem Wüstenboden in New Mexico liegen. Meinem Vater zufolge wurde etwas davon zurückgelassen, als er und seine Mannschaft die Absturzstelle besichtigten. Ich vermute jedoch, daß, sobald die wahre Natur des Flugzeuges dem Geheimdienst der Air Force bekannt geworden war, das gesamte Gebiet mit einem Staubsauger bearbeitet wurde.

Bereits 1979 wurde also nicht nur deutlich, daß etwas höchst Rätselhaftes aus der Wüste in New Mexico geborgen worden war, sondern auch daß zusätzliche Informationen darüber das Rätsel nur noch verworrener machten, statt es zu erhellen. Auf „die wahre Natur des Flugzeuges“ wurde lediglich hingewiesen, in Gesprächen über „Leichen Außerirdischer“, und nun seltsamen Symbolen auf Teilen des Wracks.

Aber Hinweise waren alles, was man hatte. Zwei Männer hatten ihren Kontakt mit dem bestimmten Wrack bezeugt, zwei Männer von gutem Ruf und mit guten Gründen, daß sie in der Position waren, Teile des Wracks gesehen zu haben. Aber eben nur zwei Männer. Kaum genug, um einen wasserdichten Fall zu schaffen, der vor Gericht zugelassen würde. Immerhin, nach dreißig Jahren fingen Leute an zu reden, und Aussichten auf weitere Enthüllungen zeichneten sich ab.

Der Schlüssel war natürlich Marcel Senior; der Wert seiner Enthüllungen ruhte auf seiner persönlichen Haltung und Verläßlichkeit. Er war überhaupt nicht die Sorte Mensch, die geheime Informationen ausplauderte, vielmehr war er ein Mann mit einer Militärkarriere, dem man vertraute. Er war kurz nach dem Absturz vom Major zum Oberstleutnant befördert worden und wurde dann mit einem wichtigen Programm auf hoher Ebene betraut, das Daten sammelte, auf der Suche nach Beweisen dafür, daß die Sowjetunion ihre erste Atomwaffe gezündet hatte. „Als wir schließlich entdeckten, daß es eine atomare Explosion gegeben hatte", sagte er dem Reporter Bob Pratt 1979, „mußte ich einen Bericht darüber schreiben. Ich hatte in der Tat genau den Bericht verfaßt, den Präsident Truman über Rundfunk verlaß und der erklärte, daß Rußland ein atomares Gerät gezündet hatte." Dieser Bericht zerschlug die Selbstgefälligkeit der Nation, da die meisten Wissenschaftler und Regierungsmitglieder angenommen hatten, die Vereinigten Staaten würden ihr Monopol auf Massenvernichtungswaffen noch etliche Jahre behalten.

Nachdem Jesse Marcel sen. einmal über den Absturz und seine Beziehung dazu gesprochen hatte, stand auch sein Sohn nicht mehr unter dem Druck, diese Geschichte nur familienintern zu behandeln, auch wenn er jetzt als Hubschrauberpilot der Nationalgarde und Vietnamveteran dem Militär angehörte. Keiner der Männer hat je angedeutet, daß in irgend einer Form Druck auf sie ausgeübt worden sei, nicht weiter über die Sache zu sprechen, oder daß Jesse sen. den Eindruck hatte, die nationale Sicherheit sei durch seine Aussage in Gefahr.

Das erste Stadium der Ermittlungen zum Absturz bei Corona war beendet. Nicht, daß eine große Zahl Details enthüllt worden wäre, aber die Realität des Absturzes von etwas sehr Seltsamem war mit ausreichendem Nachdruck festgestellt worden, um diesen Fall zu einer Höhe zu erheben, die von keiner anderen Geschichte über den Absturz einer fliegenden Untertasse je auch nur annähernd erreicht worden wäre. Sie konnte sich immer noch als Irrtum herausstellen, als Absturz einer Testrakete mit einem Affen an Bord, die durch schlampiges Nacherzählen übertrieben worden war - aber die Chancen, daß dies der Fall war, wurden immer geringer. In der Vergangenheit hatten sorgfältige Ermittlungen noch immer bedeutende Fehler in Berichten über einen Absturz zu Tage gefördert. Dieses Mal schien jedes neue Stückchen Information die Prämisse zu unterstützen, daß dies sehr wohl eine ganz große Sache sein könnte.

Bis dahin jedoch lagen noch nicht genug verläßliche Informationen vor, die es gerechtfertigt hätten, an die Öffentlichkeit zu gehen. Alles, was mit einiger Sicherheit bekannt war, war, daß Anfang Juli 1947 in New Mexico etwas Seltsames abgestürzt war; daß es laut einer offiziellen Presseverlautbarung von der Army Air Force geborgen worden war; und daß es weggeflogen wurde, wahrscheinlich zum Flugplatz Wright bei Dayton, Ohio. Es war auch bekannt, daß dem sehr schnell offizielle Dementis folgten und daß diese auch akzeptiert wurden. Friedman, der 14 Jahre lang unter Sicherheitsverordnungen gearbeitet hatte, wußte, daß die Regierung Geheimnisse auch unter recht emotionalen Bedingungen wahren konnte. Aber eine abgestürzte Untertasse und die Leichen Außerirdischer?

Die Fragen, die sich selbst bei dieser geringen Menge Informationen stellten, drängten nun an die Oberfläche:

1. Würden die Marcels ihrer Geschichte treu bleiben? Oder würden sie widerrufen oder behaupten, falsch zitiert worden zu sein, wenn die Zeit gekommen wäre, für die Sache einzustehen?
2. Würden sich genügend Zeugen finden lassen, die die Geschichte der Marcels in einer Art und Weise bestätigen könnten, die weithin akzeptiert werden würde?
3. War das geborgene Material wirklich so ungewöhnlich wie vermutet, oder könnte es als etwas erklärt werden, was zu dieser Zeit zwar unbekannt, inzwischen aber ganz alltäglich ist?
4. Wäre die amerikanische Regierung in der Lage, sobald die Geschichte ans Licht der Öffentlichkeit käme, den „Absturz" mit dermaßen überzeugenden Argumenten als etwas Normales zu erklären, daß alle Gedanken an ein außerirdisches Raumschiff verstummen müßten?
5. Was genau wurde auf der Brazel Ranch gefunden?
6. Wohin wurde das Material gebracht und was wurde damit gemacht, bevor es aus dem Südwesten abtransportiert wurde?
7. Wer hatte mit der Analyse des Materials zu tun, und wie wurden diese Leute ausgesucht?

8. Was geschah mit dem Material, nachdem die wissenschaftliche Arbeit daran abgeschlossen war?
9. Wurden Leichen gefunden? Wenn ja, was waren es für Leichen und was tat man mit ihnen?
10. Wer war verantwortlich für die große Vertuschung des Absturzes und dessen Folgen? Und was war die angebliche Rechtfertigung dafür, daß sämtliche Nachrichten über den Absturz und die Ermittlungen darüber mehr als 40 Jahre lang vor der amerikanischen Bevölkerung geheimgehalten wurden?
11. Was hatte es überhaupt in New Mexico zu suchen?
12. War es eine der vielen fliegenden Untertassen, die Ende Juni, Anfang Juli 1947 überall in den Vereinigten Staaten gesehen wurden?

Kapitel 3

Die Regierung und die UFOs

Die Vielzahl von Fragen um die Abstürze in New Mexico ist ein neues Phänomen; zur damaligen Zeit wurde den Ereignissen kaum Aufmerksamkeit geschenkt.

Die Berichte über die Bergung einer abgestürzten Scheibe und darauf die offizielle Aussage, es handle sich um nichts Aufregenderes als den Radarschirm eines Wetterballons, wurden als Teil des schwindelerregenden, verwirrenden Wirbels um die Geschichten über fliegende Untertassen hingenommen. Keiner dieser Berichte, angefangen vom allerersten von Kenneth Arnold vom 24. Juni bis zum Ende der Sichtungswelle ein paar Wochen später, ergab für die weitaus größte Mehrheit der Amerikaner irgendeinen Sinn. Ihnen fehlte die technische Ausrüstung ihrer Kinder und Kindeskinder und auch der Argwohn, den ihre Nachkommen allgemein gegen die Regierung hegen. Im Endeffekt konnten sie hinter diesen Berichten nicht mehr sehen als eine harmlose Dummheit.
Hochmanövrierfähige Flugzeuge - Jets im besonderen - tauchten gerade erst in größerer Zahl auf und waren bis dahin hauptsächlich in der Nähe von Militärflugplätzen oder bei Flugshows zu sehen. Der Tag, an dem ein riesiger Linienjet Urlauber in Freizeitkleidung fliegen würde, lag nicht nur in ferner Zukunft, sondern über ihn wurde auch nur in Zeitschriftenartikeln im Zusammenhang mit den künftigen Wunder der Wissenschaft gesprochen. Und Raumschiffe von anderen Planeten? Das war nur etwas für Comichefte, mehr nicht.

Nur wenige Leute dachten, die fliegenden Scheiben könnten etwas wirklich Neues und Anderes sein. Sie wurden eher als Mischung aus Irrtümern und Sensationsgier betrachtet. Und wenn *keine* seltsamen Flugzeuge unbekannten Ursprungs und mit unbekannten Absichten über Amerika flogen, warum sollte man einer schnell widerrufenen Behauptung, daß eines abgestürzt sei, Aufmerksamkeit schenken? Etwas, das es nicht gibt, kann wohl nicht gut abstürzen, nicht wahr? Es würde noch fast ein halbes Leben dauern, bis mehr als nur ein paar wenige Leute darüber nachdenken würden, ob UFOs abstürzen können.

In der Öffentlichkeit sah es so aus, als seien die UFOs am Ende der Sichtungswelle von 1947 wieder ins Nirgendwo geflogen. Niemand in einer einflußreichen Stellung - Regierungsmitglieder, Wissenschaftler, geachtete Reporter - vermutete, sie könnten mehr sein als nur eine kurze, besonders frivole Laune. Es hatte viel Spaß gemacht, aber jetzt war es vorbei ... außer für die, die Dinge gesehen hatten, die sie nicht erklären konnten. Ted Bloechers wegweisende Studie der Pressereaktion auf die ‚Fliegende-Untertassen-Furore' von 1947, zeigte, daß fast 1.000 Berichte über seltsame Sichtungen gemacht wurden. Darüberhinaus mag es ein Vielfaches dieser Zahl an Leuten gegeben haben, die seltsame fliegende Dinge gesehen, aber aus Angst vor der Lächerlichkeit nicht darüber gesprochen hatten. Aber das ergibt immer noch nicht mehr als ein paar Tausend Leute, die ganz persönliche Gründe dafür hatten zu glauben, daß fliegende Untertassen mehr sind als eine von Aufregung beflügelte Phantasie.

Den Amerikanern war das sehr ernsthafte Interesse, das die U.S. Army Air Force an den fliegenden Untertassen zeigte, vollkommen unbekannt. Offiziell spottete die Regierung auch weiterhin über Berichte über fliegende Untertassen und diejenigen, die sie verfaßten, und es würde noch viele Jahre dauern, bis auch nur etwas davon öffentlich bekannt werden würde, denn die ganze Sache wurde als militärisches Geheimnis von entscheidender Bedeutung behandelt. Sogar noch bevor die Sichtungswelle vom Juni/Juli 1947 angelaufen war, war bereits mit offiziellen Untersuchungen begonnen worden. Wären die Ergebnisse der Öffentlichkeit vorgestellt worden, hätte dies einen Schock ausgelöst: „Nach detaillierten Studien von Berichten, die wegen des guten Eindrucks, den sie hinsichtlich ihres Wahrheitsgehaltes und ihrer Verläßlichkeit hinterlassen hatten, ausgewählt worden waren wurden einige Schlußfolgerungen formuliert: Die Situation bezüglich der fliegenden Untertassen ist keineswegs eine reine Einbildung oder die Überinterpretation einiger natürlicher Phänomene. *Es fliegt wirklich etwas herum.*" [Betonung hinzugefügt]

Diese Stellungnahme stammt aus einem offiziellen Dokument, das vom 30. Juli 1947 datiert und auf der Auswertung von gerade einmal 15 Sichtungen von UFOs (hauptsächlich durch Piloten) zwischen dem 15. Mai (fünf Wochen *vor* dem oft veröffentlichten Bericht von Kenneth Arnolds, der das moderne UFO-Zeitalter einläutete) und dem 10. Juli basiert. Es enthielt beachtliche Informationen über die Erscheinung und das Verhalten von Dingen, von denen 99,99% der Leute der Überzeugung waren, sie seien Einbildung:

1. Die Erscheinung dieser Objekte ist metallisch, was zumindest eine metallische Außenhaut vermuten läßt.
2. Wenn ein Schweif beobachtet wird, ist sie meist leicht farbig, ein blaubrauner Schein, ähnlich den Abgasen eines Raketenmotors. Im Gegensatz zu einer Rakete mit Festbrennstoff läßt eine Beobachtung den Schluß zu, daß der Treibstoff gedrosselt sein könnte, was auf einen Flüssigen Raketenantrieb schließen läßt.
3. Was die Form angeht, so deuten alle Beobachtungen daraufhin, daß das Objekt rund oder zumindest elliptisch ist, flach am unteren und leicht gewölbt am oberen Ende. Die Größenschätzungen siedeln sich irgendwo zwischen einer C-54 und einer Constellation an (Flugzeuge in den vierziger Jahren mit einer Flügelspannweite von 36 Meter und einer Länge von 29 Meter).
4. Manche Berichte beschreiben zwei Trimmruder am hinteren Ende, symmetrisch zur Achse der Flugbewegung.
5. Es wurden Flüge gemeldet, bei denen drei bis neun in Formation flogen, immer mit Geschwindigkeiten von über 300 Knoten (560 km/h).
6. Die Scheiben oszillieren seitlich, wenn sie fliegen. Flugbewegungen können in Schlangenlinien verlaufen.

Die U.S. Army Air Force, die gerade erst bedeutenden Anteil am Sieg im größten und brutalsten Luftkrieg der Geschichte gehabt hatte, war baß erstaunt über diese hochmanövrierfähigen Flugzeuge, die an einem Himmel flogen, den sie eigentlich zu Recht als den ihren betrachtete. Die fliegenden Untertassen, fliegenden Scheiben oder fliegenden „Wer-weiß-was" waren schnell und manövrierfähig und daher in der Lage, amerikanischen Abfangjägern mit Leichtigkeit zu entgehen. Es braucht nicht viel Phantasie, um sich die Konsterniertheit auszumalen, die in den Büros hochrangiger Leute in der Army Air Force in Washington geherrscht haben muß, als sie sich dieser rätselhaften Invasion gegenübersahen, die sie als potentielle Bedrohung betrachten mußten.

Was könnten sie sagen, wenn Präsident Truman sie fragen würde, was zur Hölle vor sich ging? Sie könnten nicht behaupten, sie wüßten, was die fliegenden Untertassen wären, denn dann müßten sie Details liefern, die sie nicht hatten. Sie konnten aber auch wohl kaum zugeben, daß sich unbekannte Flugzeuge ungestraft am amerikanischen Himmel bewegten. Denn die Fragen, die darauf folgten, wären viel zu peinlich, um darüber auch nur nachzudenken. Was wäre, wenn der Streitkräfte- und der Bewilligungsausschuß des Senats Wind bekämen von der Unfähigkeit der U.S. Army Air Force, mit ausländischen Maschinen Schritt zu halten, die über amerikanische Städte fliegen? Für die Army Air Force sollte sich gerade ein lang gehegter Traum erfüllen: Sie sollten eine eigene Streitmacht werden, die United States Air Force. Ein Eingeständnis solcher Unfähigkeit könnte dies über Nacht zunichte machen, und die einst so stolzen Jungs wären dann zusammengepfercht in ein paar Büros im Keller des Landwirtschaftsministeriums.

Die einzige Lösung war, alle Anstrengungen zu unternehmen, um zu versuchen herauszufinden, was die fliegenden Untertassen waren und die gesamte Sache vor der Öffentlichkeit und dem größten Teil der Regierung vollkommen geheim zu halten, bis die U.S. Army Air Force die Kontrolle über den Himmel wieder erlangt hätte.

Am 23. September 1947, kaum zwei Monate später, erstellte das Air Materiel Command der Air Force (die technische und wissenschaftliche Abteilung) beim Nachrichtendienst der Air Force einen noch detaillierteren Bericht. Er wiederholte die Schlußfolgerungen des ersten Berichts und hätte die Öffentlichkeit ebenfalls erstaunt, wenn er nicht geheim gehalten worden wäre: „Das Phänomen ist echt und nicht visionär oder fiktiv.“

Während das amerikanische Volk und auch die meisten seiner politischen Führer in völliger Unwissenheit über das Ausmaß der offiziellen Besorgnis und Aktivitäten verharrten, wurde dennoch ein weiterer Schritt unternommen, um das Wissen über diese bestimmten fliegenden Dinger zu erweitern, denen kaum jemand außerhalb des Pentagons irgend eine Bedeutung zumaß. Am 28. Oktober 1947 wurde der Entwurf eines Befehls an amerikanische Geheimdienstdetektive überall in der Welt vorbereitet, der sie anwies, sämtliche möglicherweise relevanten Informationen über fliegende Untertassen zusammenzutragen. Der Befehl war ein Memorandum zur Sammlung von Nachrichten von Brigadegeneral George Schulgen, Chef der Abteilung Nachrichtensammlung der U.S. Air Force und basierte auf einer Zusammenfassung der Charakteristika der fliegenden Untertassen, die ihm Generalleutnant Nathan Twining, Kommandeur des Air Materiel Command, zur Verfügung gestellt hatte.

In diesem Befehl wurde zum ersten Mal offiziell die Möglichkeit erwähnt, einige fliegende Untertassen könnten außerirdische Raumschiffe sein:

> Dieses fremde Objekt oder Phänomen kann mit Blick auf bestimmte Beobachtungen als Langstreckenflugzeug betrachtet werden, das sehr hoch aufsteigen, mit hoher Geschwindigkeit fliegen kann, hoch manövrierfähig ist und in sehr engen Formationen geflogen werden kann. Zu Zwecken der Analyse und Untersuchung dieser sogenannten fliegenden Untertassen wird angenommen, daß das gesichtete Objekt ein bemanntes Flugzeug unbekannter Herkunft ist. Während nach wie vor die *Möglichkeit* besteht, daß es in Rußland hergestellt wurde, basierend auf Zukunftsdenken und echten Errungenschaften der Deutschen, *halten es bestimmte Elemente für denkbar, daß das Objekt in der Tat eine Art interplanetarisches Raumschiff darstellen könnte.* (Betonung nachträglich hinzugefügt.)

Darüber hinaus, sind in dem Befehl einige Querverweise, die wenig Sinn ergeben, sieht man sie nicht im Zusammenhang mit dem Wissen über eine fliegende Untertasse, die einige Monate zuvor in New Mexico abgestürzt war. Diese werden im folgenden Abriß der Art der Information, die der Nachrichtendienst der U.S. Air Force suchte, fett gedruckt:

> Konstruktion
> a. Art des Materials, ob metallisch, eisenhaltig, nicht eisenhaltig oder nichtmetallisch.
> b. Legierung oder Sandwichkonstruktion, bei der verschiedene Kombinationen von Metallen, **Metallfolien**, Plastik und vielleicht **Balsaholz oder ähnliches Material** verwendet wurde.
> c. Ungewöhnliche Herstellungsmethoden, mit denen ein **extrem leichtes Gewicht und strukturelle Stabilität** erreicht werden.
>
> Ausrüstung
> a. Spezielle Vorkehrungen wie **einziehbare Kuppeln** um dem Piloten und der Mannschaft ungewöhnliche Sicht zu ermöglichen.
> b. **Ungewöhnliche Formen oder Vorkehrungen in Bezug auf das Öffnen und Schließen von Türen.**

Fahrgestell

a. Geben Sie die Art des Fahrgestells an: konventionell, dreieckig, vielrädrig usw. oder von unkonventioneller Art wie z. B. ein **Dreibein** oder Kufen.

b. Vorkehrungen für das Abheben vom Eis, Schnee, Sand oder Wasser.

Antriebseinheit

a. Nuklearer Antrieb (Atomenergie). Motoren, die atomare Energie verwenden, wären vermutlich keinem bekannten Motorentyp ähnlich, obwohl atomare Energie auch in Kombination mit einem der o. a. Typen (Kolben, Düsen) verwendet werden könnte. Das Flugzeug **würde sich durch das Fehlen von Treibstoffsystemen und Platz für die Bevorratung von Treibstoff auszeichnen.**

b. Die Antriebseinheit **wäre wahrscheinlich ein integrierter Teil des Flugzeugs und wäre nicht als von dem Flugzeug getrennter Teil zu unterscheiden.**

Visuelle Beobachtungen eines Flugzeugs im Flug von außen besonders von kurzer Dauer aus weiter Entfernung - können wohl kaum Anlaß zu der Vermutung gegeben haben, daß fliegende Untertassen ein *extrem leichtes Gewicht bei struktureller Stabilität* oder *Türen* haben, *die auf ungewöhnliche Weise funktionieren,* noch daß sie aus *Metallfolien oder Balsaholz oder ähnlichem Material* gebaut sind. Und was die Vermutung angeht, daß ein Atomenergiemotor „möglicherweise ein integrierter Bestandteil des Flugzeugs sein könnte", so erforderte dies eine Inspektion aus der Nähe, um auch nur einen Hinweis darauf zu erhalten, daß dem so sein könnte. Ein Pilot oder ein Beobachter am Boden, wie geschickt und erfahren er auch immer sein mag, kann diese Dinge einfach nicht entdecken, wenn eine fliegende Maschine vorbeischießt.

Unglücklicherweise führen Hinweise, die geheim gehalten werden, zu gar nichts. Es würde noch fast zwei Generationen dauern, bis auch nur etwas von alledem auf die Wahrheit deuten würde.

Wäre dieses Memorandum zur Sammlung von Nachrichten 1947 allgemein bekannt gewesen, hätte das den Lauf der Geschichte ändern können, da es die Realität des Absturzes in New Mexico etabliert hätte. Aber es wurde bis 1985 geheim gehalten, und so gab es für niemanden außerhalb bestimmter, doppelt verschlossener Türen im Pentagon die Möglichkeit, über diese Hinweise und ihre mögliche Bedeutung nachzudenken. Oder sich zu fragen, warum der Nachrichtendienst der Air Force seine Agenten bat, nach Dingen zu suchen, auf die in keiner bekannten

Studie über fliegende Untertassen auch nur hingewiesen und die auch in keinem Bericht über eine Sichtung vor dem Erlaß des Memorandums beschrieben wurden.

Die Kluft zwischen dem, was geschah, und dem, was nach außen hin bekannt wurde, wurde immer größer. Am 22. Januar 1948, zwei Wochen nachdem der Pilot der Nationalgarde von Kentucky, Captain Thomas Mantell beim Absturz seiner P-51 Mustang bei dem Versuch starb, ein UFO zu verfolgen, das von Hunderten von Leuten gemeldet worden war, wurde auf dem Flugplatz Wright die erste bekannte Langzeituntersuchung von UFOs eingerichtet. Weil das Projekt Sign klassifiziert wurde, war es in der Öffentlichkeit als Projekt Saucer bekannt, dessen Zweck es angeblich war, Berichte von Leuten innerhalb und außerhalb der Regierung zu sammeln und zu versuchen, sie mit konventionellen Sichtungen zu verbinden: Flugzeugen, Ballons, Wolken, Planeten, Meteoren, optischen Täuschungen, Betrug und so weiter.

Irgendwann um den August 1948 erstellten die Mitglieder des Projekt Sign ihre schließlich legendäre strenggeheime Bewertung der Situation, die angeblich zu dem Schluß kam, daß die Untertassen wahrscheinlich außerirdisch waren. Sie durchlief den gesamten Dienstweg bis zum Personalchef General Hoyt Vandenberg, der sie wegen fehlender Beweise verwarf. Es wurde befohlen, sämtliche Exemplare zu vernichten, doch bestehen Gerüchte fort, daß mindestens eines erhalten sein könnte.

Am 7. Oktober 1948, Projekt Sign arbeitete seit fast neun Monaten, sandte Colonel H. H. McCoy, Nachrichtenchef des Air Materiel Command (das das Projekt Sign einschloß), einen Brief an die Central Intelligence Agency (CIA). Er war als ‚Geheim' eingestuft und enthielt ein Eingeständnis, das in direktem Gegensatz zu fast allem stand, was die amerikanische Regierung jemals zu dem Thema gesagt hatte:

„Dieses Hauptquartier ist im Moment mit einer nachrichtendienstlichen Untersuchung aller nicht identifizierten Phänomene in der Luft befaßt. *Für die exakte Identität irgend eines der gemeldeten Objekte konnten keine konkreten Beweise gefunden werden. Ähnlich bleibt auch der Ursprung der sogenannten 'fliegenden Scheiben' im Dunkeln."* (Betonung nachträglich hinzugefügt)

Am 10. Dezember 1948, zwei Monate später, gab das Direktorat des Nachrichtendienstes der U.S. Air Force eine lange Analyse der Vorfälle mit fliegenden Untertassen in den Vereinigten Staaten heraus, die bis 1985 Top Secret blieb. Sie machte keinerlei Versuche, einzelne Meldungen zu erklären, aber vermutete stark, daß hypothetische sowjetische Entwicklungen auf der Basis beschlagnahmter deutscher Nazitechnologie für die Sichtungen der fliegenden Untertassen verantwortlich waren. Besondere Aufmerksamkeit wurde dabei den experimentellen Flugzeugen (hauptsächlich Gleitern) der Gebrüder Horten gewidmet, trotz der Tatsache, daß diese sich durch sehr lange, dünne, hölzerne Tragflächen auszeichneten und fast keiner der gemeldeten Untertassen ähnelten.

In manchen Kreisen sieht man die Sache so: Der Bericht ähnelt der früheren, streng geheimen Bewertung der Situation, die verworfen worden war, nur wurde das Material über die außerirdische Beschaffenheit der Untertassen durch jenes über Sowjet-/Nazi-Flugzeuge ersetzt, was den hohen Offizieren der Air Force besser schmeckte.

Es wurde vorausgesetzt, daß alles bei Projekt Sign und seinem Nachfolger Projekt Grudge mit rechten Dingen zuging, bis Ende Dezember 1949 der bekannte Luftfahrtautor und ehemalige Pilot des Marine Corps Donald Keyhoe in der Zeitschrift *True* eine Reihe verblüffender Vorwürfe erhob. Er zitierte Insiderquellen, die ihn zu der Schlußfolgerung führten, daß die fliegenden Untertassen außerirdische Raumschiffe seien, die zur Erforschung der Erde dienten. Ähnliches war schon früher in einem obskuren okkulten Magazin behauptet worden, aber der Artikel in *True* wurde von Hunderttausenden gelesen, von den Presseagenturen aufgenommen und schließlich zur Titelgeschichte.

Nie zuvor noch je seither hat die amerikanische Regierung so schnell und so entschieden auf einen Artikel in einer populären Zeitschrift reagiert, der sie wegen ihrer Behandlung des UFO-Problems angriff. Um Keyhoes Behauptungen entgegenzutreten, beeilte sich das Verteidigungsministerium bekanntzugeben:

> Die Air Force hat ihr besonderes Projekt zur Ermittlung und Erforschung gemeldeter fliegender Untertassen aus dem Grund eingestellt, da es keine Beweise gibt, daß die Meldungen nicht das Ergebnis natürlicher Phänomene sind. In den Abteilungen der Armee und Marine war man sich darüber einig, daß das Projekt nicht fortgeführt werden sollte, das von der Luftwaffe durchgeführt wurde. (Tatsächlich hörten die offiziellen Ermittlungen *nicht* auf, aber sie wurden in ihrer Bedeutung zurückgestuft.)
>
> Die Air Force sagte, alle Beweise und Analysen deuteten darauf hin, daß die Berichte über unidentifizierte fliegende Objekte das Ergebnis sind von:
>
> 1.) Fehlinterpretationen verschiedener konventioneller Objekte,
> 2.) eine milde Form der Massenhysterie oder

3.) Betrug. Die Air Force sagte, daß eine Fortsetzung des Projektes nicht sinnvoll sei, da zusätzliche Vorfälle nun lediglich das bestätigen, was bereits erzielt worden ist.

Mit der Presseverlautbarung kam auch der 600-seitige Bericht über Projekt Grudge, der Informationen über 237 UFO-Fälle enthielt, von denen 55 unerklärt blieben. Außerdem waren viele Erklärungen für die Meldungen wissenschaftlich dürftig, wenn nicht gar falsch.

Die ersten Zweifel an der Aufrichtigkeit der Bemühungen der Regierung, fliegende Untertassen zu verstehen, kamen auf. Da aber fast keine Originalakten für unabhängige Ermittlungen zur Verfügung standen, konnte nur wenig zur Untermauerung des langsam wachsenden Verdachtes getan werden. Jegliche Entwicklungen innerhalb der offiziellen Ermittlungen wurden wirkungsvoll geheim gehalten, da nach wie vor Meldungen ins Büro auf dem Wright Patterson Luftwaffenstützpunkt strömten. Sie wurden in die Kategorien „erklärt", „ungenügende Information" oder „unbekannt" eingeordnet, und dann heimlich zu Zwecken abgelegt, die man erst später verstehen sollte. Die Beweise lassen stark vermuten, daß die Projekte Sign, Grudge und Blue Book mit Sicherheit eher eine Public Relations Front darstellten, die eine besorgte Öffentlichkeit beruhigen sollte, als eine wissenschaftliche Studie, die ermitteln sollte, ob UFOs eine Bedrohung der nationalen Sicherheit waren, wie seine Fürsprecher es in zahllosen Presseverlautbarungen und Pressekonferenzen immer wieder behaupteten.

1952 wurde der Deckname der Ermittlungen von Grudge zu Blue Book geändert, und als solches sollte das Projekt berühmt und berüchtigt werden, weit mehr noch als die Regierung es beabsichtigt oder auch nur erwartet haben konnte. Sein gewissenhafter neuer Direktor, Captain Edward Ruppelt, würde mehr im Zentrum intensiverer Kontroversen stehen, als die Air Force zu ertragen bereit war. Es begann mit einem Anstieg der Berichte über Sichtungen Anfang 1952 und erreichte seinen Gipfel im Juli und August, als die Aktivitäten zu einer beispiellosen Höhe aufwallte.

Die begrenzten Kapazitäten des kleinen Büros wurden überschwemmt von insgesamt 1.500 Berichten zum Projekt Blue Book im Jahre 1952, 40 am Tag auf dem Höhepunkt der Welle. Die Fälle wurden einfach aufgehäuft, nachdem man sie durchgesehen und unter äußerst geringer Beachtung der Tatsachen „erklärt" hatte. Riesige bedrohlich manövrierende Kugeln wurden als „Ballons" bezeichnet, während Scheiben, die lautlos schwebten und dann davonstreiften, als „mögliche Flugzeuge" bezeichnet wurden. Die Situation war bereits außer Kontrolle noch bevor

Mitte Juli UFOs über Washington, D.C., auftauchten; ein Radar in drei verschiedenen Stellungen hatte sie gleichzeitig aufgespürt, als sie nach Belieben über das Weiße Haus, das Kapitol und sogar das Pentagon flitzten.

Heftigem Druck ausgesetzt, zu erklären, was da vor sich ging, hielt die U.S. Air Force am 29. Juli ihre größte Pressekonferenz seit dem Zweiten Weltkrieg. Generalmajor John Samford vom Nachrichtendienst der U.S. Air Force gab zu, daß nicht alle UFO-Sichtungen Einbildung waren: „Es blieb ein Prozentsatz in der Größenordnung von etwa 20 Prozent der Berichte übrig, die von glaubwürdigen Beobachtern relativ unglaubwürdiger Dinge kamen." Und wer waren diese „glaubwürdigen Beobachter"? Samford: „Ich glaube, etwas um die 8 Prozent kamen von Piloten ziviler Luftlinien. Sie könnten einen weiteren Prozentsatz von etwa 25 finden, die von Militärpiloten stammten." Mit anderen Worten, eine von drei Personen, die von „relativ unglaubwürdigen Dingen" berichteten, waren Piloten, deren Sehvermögen und Urteilskraft regelmäßig überprüft werden, damit sichergestellt ist, daß sie ihre wichtigen Aufgaben sicher ausführen können.

Das war das erste Mal, daß die Air Force öffentlich zugab, daß UFO-Sichtungen ernst genommen werden können. Aber es wurde überschattet von der viel unmittelbareren Sorge der Reporterversammlung: den Sichtungen über Washington. Diese, betonte Samford, wurden von Temperaturinversionen (der Ursache für Luftspiegelungen) verursacht, die vermutlich Lichter am Boden hoch am Himmel erscheinen ließen. Diese Erklärung wurde weithin akzeptiert und erfüllte ihren Zweck - die Befürchtungen des amerikanischen Volkes zu beruhigen, die verständlicherweise beunruhigt darüber waren, daß da rätselhafte Dinge über einige der sensibelsten Gebäude des Landes flogen.

Eine Lehre, die General Samfords Theorie bestätigt hätte, gab es ganz einfach nicht, aber das wußten nur ein paar Wissenschaftler, die sich mit der Sache beschäftigt hatten ... und die hielten den Mund. Viele Jahre später warf ein offizieller wissenschaftlicher Bericht der Air Force die Erklärung für die UFOs mit der „Temperaturinversion" über den Haufen, aber er wurde nicht veröffentlicht und hatte daher keinen Einfluß.

Am selben Tag, an dem die Air Force ihre große Pressekonferenz abhielt, begann die CIA (Central Intelligence Agency) mit einer Reihe eilig anberaumter Sitzungen, um der Besorgnis Ausdruck zu verleihen, daß eine Flut von Berichten über UFOs die Nachrichtenkanäle der Nation verstopfen und von einem möglichen Feind als Rauchwand benutzt werden könnten, um einen Angriff zu tarnen. Dies führte im Januar 1953 zum Treffen einer auserwählten Gruppe von Wissenschaftlern unter dem Vorsitz von H. P. Robertson, die etliche Stunden mit dem Studium von UFO-Akten verbrachten, die von der Air Force zur Verfügung gestellt wurden. Sie verkündeten dann (unter strenger Geheimhaltung natürlich), daß die UFOs keine Beweise dafür böten, daß sie eine Bedrohung der nationalen Sicherheit darstellten oder außerirdische Raumschiffe seien. Die CIA empfahl, die Situation zu entwirren, indem man ihr viel von ihrer Rätselhaftigkeit nimmt. Stattdessen wandte das Projekt Blue Book eine noch restriktivere Informationspolitik an und reduzierte seinen Kontakt mit der Presse und dem amerikanischen Volk schon bald auf einen jährlichen Bericht, in dem die Prozentsätze der Sichtungen aufgelistet wurden, die als Ballons, Satelliten und Ähnliches erklärt werden konnten und gleichzeitig der Mangel an Beweisen betont wurde, daß UFOs etwas anderes seien als Irrtümer. Aber während die Statistiken die Behauptungen der Air Force über eine zunehmende Effektivität untermauerten, wurden immer mehr Akten allgemein bekannt und illustrierten die tatsächliche Unfähigkeit von Projekt Blue Book.

Am 31. Juli 1952, gerade zwei Tage nach der Pressekonferenz der Air Force, die die angebliche Effektivität von Projekt Blue Book bei der Erklärung der UFOs vorführte, fertigte Brigadegeneral Alfred A. Maxwell von der Abteilung Forschung und Entwicklung ein Memorandum über dieses Thema an. Bis vor kurzem war es als vertrauliche Sicherheitsinformation klassifiziert. Während es im allgemeinen die offizielle Haltung bestätigte, daß Berichte über UFOs keinerlei Informationen von Wert enthielten, ragt eine Stellungnahme doch in starkem Kontrast zum Rest des Memorandums und zu allen zeitgenössischen und nachfolgenden offiziellen Stellungnahmen heraus: „... die Air Force hat bei der Ermittlung dessen, was das Phänomen oder die Objekte sind, und was sie verursacht nur sehr geringe Fortschritte gemacht." Nachdem sie es fünf Jahre lang versucht hatten! Wäre das nicht fast ein Drittel Jahrhundert lang geheim geblieben, wäre das Bild von den offenen Ermittlungen der Regierung über die UFOs wohl nicht so beeindruckend ausgefallen.

1955 gab die Air Force ein dickes Dokument mit der Bezeichnung „Blue Book Special Report 14" heraus, eine statistische Analyse der Berichte, die sie in den ersten sechs Jahren erhalten hatte. Es war eine zivile Studie der offiziellen Daten, die von dem privaten, geachteten Battelle-Memorial Institute in Columbus, Ohio, angefertigt und, wie berichtet wird, von der CIA finanziert wurde.

Von 2.199 Fällen, die bis zum Ende 1952 betrachtet worden waren, hatten die Leute der Air Force entschieden, daß 290 (13 Prozent) nicht erklärt werden konnten. Die unabhängigen Wissenschaftler vom Battelle-Institut, klassifizierten jedoch 434 (20 Prozent) als unerklärt, und das steigerte sich noch auf 22 Prozent, als die Fälle herausgenommen wurden, denen ausreichende Daten für eine Analyse fehlten. In beiden Fällen blieben eine Menge Berichte über UFOs ohne zufriedenstellende Erklärung trotz Andeutungen des Gegenteils in der Presseverlautbarung, die den Bericht begleitete, als er im Oktober 1955 der Öffentlichkeit vorgestellt wurde.

„Es wurden keine Beweise für die allgemein so genannten fliegenden Untertassen gefunden". Die Presseverlautbarung betonte besonders die angeblich verbesserten Methoden und Vorgehensweisen des Jahres 1955 (ein Zeitraum, der absolut keine Verbindung zum Special Report 14 hat). Man zitierte Air Force Secretary Donald Quarles: „Ich bin mir sicher, daß selbst die unbekannten drei Prozent (für 1955, nicht 1947 - 1952) als konventionelle Phänomene oder Einbildung hätten erklärt werden können, wenn uns vollständigere Beobachtungsdaten vorgelegen hätten." Dies war ein direkter Widerspruch zu der Art und Weise, wie Sichtungen klassifiziert wurden, wobei Fälle mit „ungenügenden Daten" immer eine eigene Kategorie waren, vollkommen getrennt von den „unbekannten".

Vielleicht findet sich die beredetste Enthüllung der unabhängigen Analyse des Batelle Institutes in einer Zusammenstellung von kuchenförmigen Grafiken, die die Beziehungen zwischen der technischen Qualifikation, der Zuverlässigkeit der Zeugen und dem Prozentsatz der unerklärten Fälle darstellen. Bei als dürftig bis zweifelhaft eingeschätzten Zeugen konnten nur 14 Prozent der Fälle von den Wissenschaftler des Battelle Institutes nicht erklärt werden. Aber bei den als gut bis ausgezeichnet eingeschätzten Zeugen konnten zweimal so viele, nämlich 27 Prozent der Fälle nicht erklärt werden. Klar, je besser der Zeuge, desto schwerer war es, einen Bericht über ein UFO zu erklären. Wäre dies statt des irrelevanten Materials in der Presseverlautbarung betont worden, wäre der Öffentlichkeit vielleicht bewußt geworden, daß viele Berichte über UFOs der U.S. Air Force immer noch ein Rätsel waren.

Nun, wenn es einen Bericht Nummer 14 gibt, sollte es da nach den Gesetzen der Logik nicht noch 13 vorangegangene geben? Etliche Jahre lang hatten sich Gerüchte über frühere Berichte von Projekt Blue Book gehalten, aber es war so wenig über sie bekannt, daß angenommen werden mußte, daß, wenn es sie überhaupt gäbe, sie immer noch geheim sein

müßten. Da es keine Möglichkeit gab, an Material heranzukommen, das als “Vertraulich“, “Geheim“ oder “Streng Geheim“ und so weiter eingestuft war, wurde eine Menge möglicherweise wichtiger Informationen zurückgehalten.
Allgemein unbemerkt wurden die Berichte Nummer 1 bis 12 von Projekt Grudge und Blue Book, die von 1951 bis 1953 datiert sind, bereits 1960 “Vertraulich“ und “Geheim“ deklassifiziert. Aber die Tatsache, daß sie geschrieben, klassifiziert und schließlich deklassifiziert wurden, war nicht bekannt gegeben worden. Als diese Situation schließlich dem National Investigations Committee on Aerial Phenomena (NICAP) bekannt wurde, wurde vom Regierungsausschuß des Repräsentantenhauses Anstrengungen unternommen, die Weigerung der Air Force, dieses nicht klassifizierte Material herauszugeben, zu durchbrechen. Dank der Hilfe des Kongresses wurden sie der Air Force abgerungen und von NICAP 1968 veröffentlicht. Bericht Nummer 13 ist immer noch Gegenstand von Gerüchten und Dementis.

Nun gab es zum ersten Mal den *Beweis* dafür, daß die Regierung der Vereinigten Staaten *nicht klassifizierte* UFO-Informationen vor der Öffentlichkeit zurückgehalten hatte. Diese periodischen Lageberichte der Projekte Grudge und Blue Book enthüllten sehr viel über das innere Funktionieren der einzigen bekannten offiziellen Ermittlungen. Mehr noch, sie verliehen einem 1958 kommerziell veröffentlichten Buch von Edward Ruppelt über das Projekt Blue Book beträchtliches Gewicht. Der Autor war Direktor des Projekts, als die meisten Berichte geschrieben wurden. Konflikte innerhalb der Regierung über die UFO-Politik wurden bekannt wie auch einige Fehlschläge des Systems. Dutzende bisher noch ungehörter Berichte über UFOs standen nun offen zur Debatte. Das Projekt Blue Book stellte mit seinen eigenen Worten seine Effizienz und Effektivität in Frage. Alle, die die Art und Weise, wie die Air Force ihre UFO-Ermittlungen handhabte, schon lange angegriffen haben, hatten nun ein ganzes Warenlager an Munition, das ihnen die Air Force auch noch selber zur Verfügung gestellt hatte. Das Vertrauen der Öffentlichkeit und der Presse gegenüber der Fähigkeit der Regierung, mit UFOs umzugehen, fiel auf einen neuen Tiefstand.

Im Frühjahr 1964 kam ein weiterer verblüffender Bericht aus New Mexico, der beträchtliche Konsternation im Pentagon verursacht haben muß. Der Streifenpolizist Lonnie Zamora von der Polizei in Socorro funkte seinem Hauptquartier, er habe ein gelandetes UFO mit zwei kleinen weiß gekleideten Wesen gesehen, das auf kargem Land außerhalb der

Stadt abgestellt war. Er sagte, er kam nahe genug heran, um „Insignien“ an der Seite des metallischen, eiförmigen Objektes zu erkennen, bevor es anfing zu dröhnen und Flammen zu sprühen. In der Furcht, es würde gleich explodieren, duckte er sich hinter seine Limousine, schaute dann wieder auf, als der Krach aufhörte, und sah, wie das Objekt ein paar Fuß hoch in der Luft schwebte und dabei absolut kein Geräusch machte.

Nachdem es weggeflogen war, lief er mit einem Polizeisergeant, der auf seinen Funkruf nach Verstärkung geantwortet hatte, zu dem Landeplatz hinunter, und sie fanden verbranntes Gebüsch, versengten Boden und Abdrücke in der Erde, deren Anordnung der des Fahrgestells des Objektes entsprach.

Innerhalb von zwei Stunden war ein Agent des Nachrichtendienstes der Army vom Testgelände White Sands am Ort, desgleichen ein Agent des FBI. Ihre intensiven Ermittlungen mündeten in einen langen Bericht, in dem sie das Ereignis im Detail beschrieben. Sie waren von Zamora deutlich beeindruckt, ebenso der wissenschaftliche Berater des Projekts Blue Book, Dr. J. Allen Hynek, der einen Tag später ankam.

Halbherzige offizielle Bemühungen, das UFO als den Hubschrauber eines Ranchers oder als ein Testflugzeug der NASA zur Mondlandung zu erklären, wurden schnell fallen gelassen, da keiner von beiden die Hauptcharakteristika der Sichtung bestätigen konnte, insbesondere das geräuschlose Schweben.

Als das Projekt Blue Book 1969 seine Pforten schloß, wurde dieser Fall immer noch als unbekannt geführt, und der letzte Chef des Projekts, Major Hector Quintanilla, nannte ihn den erstaunlichsten Bericht unter den mehr als 12.000 in den Akten.

Die Landung von Socorro wird weithin als der beeindruckendste und verblüffendste Fall von allen betrachtet. Als solcher brachte er früher als “abwegig“ betrachtete Aspekte wie komische hochmanövrierfähige Objekte und kleine humanoide Besatzungsmitglieder mehr ins Zentrum des Interesses. Alle Anhaltspunkte wiesen darauf hin, daß dieses UFO ein solides Objekt war ... etwas Hergestelltes ... eine Maschine. Es bestand keinerlei Notwendigkeit so esoterische Erklärungen wie parallele Universen oder außersinnliche Projektionen zu bemühen, um etwas zu beschreiben, das aussah und sich verhielt wie ein sehr fortgeschrittenes Transportmittel. Ein so fortgeschrittenes, daß man es nicht verstehen konnte. Aber nicht notwendigerweise so fortschrittlich, daß es nicht abstürzen konnte.

1965 wurde mit Anstrengungen begonnen, das Vertrauen der Öffentlichkeit zu den offiziellen Ermittlungen wieder aufzubauen, das durch wiederholte Enthüllungen darüber schwer erschüttert worden war, daß die Erklärungen, die Projekt Blue Book lieferte, einfach nicht zu den Tatsachen paßten, auf denen sie eigentlich hätten basieren sollen. Das Ergebnis war ein Vertrag der amerikanischen Regierung mit der Universität Colorado über mehr als 500.000 $ für eine Nachuntersuchung der Ermittlungen der Air Force - in der Öffentlichkeit. Die ursprünglich enthusiastische Unterstützung durch die großen privaten UFO-Gruppen verwandelte sich bald ins Gegenteil, als bekannt wurde, daß Studiendirektor Dr. Edward Condon bereits im vorhinein unverblümt festgestellt hatte, daß man aus der Erforschung der UFOs nichts lernen könne.

Als seine unwissenschaftliche Haltung nicht mehr länger ignoriert werden konnte, gingen zwei Wissenschaftler, Mitglieder der Gruppe von Colorado, mit einem vernichtenden Dokument an die Öffentlichkeit und wurden prompt gefeuert. Trotz der offenen Kontroversen wurde der Abschlußbericht des Condon-Ausschusses 1968 fertiggestellt, von der Nationalen Akademie der Wissenschaften abgesegnet und dann kommerziell veröffentlicht. Dr. Condons durchweg negative Zusammenfassung stand in starkem Kontrast zu den faszinierenden Daten, die in dem ausführlichen Bericht enthalten waren, bei dem 30 Prozent der Fälle ohne konventionelle Erklärung blieben. Von den damals mehr als 550 unerklärten Berichten in den Akten des Projekt Blue Book wurden nur drei von der Universität Colorado näher betrachtet, während man zeitgenössischen Sichtungen mit wenig Aussichten auf Signifikanz teure Ermittlungen vor Ort widmete. Es war eine höchst unzufriedenstellende Übung.

Wenn auch der Condon-Bericht weithin als das letzte Wort über UFOs betrachtet wurde, stimmten dem doch nicht alle zu. Das prestigeträchtige amerikanische Institut für Luft- und Raumfahrt, der Berufsverband der Luftfahrtindustrie, stellte fest: „Aus seinem Inhalt hätte man eher den gegenteiligen Schluß ziehen können, insbesondere, daß ein Phänomen mit einer so großen Zahl unerklärter Fälle (etwa 30%) wissenschaftliche Neugier in ausreichendem Maße erregen müßte, um dessen Studium fortzusetzen."

Aber der Condon-Bericht erfüllte seinen Zweck, und zwar den, der Air Force eine Entschuldigung für einen Rückzug aus den zusehends peinlicher werdenden Ermittlungen über UFOs zu liefern. Am 17. Dezember 1969 wurde das Projekt Blue Book nach fast zwanzig Jahren, in denen es Berichte gesammelt und Anschuldigungen bekämpft hatte, geschlossen. Der letzte Stand zeigte 12.783 Berichte, von denen 585 als „unbekannt" erklärt wurden. Mindestens etliche Hundert der sogenannten erklärten Berichte waren nach wissenschaftlichen Bedingungen alles andere als erklärt. Aber sobald Projekt Blue Book einmal aufgelöst war, wurden seine Akten aus Wright Patterson entfernt und zunächst in das Archiv der Air Force auf dem Luftwaffenstützpunkt Maxwell, Alabama, gebracht und dann ins Nationalarchiv in Washington, D.C., wo alle Namen der Zeugen entfernt wurden. Die offene und öffentliche Beschäftigung der U.S. Air Force und in der Tat auch der amerikanischen Regierung mit UFOs war zu Ende.

Die unaufhörlichen Behauptungen der Air Force, daß sie nach 1969 nichts mehr mit UFOs zu tun gehabt habe, sind hohl. Sorgfältiges Lesen des Memorandums, das den Abschluß des Projektes empfahl, sowie der Personalliste, die beigefügt war, enthüllt den wahren Stand der Dinge.

Brigadegeneral Caroll H. Bolender, stellvertretender Personalleiter der Air Force für Forschung und Entwicklung, erklärte am 20. Oktober 1969, die Ermittlungen der Air Force (nicht spezifisch auf das Projekt Blue Book begrenzt) hätten zwei Ziele: „... festzustellen, ob UFOs eine Bedrohung der nationalen Sicherheit der Vereinigten Staaten darstellen, und zu ermitteln, ob UFOs einzigartige wissenschaftliche Informationen oder fortschrittliche Technologie liefern können, die zur wissenschaftlichen oder technischen Forschung beitragen könnte."

Er sagte dann, daß „eine Fortsetzung von Projekt Blue Book weder aus Gründen der nationalen Sicherheit noch im Interesse der Wissenschaft gerechtfertigt wäre." Er sagt *nicht*, daß es keine Rechtfertigung für die Fortsetzung anderer Aktivitäten der Air Force auf dem Gebiet der UFOs gibt. Tatsächlich läßt er diese Tür weit offen: „Wie jedoch bereits gesagt, würden Berichte über UFOs, die die nationale Sicherheit berühren könnten, weiterhin entsprechend der Standardverfahren der Air Force für diesen Zweck behandelt."

Bolender fügt hinzu: „Die Erfahrung der Air Force bestätigt daher den Eindruck der Forscher der Universität Colorado, daß die Verteidigungsfunktion im Rahmen der bereits bestehenden Nachrichten- und Überwachungsoperationen auch ohne das Weiterbestehen einer Spezialeinheit wie dem Projekt Blue Book ausgeübt werden könnte."

Es wird deutlich, daß alles, was im Dezember 1969 geschah, war, daß Projekt Blue Book beendet wurde, während alle übrigen Aktivitäten der Air Force (und der Regierung) in Bezug auf UFOs ohne Zweifel unvermindert fortgesetzt wurden, da „Berichte über unidentifizierte fliegende Objekte, die die nationale Sicherheit berühren könnten, entsprechend der Richtlinie JANAP 146 oder dem Air Force Handbuch 55-11 verfaßt werden *und nicht Teil des Systems Blue Book sind"* (Betonung nachträglich hinzugefügt).

Wenn die Leute von Projekt Blue Book die Berichte über UFOs, die die nationale Sicherheit berührten, nie zu Gesicht bekamen, dann sind deren Behauptungen, daß die UFOs keine Anhaltspunkte für eine Bedrohung der nationalen Sicherheit böten, nur leeres Geschwätz. Und da es ein bestimmtes Verfahren für die Behandlung von Berichten über UFOs gab, die die nationale Sicherheit betrafen, ist es dann etwa möglich, daß den UFOs eine Art Bedrohung der Nation immanent ist? Zuallermindest mußte jemand so gedacht haben.

Als Projekt Blue Book seine Tore schloß, signalisierte es damit das Ende einer Ära. Die Presse und die Öffentlichkeit, die nur die gänzlich negativen Schlußfolgerungen des Condon-Berichtes kannten und um das offensichtliche Ende allen Interesses an UFOs wußten, nahmen an, das Thema sei vom Tisch. Es gab hier und da noch Zweifel, die weiter bestanden, besonders unter denen, die nach wie vor davon überzeugt waren, daß sie unerklärliche Dinge gesehen hatten, die am Himmel flogen. Aber für die meisten Menschen versanken die UFOs im Meer der Geschichte.

Die bedeutendste private Organisation -NICAP-, verlor schon bald ihre Anziehungskraft auf die Massen, ihre Finanzierung, die fast gänzlich aus Mitgliedsbeiträgen kam, und damit auch ihre Fähigkeit, Druck auf die Regierung auszuüben. Ihr einst geschäftiges Büro in der Innenstadt von Washington wurde geschlossen und an dessen Stelle ein Bahnhof für die neue Metro gebaut, und ihre schrumpfenden Aktivitäten wurden in einem Vorort außer Sichtweite angesiedelt.

Etliche Jahre lang hörte man so wenig über UFOs, daß es zunächst fast schien, als hätten sie nie existiert. Vielen einst überzeugten UFO-Aktivisten konnte man kaum einen Vorwurf machen, wenn sie sich nun fragten, ob sie wirklich so leichtgläubig waren, wie es die Air Force so oft behauptet hatte. Beinahe verschwand die größte zivile Gruppe, und die anderen schrumpften bis zur Handlungsunfähigkeit. Informationsquellen versiegten schnell. Wenn UFOs überhaupt noch gesehen wurden, so war es vollkommen unmöglich, irgendetwas über sie herauszufinden. Vielleicht hatten sie schließlich das Interesse an der Menschheit verloren und waren nach Hause gegangen.

Als die Air Force Projekt Blue Book einstellte, war ihre Haltung in der kontroversen Sache immer noch die gleiche wie schon seit vielen Jahren, und sie sollte es noch viele Jahre bleiben:

1.) Kein gemeldetes unidentifiziertes fliegendes Objekt, über das die Air Force ermittelt und das sie schließlich bewertet hat, gab je einen Anhaltspunkt für eine Bedrohung der nationalen Sicherheit;
2.) es gab keine Beweise, weder solche, die von außen erbracht noch solche, die von der Air Force entdeckt wurden, daß Sichtungen der Kategorie *unidentifiziert* technologische Prinzipien oder Entwicklungen darstellen, die über den heutigen Stand der Wissenschaft hinausgehen; und
3.) es gab keine Anhaltspunkte, die darauf hingewiesen hätten, daß Sichtungen der Kategorie *unidentifiziert* außerirdische Flugzeuge sind.

Das letzte Wort? Nicht ganz! Die Lücken sind enorm:

1. Keine Bedrohung der nationalen Sicherheit? Mit Sicherheit nicht von Fällen in den Akten des Projekt Blue Book. Was aber andere Fälle anbelangt, so waren diese tief in sicheren Aktenschränken und Computerdatenbanken vergraben, und man konnte sich in nicht klassifizierten Dokumenten nicht auf sie beziehen. Schon die bloße Existenz von Richtlinien, wie mit Berichten umzugehen sei, die die nationale Sicherheit beträfen, wirft eine Menge Fragen auf, und die Regierung weigert sich, diese zu beantworten.

2. Was ist, wenn behauptet wird, daß keiner der *unidentifizierten* Fälle von Blue Book Anhaltspunkte für eine fortgeschrittene Technologie liefert? Alles hängt von der nie näher spezifizierten Definition von „technologischen Entwicklungen, die über den heutigen Stand der Wissenschaft hinausgehen", ab. Es wird auch nicht behauptet, daß Sichtungen, die nicht der Kategorie *unidentifiziert* angehören, fortgeschrittene Technologie darstellen, und es ist sicher möglich, daß der eine oder andere klassifizierte Bericht andere Begriffe für die Beschreibung solcher Berichte verwendet.

Man fragt sich, was noch nötig ist, um die Air Force davon zu überzeugen, daß es in diesen 585 *unidentifizierten* Meldungen Anhaltspunkte für Technologie gibt, die über den heutigen Stand der Wissenschaft hinausgeht. Kann dieser geräuschlose Überschallflug mit dem erreicht werden, was wir über Aerodynamik wissen? Wird dieses lange Schweben, dem eine erstaunliche Beschleunigung folgt, von Luftfahrtingenieuren vollkommen verstanden? Im Gegenteil, diese Errungenschaften liegen weit jenseits des Standes der Wissenschaft, und die großen Weltraumfirmen würden über Leichen gehen, um herauszufinden, wie man Raumschiffe mit solchen Flugfähigkeiten baut!

3. Was Sichtungen betrifft, die keine außerirdischen Flugzeuge darstellen ... vielleicht kann man dem zustimmen. Was aber ist mit Abstürzen? Es mag sein, daß man nicht in ein fliegendes UFO hineinsehen kann, um die physische Konstitution seiner Mannschaft auszumachen. Findet man aber eines auf dem Boden, ist das eine andere Sache. Solche Wortspielereien könnten Dinge von kosmischer Bedeutung verbergen.

Es gibt keine Anhaltspunkte dafür, daß irgend jemand, der mit Projekt Blue Book oder seinen Vorgängern in Verbindung stand, sich je die Mühe machte, die *unidentifizierten* Fälle als Gruppe zu studieren, um herauszufinden, ob sie mehr ergäben, als ein Mischmasch unzusammenhängender Anekdoten. Hätte sich jemand die Mühe gemacht, solch eine Studie zu erstellen, hätte er sicherlich klare Muster sowohl in der Erscheinung wie auch im Verhalten gefunden, das die fast 600 *unidentifizierten* Fälle wie auch die Hunderte mehr zeigten, die hätten „unidentifiziert" genannt werden sollen. Dies wiederum hätte unmittelbar zu der Schlußfolgerung geführt, daß die Männer, die sich im Sommer 1947 die allerersten Berichte über „fliegende Scheiben" ansahen, recht hatten, als sie den Schluß zogen, daß „wirklich etwas herumfliegt".

Dies wäre natürlich höchst peinlich gewesen, denn es hätte Jahrzehnte der Verkündigungen offizieller Sprecher zunichte gemacht, die offensichtlich unter strengen Anweisungen standen, UFOs mit allen verfügbaren Mitteln herunterzuspielen. Die Männer des Projekt Blue Book und ihre Vorgesetzten waren nicht dumm; sie folgten einfach ihren Anordnungen und achteten sehr darauf, keine Wellen zu schlagen.

Es liegt vollkommen im Bereich des Möglichen, daß man sich jene genauso zunutze machte wie das amerikanische Volk, das ihre Lügen schluckte. Schließlich muß man kein Genie sein, um zu sehen, daß das Material in den Akten des Projekt Blue Book viel eher geeignet ist zu zeigen, daß UFOs im höchsten Maße verwirrend sind, als daß sie alle erklärt werden können. Man braucht nur den Mikrofilm-Lesesaal des Nationalarchives an der Mall in Washington, D.C., zu besuchen. Dort liegt die Information zum Ansehen, Kopieren und Analysieren.

Es ist ganz klar, daß jemand in machtvoller Stellung Projekt Blue Book eher als Werkzeug betrachtete, die öffentliche Meinung zu beeinflussen, denn als Mittel, um mehr über UFOs zu erfahren. Wenn es darum geht, die Wahrheit über einen langen Zeitraum vor der Öffentlichkeit zu verbergen, dann hat dies in der Geschichte keine Gegner. Solange die Existenz von UFOs mit starken Zweifeln verbunden bleiben kann, ist die Gefahr gering, daß jemand Berichte über einen Absturz ernst nehmen könnte.

Nicht nur die amerikanische Regierung betrachtete den Absturz (die Abstürze) in New Mexico als wichtiges Ereignis. Im August 1991 wurde in der *Rabochaya Tribuna*, die in Moskau erscheint, enthüllt, daß niemand Geringerer als der sowjetische Diktator Joseph Stalin sich 1947 die Nachricht zu Herzen genommen habe.

Das fast ganzseitige Interview mit Professor Valerij Burdakow vom Zentrum für wissenschaftliche Geoinformation an der Akademie der Wissenschaften der UdSSR deckte auf, daß Stalin etliche seiner Spitzenwissenschaftler zusammengerufen hatte, „nachdem sich die sensationelle Nachricht über die Erbeutung einer 'Untertasse', die angeblich bei Roswell abgestürzt war, verbreitet hatte".

Unter diesen Wissenschaftlern befand sich Sergej Koroljew, der 1947 die erste sowjetische Militärrakete und die Trägerrakete entworfen hatte, die 1957 Sputnik I und 1962 Juri Gagarin in den Weltraum brachte. Er war es, der Professor Burdakow von Stalins großem Interesse berichtete. Des weiteren waren darunter erwiesenermaßen M. Tichonrawow, der seit Anfang der dreißiger Jahre mit Flüssigtreibstoffraketen experimentiert hatte, Mstislaw Keldysch, der 1947 für Koroljew gearbeitet hatte und später Präsident der Akademie der Wissenschaften der UdSSR wurde und der Atomphysiker Alexander Topchijew, der Vizepräsident der Akademie wurde.

Laut Burdakow wies Stalin Koroljew etliche Frauen als Übersetzerinnen zu, um ihm mit einer ganzen Reihe ausländischer Materialien und Bücher zu helfen, die sich mit dem UFO-Phänomen befaßten, und man sagte Burdakow, daß die Forschungen unter Geheimhaltung durchgeführt werden sollten. „Etliche Tage später wurde er eingeladen, Stalin persönlich zu treffen", sagte Burdakow. „Stalin fragte ihn nach seiner Meinung, und Sergeij antwortete, daß aus seiner Sicht das UFO keine Waffe eines potentiellen Feindes sei und keine ernste Gefahr für das Land darstelle, das Phänomen aber offensichtlich echt sei."

Koroljew riet Stalin, daß das Phänomen weiter studiert werden sollte, wenn sich die Gelegenheit dazu böte, und Stalin antwortete, daß Koroljews Meinung der anderer Spezialisten glich, die mit diesem Problem befaßt worden waren. Unter diesen anderen sollen sich Keldysch und Topchiew befunden haben.

Es scheint so, als habe Stalin möglicherweise eine eigene MJ-12-ähnliche Gruppe ins Leben gerufen (siehe Kapitel 6), um über den Absturz in New Mexico herauszubekommen, was immer sie konnten. Und es kann wohl angenommen werden (bei einem verständlichen Mangel an detaillierter Information), daß der erste Hinweis von sowjetischen Spionen gekommen sein könnte. Es ist bekannt, daß einige in der ersten Zeit nach dem Zweiten Weltkrieg in New Mexico waren.

4 Kapitel

Die Suche wird intensiver

Vor 1978 waren Berichte über Abstürze außerirdischer Raumschiffe von Agenten der Regierung als ein Thema für Science-fiction-Romane und ein paar extreme Zeitschriften über fliegende Untertassen wegerklärt worden. Jeder Bericht über einen Absturz starb an Unterernährung: Ohne jegliche Art der Verifikation gab es nichts, das ihn am Leben erhalten hätte, außer dem Wunsch weniger einzelner, die daran glauben wollten. Für die breite Mehrheit selbst derer, die davon überzeugt waren, daß UFOs echt und möglicherweise unirdisch sind, ging die Vorstellung, daß einige abgestürzt und dann erbeutet worden waren, einfach zu weit. Das Thema war einfach einer ernsthaften Diskussion nicht wert.

Dann schwang sich Leonard Stringfield aus Cincinnati heran und warf seine Bombe im Juli 1978 bei der jährlichen Zusammenkunft des Mutual UFO Network (MUFON) ab, einem landesweiten Zusammenschluß privater UFO-Forscher, Enthusiasten und Anhänger. Dieses Treffen fand in Dayton, Ohio, unweit des Luftwaffenstützpunkt Wright Patterson statt, der Heimat des alten Projekt Blue Book und Schauplatz so vieler Gerüchte über die Leichen Außerirdischer, die im Kühlhaus des wahrscheinlich mythischen Hangar 18 verwahrt wurden. Stringfield machte seine Enthüllungen in einer ungewöhnlich gespannten Atmosphäre, die sich aus einer telefonischen Morddrohung gegen ihn ergab, die die Polizei so ernst nahm, einen Wechsel des Hotelzimmers und jede Menge nervösen Herumgerennes zu rechtfertigen.

Len war schon viele Jahre mit im Spiel um die private UFO-Recherche und war bestens bekannt wegen seines Buches *Saucer Post 3-0*

Blue, in dem er seine Erlebnisse als ziviler Freiwilliger in einem Netzwerk der U.S. Air Force zum Aufspüren von UFOs wiedergab. Er wurde als verläßlicher, methodischer Forscher betrachtet, der seine Worte wohl erwog und seine Quellen schützte. Er stand kurz davor, den grellen Schein eines nicht so recht willkommenen Scheinwerfers zu spüren.

Was Stringfield von anderen abhob, denen Geschichten über Abstürze von UFOs begegnet waren, war seine Bereitschaft, jene Waisen um sich zu versammeln, die von den sonst so mutigen UFO-Forschern abgewiesen worden waren. Überzeugt, daß die schwer zu glaubenden und noch schwerer zu verifizierenden Berichte über Abstürze doch etwas Wertvolles haben, ging er mit Eifer an die Sache.

Während der Arbeit an seinem zweiten Buch *Situation Red, the UFO Siege*, begann er, sich auf Gerüchte über Abstürze zu konzentrieren, die er zunächst „Bergungen der Dritten Art" nannte, später dann einfach „Absturz/Bergungen" oder einfach C/R (Crash/Retrievals). Die Veröffentlichung des Buches 1977 führte zu weiteren Hinweisen auf C/R-Ereignisse, und 1978 war er soweit, daß er in großem Stil an die Öffentlichkeit gehen konnte.

Stringfield sprach zwei Stunden lang vor der Versammlung des MUFON in Dayton; er berichtete detailliert von einem C/R nach dem anderen, zum großen Erstaunen der Hunderte erfahrener UFO-Forscher, die vor diesem unerwarteten Informationsfluß dieser Berichtsunterart geflissentlich ausgewichen waren. Ein großer Teil der Gespräche zwischen den Vorträgen drehte sich um Stringfields Enthüllungen und darum, ob er nun ungewöhnlich vorausschauend oder ungewöhnlich leichtgläubig war.

Nach seinem Vortrag wurde das Material in veränderter Form im monatlich erscheinenden MUFON Journal als eine Reihe von Auszügen veröffentlicht. Sinn der Sache war es, andere zu ermutigen, sich mit eigenen C/R-Erlebnissen zu melden und Len zusätzliche Informationen zur Verfügung zu stellen.

Die besprochenen Auszüge:

1. 1948 Absturz in Mexiko, aus Militärquellen.
2. 1952 Absturz in der Wüste Kaliforniens. Dazu gibt es Berichte, daß ein beschädigtes UFO auf einem Lastwagen zum Luftwaffenstützpunkt Wright Patterson transportiert wurde.
3. 1952 Ankunft eines Wracks auf dem Luftwaffenstützpunk Wright Patterson, von einem ehemaligen Wachposten.

5. 1953 Geschichte von einem Ausbildungsfilm der Armee, der auch Aufnahmen eines abgestürzten UFOs enthält.
6. 1953 Absturz in der Nähe von Kingman, Arizona, von dem geachteten UFO-Forscher Ray Fowler.
7. 1953 Bericht eines Metallurgen, der an einen unbekannten Absturzort gebracht wurde.
8. 1973 Geschichte über einen Absturz von einem ehemaligen Militärpiloten.
11. 1953 Absturz in Montana, zivile Zeugen erhalten Falschinformationen.
12. 1955 Bericht einer Frau, die behauptet, sensible Informationen über UFOs auf dem Luftwaffenstützpunkt Wright Patterson weitergeleitet und dort die Leichen Außerirdischer gesehen zu haben.
13. Undatierter Bericht über ein UFO, das in Arizona landete, worauf ein Kampf zwischen Außerirdischen und amerikanischem Militär folgte.
14. 1962 Absturz in New Mexico, bei dem zwei Leichen Außerirdischer zu Studienzwecken zu einer Universitätsklinik gebracht worden waren.
15. Ein versiegelter Bericht über abgestürzte UFOs und die Leichen Außerirdischer, von einem Offizier, der angeblich fünf Jahre in der UFO-Abteilung des Luftwaffenstützpunktes Wright Patterson gedient hat.
16. Bericht eines Mannes, der sagt, er habe in Ohio die Leichen Außerirdischer bewacht.
18. 1947 Absturz bei Corona, New Mexico.
19. 1957 Absturz im Südwesten der Vereinigten Staaten.

Die Informationen, die Stringfield veröffentlichte, waren zugegebenermaßen skizzenhaft und nicht überzeugend. Es gab fast keine Namen oder andere Angaben, die überprüft werden konnten, denn er war sehr (vielleicht zu sehr) darauf bedacht, die Anonymität seiner Quellen zu wahren. Oberflächlich betrachtet, war die große Enthüllung ziemlich schwach: wenige Namen, wenige genaue Orts- oder Datumsangaben. Kein klares Muster. Nur der wahrhaft Gläubige konnte Stringfields Berichte hören oder lesen und mehr daraus entnehme als einen Haufen unzusammenhängender Bruchstücke, die insgesamt sehr wenig ergaben.

Es war in der Tat nicht so sehr der Inhalt der Enthüllungen Stringfields, der Eindruck hinterließ, sondern eher die Existenz so vieler

Berichte über Bergungen bei Abstürzen, die die privaten UFO-Forscher verblüffte. Es schien, als habe fast jeder mindestens einen Bericht über einen Absturz gehört, konnte oder wollte ihn aber nicht untersuchen aus Angst, man würde über ihn lachen, und er würde seine hart erkämpfte Stellung in der Öffentlichkeit verlieren. Jetzt aber, da die Katze aus dem Sack war, wurde es plötzlich akzeptiert, wenn jemand offen über abgestürzte fliegende Untertassen sprach.

Das alles mußte jedoch erst einmal verdaut werden, denn es brachte UFOs in ein wesentlich persönlicheres und möglicherweise auch bedrohliches Reich. Jeder private Forscher und Ermittler mußte die Risiken abwägen, die darin lagen, daß er sich mit diesem Thema auf ein Gebiet begab, wo er sehr leicht zum Gegenstand des Spottes werden konnte. Aber der mögliche Gewinn war einfach zu groß. Wenn auch nur ein einziger Absturz mit anschließender Bergung bewiesen werden oder vielleicht sogar durch Zeugenaussagen einzelner belegt werden könnte und die Zeugen bereit wären, sich der Öffentlichkeit zu erkennen zu geben, dann würden alle großartigen Sichtungen in sämtlichen Akten unwichtig.

Stringfield war seinen Forscherkollegen einen Schritt voraus, aber er verwendete seine Zeit und seine Bemühungen auf Dutzende Fälle, wohingegen sich andere auf einen oder zwei Fälle konzentrieren konnten und somit die Chance hatten, ihn zu überholen. Außerdem war Stringfield dafür bekannt, daß er so methodisch und vorsichtig vorging, daß andere seine Hinweise sehr wohl in nützliche Informationen verwandeln könnten, während Len nur mühsam vorwärts kam.

Unter denen, die von den schockierenden Enthüllungen in Dayton elektrisiert worden waren, befand sich Stanton Friedman. Gerade erst ein paar Monate war sein enthüllendes Gespräch mit Jesse Marcel her, der beschrieb, daß er seltsame Trümmer von einer Schafranch geborgen hatte. Ein paar Monate nach dem Treffen in Dayton sprach Friedman mit Vern Maltais und erfuhr die Geschichte über Barney Barnett in der Ebene von San Augustin. Bald fand er die Bestätigung für Marcels Behauptungen in Zeitungen aus dem Jahr 1947.

Während Stringfield und andere an ihrer Auswahl vielversprechender Hinweise arbeiteten, kamen Friedman und Bill Moore bei dem Absturz bei Corona, New Mexico, nicht weiter, denn damals dachte man, daß das abgestürzte Raumschiff, das Barnett gesehen hatte, auch das gewesen sein mußte, das einige Teile auf der Foster-Ranch verloren hatte, bevor es 150 Meilen weiter westlich herunter kam. Sie hatten eine wachsende Sammlung von Namen, die überprüft werden konnten, und viele der

Genannten steuerten noch mehr Namen von Leuten bei, die aufgespürt werden mußten.

Im Januar 1980 gab Stringfield im Eigenverlag seinen *Status Report II: New Sources, New Data* heraus, der Irrtümer in seinem ersten Bericht korrigierte, etliche seiner Originalfälle weiter ausführte und einige neue hinzufügte. Besonders interessant waren die beigefügten Illustrationen: die einer Leiche eines Außerirdischen, angefertigt auf der Grundlage der Beschreibung eines Arztes, der behauptete, eine Autopsie durchgeführt zu haben; die eines Kopfes eines Außerirdischen, auf der Grundlage von Berichten etlicher angeblicher Zeugen und die einer Hand eines Außerirdischen, von der ein ehemaliger Angestellter der CIA sagte, sie sei akkurat gezeichnet. Wie bei den meisten anderen Informationen jedoch, gab es keinerlei Möglichkeit, auch nur eine davon zu überprüfen.

Aber andere übernahmen die Vorhut bei der Suche nach Beweisen, daß vor Jahren ein UFO abgestürzt war, besonders bei den Gerüchten über ein solches Ereignis in New Mexico. Im Sommer 1980 wurde *Der Roswell-Zwischenfall* veröffentlicht. Die Forschungsarbeit hatten Bill Moore und Stanton Friedman geleistet (der an dem Buch nur eingeschränkt Anerkennung und ein paar Tantiemen erhielt), geschrieben wurde es von Moore und dem berühmten Reiseschriftsteller Charles Berlitz. Es vermischte alles, was zu diesem Zeitpunkt über die Abstürze bei Corona und San Augustin bekannt war mit jeder Menge Material über UFO Sichtungen durch Astronauten, das nicht dazu gehörte. Das Buch war im allgemeinen zutreffend, aber verwirrend gegliedert und schwer zu lesen.

Trotz seiner Mängel verbreitete es die Nachricht über den Absturz an immer mehr Leute und etablierte Roswell fest (wenn auch irreführend) als das Zentrum der Aktivitäten um den Absturz. Friedman und Moore spürten auch weiterhin Zeugen auf, interviewten sie und schrieben von Zeit zu Zeit Arbeiten, in denen sie über ihre Fortschritte berichteten.

Auch Len Stringfield sammelte weiterhin zusätzliche Informationen und versuchte, sie zu überprüfen; er publizierte seine zweite Anekdotensammlung während *Der Roswell-Zwischenfall* noch beim Verlag war, und dann im Juni 1982 ein drittes Papier. Die Forschungen, die sich auf New Mexico konzentrierten, wurden tiefer und direkter, wohingegen Stringfields Forschungen zwar breiter, jedoch nicht tiefer wurden.

In der zweiten Hälfte der achtziger Jahre war das Interesse nach wie vor groß mit zwei weiteren Papieren von Springfield und weiteren Berichten von Friedman und Moore, die im offiziellen Tagungsprogramm der jährlichen Symposien des MUFON veröffentlicht wurden. Ihre Arbeit an dem Absturz oder den Abstürzen in New Mexico war konzentriert und daher kumulativ: Mit der wachsenden Zahl der Zeugenaussagen wuchs auch die Glaubwürdigkeit des Falles. Auf der anderen Seite hob Stringfield weiterhin darauf ab, daß es ein Dutzend oder mehr Abstürze gegeben haben könnte, unternahm jedoch wenig tiefere Nachforschungen, und so blieben seine Fälle vage und unschlüssig. Er berichtete immer wieder, daß sein Informationsfluß abrupten Schwankungen unterlag: Nach einer Zeit intensiver Aktivität hörte alles auf, als ob jemand den Fluß dirigierte. Aber er bot keinerlei solide Beweise für diesen Eingriff, der vermutlich von staatlicher Seite kam.

Beim MUFON Symposium im Juli 1989 in Las Vegas, Nevada, überraschte Bill Moore das große Publikum damit, daß er zugab, in einer Desinformationskampagne mit der Regierung zusammengearbeitet zu haben, indem er deren vernichtenden Einfluß auf einen Zeugen beobachtete. Darunter litt sein Ruf als Quelle verläßlicher Informationen wie auch seine Fähigkeit, weiterhin zur Forschung über UFOs beizutragen. Auf wessen Seite war er? Waren einige Informationen, die Moore veröffentlicht hatte, Falschinformationen? Sein direktes Mitwirken bei der weithin verrissenen Fernsehshow *UFO Cover-Up, Live!*, schadete seinem Ruf weiter. Stanton Friedman blieb keine andere Wahl, als sich mit dieser unglücklichen Situation auseinanderzusetzen und sich aus der früher einmal so produktiven Beziehung zu Moore und dessen Partner Jaime Shandera zurückzuziehen.

Im September 1989 leitete die Fernsehserie der NBC *Unsolved Mysteries* die neue Saison mit einem halbstündigen nachgestellten Film über den Absturz bei Corona ein und engagierte Friedman als technischen Berater und Experten vor der Kamera. Der Film, der akkurater war als das Genre, das allgemein „Boulevardfernsehen" genannt wird, stellte die Szenen des Absturzes und die Leichen der Außerirdischen in unsensationeller Weise dar und hatte eine der höchsten Einschaltquoten der Woche. Als die Sendung im Januar darauf wiederholt wurde, war sie wiederum unter den ‚Top Twenty'. Zig Millionen sahen die beiden Sendungen, und Scharen von ihnen riefen unter einer speziell dafür eingerichteten Telefonnummer an und boten Hilfe an.

Von den vielen Anrufen, die verzeichnet wurden, lieferten ein paar bedeutungsvolle Hinweise auf Personen, die sowohl mit dem Absturz bei Corona wie auch mit dem bei San Augustin und deren Nachwirkungen zu tun gehabt hatten.

5. KAPITEL

Die Verbindung nach Kanada

Hinweise kommen selten in der richtigen Reihenfolge. Sie müssen gut durchgeschüttelt, gedreht und gewendet und oft beiseite gelegt werden bis sich die passenden Zwischenstücke finden. Bei der Suche nach den Teilen für den Fall aus New Mexico gab es immer weitaus mehr unverbundene Stücke, die darauf warteten, erkannt und an ihren Platz gelegt zu werden als solche, die sich bereits an ihrer festen Stelle befanden. Der Prozeß glich in der Tat dem Zusammensetzen eines blanken Puzzles von unbekannter Größe und Form in einem Zimmer, das lediglich von einer 40-Watt-Glühbirne erleuchtet wird.

Ein ganz besonders wichtiges Teil des Absturzpuzzles lag jahrelang herum, bevor sich irgendwer vorstellen konnte, wo es hinpaßte. Das Teil stammte von der kanadischen Regierung, einer ungewöhnlichen Informationsquelle über UFOs.

1979 zeigte der kanadische Forscher Scott Foster Stanton Friedman eine ehemals streng geheime Notiz. Wilbert B. Smith, ein leitender Radioingenieur, der sich mit Geomagnetismus beschäftigte, hatte sie dem Kontrollbeamten für Telekommunikation beim kanadischen Verkehrsministerium geschickt. Der überraschende Teil der Notiz vom 21. November 1950 (die vielleicht versehentlich freigegeben wurde) lautete:

> „Ich fragte beim Personal der kanadischen Botschaft in Washington diskret an, und sie konnten mir folgende Information geben:
> a. Die Sache ist das Thema mit der höchsten Geheimhaltungsstufe in den Vereinigten Staaten, geheimer sogar als die Wasserstoffbombe.
> b. Fliegende Untertassen existieren.

c. Ihr Modus Operandi ist unbekannt, aber eine kleine Gruppe unter dem Vorsitz von Doktor Vannevar Bush unternimmt konzentrierte Anstregungen.
d. Der gesamten Sache wird von den Autoritäten der Vereinigten Staaten ungeheure Bedeutung beigemessen."

Was, um alles in der Welt, sollte dies bedeuten? Smith war für sein großes Interesse an UFOs bekannt und hatte über dieses Thema ausführlich mit Donald Keyhoe und NICAP korrespondiert. Ende der fünfziger, Anfang der sechziger Jahre zeigte Smith zunehmend Anzeichen geistiger Verwirrtheit als Folge eines Gehirntumors, der ihn 1962 schließlich das Leben kostete. Aber während des größten Teils der fünfziger Jahre galt er als hochqualifizierter Ingenieur, der im Zusammenhang mit Schwerkraft und Geomagnetismus eine Reihe unkonventioneller Konzepte entwickelte. Smith wurde postum der Canadian Engeneering Award verliehen für „hingebungsvolle Dienste für den Fortschritt des technischen Standards des kanadischen Rundfunks".

Wenn das, was Smith schrieb, wahr war, dann war dies die wichtigste Information der Regierung über UFOs, die man je gesehen hatte. Arthur Bray erhielt die Notiz 1978 von der kanadischen Regierung (wiederum wahrscheinlich versehentlich) und konnte schließlich den Sohn von Wilbert Smith ausfindig machen und Smiths handschriftliche Notizen über das Treffen vom 12. September 1950 lesen.

Notizen eines Interviews mit Dr. Robert Sarbacher auf Vermittlung von Oberstleutnant Bremner.

SMITH: Ich arbeite an dem Zusammenbruch des Magnetfeldes der Erde als Energiequelle, und ich glaube, unsere Arbeit hat auch Bedeutung für die fliegenden Untertassen.

SARBACHER: Was möchten Sie wissen?

SMITH: Ich habe (Frank) Scullys Buch über die Untertassen *(Behind the Flying Saucers)* gelesen und möchte gerne wissen, wieviel davon wahr ist.

SARBACHER: Die Fakten, über die in dem Buch berichtet wird, sind substantiell richtig.

SMITH: Dann gibt es die Untertassen also?

SARBACHER: Ja, es gibt sie.

SMITH: Arbeiten sie, wie Scully vermutet, nach den Prinzipien des Magnetismus?

SARBACHER: Wir konnten ihr Flugverhalten nicht nachmachen.

SMITH: Kommen sie von einem anderen Planeten?

SARBACHER: Wir wissen nur, daß wir sie nicht gemacht haben, und es ist recht sicher, daß sie nicht von der Erde stammen.

SMITH: Ich verstehe, das gesamte Thema Untertassen ist geheim.

SARBACHER: Ja, es ist sogar noch zwei Stufen geheimer als die Wassserstoffbombe. Es ist in der Tat gegenwärtig das Thema mit der höch sten Geheimhaltungsstufe in der Regierung der Vereinigten Staaten.

SMITH: Darf ich nach dem Grund der Geheimhaltung fragen?

SARBACHER: Sie dürfen fragen, aber ich kann es Ihnen nicht sagen.

SMITH: Gibt es eine Möglichkeit, mehr Informationen zu erhalten, insbesondere, da es zu meiner eigenen Arbeit zu passen scheint?

SARBACHER: Ich vermute, Sie könnten durch Ihr Verteidigungsministerium überprüft werden, und ich bin mir recht sicher, daß Arrangements zum Informationsaustausch getroffen werden können. Wenn Sie etwas zu der Sache beizutragen haben, würden wir uns freuen, darüber zu sprechen, aber im Moment kann ich Ihnen nicht mehr sagen.

Anmerkung: Das Obige ist aus der Erinnerung an den Verlauf des Interviews niedergeschrieben. Ich habe versucht, es so wörtlich wie möglich zu lassen.

Wenn das echt wäre, wäre es der beeindruckendste und überzeugendste Beweis für die Realität der UFOs und der noch nicht aufgedeckten Mittäterschaft der Regierung der Vereinigten Staaten. Aber ist es echt? Glücklicherweise enthalten die Notizen Namen, die überprüft werden können, und da die Notizen in einer großen Sammlung von Smiths Materialien gefunden wurden und in seiner Handschrift verfaßt waren, besteht Grund zur Annahme, daß sie tatsächlich von Smith angefertigt wurden.

Es war nicht schwierig „Oberstleutnant Bremner" zu überprüfen; es stellte sich heraus, daß er der Verteidigungsattaché der kanadischen Botschaft in Washington war, genau die Art Persönlichkeit, die an einem Treffen dieser Tragweite teilnehmen würde. Einer abgehakt, einer noch zu erledigen. Und der - Dr. Robert Sarbacher - würde sich als die wichtigste Einzelperson herausstellen, die bis dahin mit der UFO-Geschichte verbunden war.

Stanton Friedman stellte sich in Zusammenarbeit mit Arthur Bray der Herausforderung und fand Dr. Sarbacher 1982 in einem Handbuch führender Wissenschaftler: Er war Berater des Rates für Forschung und Entwicklung der Vereinigten Staaten sowie Dekan der Graduate School der Technischen Universität Georgia und betrieb sein eigenes wissenschaftliches Labor, das im Auftrag der Regierung arbeitete.

Im Herbst 1983 unterhielt der UFO-Enthusiast William Steinman einen kurzen Briefwechsel mit Dr. Sarbacher, aus dem folgende Antworten auf seine Fragen hervorgingen:

STEINMAN: Berichten Sie über ihre persönlichen Erfahrungen in Bezug auf diese geborgenen fliegenden Untertassen - Beschreibung der Untertassen, der Besatzung, Namen anderer, die damit zu tun hatten, Bergungsorte, Bergungszeiten usw.

SARBACHER: Wenn ich auf meine eigenen Erfahrungen im Hinblick auf fliegende Untertassen Bezug nehme, so hatte ich keinerlei Verbindung zu den Leuten, die mit der Bergung zu tun hatten, und ich weiß nichts über die Daten der Bergungen. Wenn ich etwas wüßte, würde ich es Ihnen sagen.

STEINMAN: Bestätigung, daß die folgenden Personen damit etwas zu tun haben: a) Thomas Townsend Brown, b) Dr. Weisberg, c) Dr. Robert H. Kent, d) Dr. Hellmut Schmidt, e) Dr. John von Neuman, f) Dr.Wernher von Braun g) Dr. Francis Bitter h) Dr. Leo A. GeBauer, i) Dr. J. Robert Oppenheimer, j) Dr. Eric Henry Wang, k) Dr. Vannevar Bush.

SARBACHER: In Bezug auf eine Bestätigung, daß die Personen, die Sie aufzählen damit zu tun hatten, kann ich nur so viel sagen: John von Neuman hatte definitiv damit zu tun. Dr. Vannevar Bush war definitiv darin verwickelt und ich glaube, auch Dr. Robert Oppenheimer. Meine Verbindung zum Rat für Forschung und Entwicklung unter Dr. Compton während der Amtszeit Eisenhowers war eher begrenzt, so daß ich, obgleich ich eingeladen wurde, an verschiedenen Gesprächen über die erwähnten Bergungen teilzunehmen, an diesen Treffen doch nicht persönlich teilnehmen konnte. Ich bin mir sicher, sie hätten Dr. von Braun gefragt, und die anderen, die Sie aufzählen, wurden wahrscheinlich gefragt und haben vielleicht auch an den Treffen teilgenommen oder nicht. Das ist alles, was ich mit Sicherheit weiß.

STEINMAN: Eine Kopie des offiziellen Berichtes der Regierung über die Bergung von Aztec, New Mexico (ein besonderes Interessengebiet von Steinman, obwohl es von anderen nicht als besonders wichtig eingeschätzt wurde) oder über irgend eine andere, zu der Sie Zugang haben könnten.

SARBACHER: Ich erhielt einige offizielle Berichte, als ich in meinem Büro im Pentagon war, aber sie verblieben alle dort, weil wir sie zu der Zeit nicht aus dem Amt mitnehmen durften.

STEINMAN: Abzüge der Fotos der geborgenen fliegenden Untertassen sowohl an der Absturzstelle wie auch im Labor und Fotos der Insassen dieser fliegenden Untertassen.

SARBACHER: Ich kann mich nicht erinnern, solche Fotos, wie Sie sie verlangen, erhalten zu haben, und so kann ich Ihnen darauf nicht antworten.

STEINMAN: Kopien der offiziellen Analyseberichte der Untertassen wie der Insassen.

SARBACHER: Ich muß Ihnen darauf dieselbe Antwort (wie auf Ihr voriges Verlangen geben). Ich erinnere mich an das Interview mit Dr. Brenner (!) von der kanadischen Botschaft. Ich denke, die Antworten, die ich ihm gab, waren die, die Sie aufgeführt haben. Natürlich wußte ich zu dieser Zeit mehr über das Thema, über das gesprochen wurde. Ich wäre in der Tat in der Lage gewesen, genauere Antworten zu geben, hätte ich an den Treffen über das Thema teilgenommen. Sie müssen verstehen, daß ich diese Verpflichtung als einen privaten Beitrag ein ging. Man nannte uns „Ein-Dollar-im-Jahr-Männer". Meine wichtigste Verantwortung war die Aufrechterhaltung meiner eigenen Geschäfte, so daß meine Teilnahme nur begrenzt sein konnte.

So ziemlich das einzige, an was ich mich zu dieser Zeit erinnere, ist, daß bestimmtes Material, das angeblich von Abstürzen fliegender Untertassen herrührte, extrem leicht und sehr widerstandsfähig war. Ich bin mir sicher, daß unsere Labors es höchst sorgfältig analysierten.

Es gab Berichte, daß die Instrumente oder Leute, die diese Maschinen handhabten auch von sehr leichtem Gewicht waren, gerade aus reichend, um der gewaltigen Beschleunigung, zu widerstehen die mit ihrer Maschinerie verbunden war. Ich erinnere mich, daß ich in Gesprächen mit einigen Leuten im Amt den Eindruck bekam, daß diese „Außerirdischen" wie bestimmte Insekten gebaut seien, die wir auf der Erde beobachtet hatten, wobei wegen der geringen Masse die Trägheitskräfte, die mit der Bedienung dieser Instrumente verbunden waren, sehr gering sein müßten.

Ich weiß immer noch nicht, weshalb der Befehl zu höchster Geheimhaltung gegeben wurde, und warum diese Geräte geleugnet werden.

Anfang Dezember 1983 rief Stanton Friedman Dr. Sarbacher an, und dieser versicherte ihm, daß der Großteil der Informationen, die von Steinman mitgeteilt wurden, akkurat waren. Er erfuhr auch, daß Sarbacher auf eine sehr hohe Ebene innerhalb der Regierung gelangt war und viele wichtige Leute kannte. Es war daher logisch, daß er zu solch sensibler Information Zugang hatte.

1985 nahm Dr. Bruce Maccabee, Physiker bei der U.S. Navy und Vorsitzender des Fund for UFO-Research, Kontakt mit ihm auf. Dr. Sarbacher sagte ihm: „Es gibt da etwas, das ich hätte tun sollen, aber ich tat es nicht. Ich wurde gebeten, eine Absturzstelle eines UFOs zu besichtigen [Maccabee notiert: er denkt, die Bitte kam vom Flugplatz Wright oder die Absturzstelle war der Flugplatz Wright] und konnte zu dieser Zeit nicht gehen, weil ich zu sehr mit meinen eigenen Geschäften beschäftigt war. Aber einige Männer gingen dort hin. Ich ging einige Zeit, nachdem sie zurückgekommen waren, ins Büro [des Rates für Forschung und Entwicklung] und sprach mit einigen der Männer, die es gesehen hatten. Ich wünschte, ich hätte gehen können."

Maccabee bat ihn, über seinen Eindruck von dem zu berichten, was die Männer ihm erzählten, daß sie gesehen hätten. „Mein Eindruck von dem, was die Männer sagten, die die Reise zum Flugplatz Wright unternommen hatten: Die 'Leute', die diese Dinger steuern, sind anders gebaut als wir. Sie schienen keine Totenstarre zu haben, sie erschienen wie Insekten, vielleicht waren es Roboter." [Anmerkung von Maccabee: Das schien sich besonders in seinen Gedanken festgesetzt zu haben.]

Wenn auch aus dem Austausch mit Dr. Sarbacher [der 1986 verstarb] keine sensationellen Neuigkeiten hervorgingen, so bestätigten sich doch seine Angaben und verliehen so der erstaunlichen Notiz von Wilbert Smith große Glaubwürdigkeit. Klar, Anfang der fünfziger Jahre befanden sich ein Wrack und wahrscheinlich auch Leichen auf dem Flugplatz Wright. Sarbacher sagte Friedman 1983 bei einem persönlichen Treffen, daß es mehrere Abstürze gegeben haben könnte und daß er nicht wüßte, aus welchem Absturz das Material stammte, das seine Kollegen gesehen hatten.

Der Wert der Aussagen von Sarbacher und Smith liegt in der Bestätigung von Gerüchten über den Flugplatz Wright als dem Ort, an dem sich zumindest zeitweise Materialien und/oder Leichen befanden. Wenn auch Dr. Sarbacher nicht sehr viele Details hinzufügen konnte, so bestätigte doch sein Rang eindrucksvoller als jede Aussage, daß die Regierung von den abgestürzten UFOs wußte.

Ein Schlüsselstück an Information war die Erwähnung von Dr. Vannevar Bush in Verbindung mit UFOs. Während er über ihn ermittelte, entdeckte Friedman, daß Bush das Verbindungsglied zwischen den Gruppen war, die in dem geheimen (nicht streng geheimen) Memorandum vom 23. September 1947 von General Nathan Twining genannt wurden, das diejenigen aufführte, denen Kopien der besten Informationen über Untertassen geschickt werden sollten. Dazu gehörten der Vereinigte Rat für Forschung und Entwicklung und dessen Vorgänger, das Amt für Forschung und Entwicklung (Bush stand beiden vor und war daher eng mit der Entwicklung der Atombombe, der Annäherungszünder und anderen bedeutenden Projekten vertraut), das Nationale Beratungskomitee für Aeronautik (Bush war Vorsitzender dieses Vorgängers der NASA) und die Atomenergiekommission, der Nachkriegsnachfolger des Manhatten Project.

Vannevar Bush hatte während des Krieges leicht Zugang zum Weißen Haus, da er in vielen höchst bedeutenden Komitees saß. Damit wäre er in genau der richtigen Position, um eine bedeutende Rolle bei der Analyse von Wracks fliegender Untertassen und deren Leichen zu übernehmen. Diese und andere Gruppen (wie z.B. der Rat für Wissenschaftliche Beratung der Air Force und die Rand Corporation) waren nicht mit dem verteidigungspolitischen Tagesgeschäft befaßt, sondern vielmehr mit langfristiger wissenschaftlicher Arbeit. Genau diese Gruppen waren es, an die man sich wenden würde, wenn man Überreste einer abgestürzten Untertasse findet.

6. KAPITEL

Majestic-12

Majestic-12 ist mit hoher Wahrscheinlichkeit der einzige wichtigste Schlüssel zum gesamten UFO-Rätsel. Außer, daß noch positiv festgestellt werden muß, ob es eine Tür gibt, zu der der Schlüssel paßt. Oder ob es der richtige Schlüssel ist, um eine sehr wichtige Tür zu öffnen.

Oberflächlich betrachtet ist Majestic-12 (oder MAJIC 12 oder MJ-12) eine supergeheime Gruppe von extrem wichtigen Leuten aus Wissenschaft, Militär und Geheimdiensten, denen die ehrfurchtgebietende Verantwortung auferlegt wurde bzw. wird, alles herauszufinden über das, was 1947 in New Mexico abstürzte. Wenn es solch eine Gruppe wirklich gibt (oder je gegeben hat und sie vielleicht durch eine andere Gruppe oder eine andere Aufgabe ersetzt wurde), dann birgt sie mehr bedeutende Geheimnisse in sich, als sich die meisten Menschen vorstellen können. Wenn es andererseits Majestic-12 nie gegeben hat, dann muß es doch mit großer Sicherheit eine andere Gruppe mit etwa derselben Funktion gegeben haben bzw. geben. Jede Alternative dazu würde bedeuten, die amerikanische Regierung betrachtete die Abstürze in New Mexico als nicht wichtig genug, daß sie die Bildung einer Majestic-12 oder anders genannten Gruppe gerechtfertigt hätten. Man kann sich nur äußerst schwer vorstellen, daß die Bergung unbekannter Materialien und der Leichen kleiner Humanoiden in Washington nicht als die wissenschaftliche Wasserscheide des Jahrtausends betrachtet würde.

Die einzige andere Möglichkeit ist, daß sich die Abstürze nie ereignet haben, und damit wären die Dokumente von Majestic-12 Teil eines üblen Scherzes. Die Chancen, daß dies der Fall ist, sind fast auf Null gesunken, und so erscheint die Möglichkeit, daß die Dokumente frei erfunden sind, minimal.

Die Geschichte über Majestic-12 kam im Dezember 1984 auf eine Art und Weise aus den Katakomben der Geheimdienstkreise der Vereinigten Staaten (einschließlich der CIA, NSA, FBI, Defense Intelligence Agency, National Reconnaissance Office, und ein paar anderer, hochgradig unauffälliger Agenturen), daß sie einfach Verdacht erregen mußte. Sie kam in einem einfachen Umschlag ohne Absenderangabe nur mit einer Briefmarke aus Albuquerque, New Mexico, in Form einer Dose mit einem belichteten, aber nicht entwickelten 35mm-Schwarzweißfilm.

Das harmlos aussehende Päckchen kam im Haus des Filmproduzenten Jaime Shandera aus Los Angeles an, von dem bekannt war, daß er mit dem UFO-Forscher Bill Moore in Dingen zusammenarbeitete, die mit Geheimdiensten zu tun hatten. Nach der Entwicklung zeigte der Film acht Seiten eines angeblichen Informationspapieres für den neu gewählten Präsidenten Dwight Eisenhower, datiert vom 18. November 1952. Es beschrieb die Entdeckung, Bergung und erste Analyse der Überreste dessen, was 120 km nordwestlich von Roswell, New Mexico, abgestürzt war.

Moore, Shandera und Stanton Friedman verbrachten die nächsten beiden Jahre mit dem Versuch festzulegen, ob das Dokument echt oder gefälscht war. Subtile Hinweise und mysteriöse Botschaften von einer wachsenden Anzahl von Kontaktpersonen zum Geheimdienst (oder zu einer Desinformationsgruppe) führten zu heimlichen Telefongesprächen und Treffen, aber zu nichts mit viel Substanz, das ihnen ermöglicht hätte, mit Überzeugung zu sagen, daß das Informationspapier für Eisenhower echt war. Noch im Frühjahr 1987 war die Sache so verwirrend und unschlüssig wie je zuvor.

Unter immer noch nicht ganz geklärten Umständen wurde eine weitere Kopie des Dokumentes dem englischen UFO-Autor Timothy Good gesandt, der gerade mit der Vorbereitung eines Buches über die Verbindung der Regierung zu UFOs beschäftigt war. Er erhielt seine Kopie im März 1987 und fügte es in sein *Jenseits von Top Secret* ein, das im Mai in England veröffentlicht wurde. Zu diesem Zeitpunkt hatten Moore und Shandera eine vorläufige Version ihres Dokumentes in einer unglücklich gekürzten und zensierten Form veröffentlicht. Die ursprünglichen Bezeichnungen für die Geheimhaltungsstufe waren unkenntlich gemacht worden (von Moore, wie sich später herausstellte).

Beim MUFON-Symposium an der American University in Washington, D.C., im Juni 1987 wurde das vollständige Dokument von Moore und Konsorten vorgestellt. Aber da die Bestätigung der Echtheit immer noch fehlte, löste dies nur ein Durcheinander von Gerüchten, Dementis und Beschuldigungen aus.

Bevor die Bedeutung und die Wichtigkeit des Eisenhower-Papieres beurteilt werden können, muß zuerst gezeigt werden, daß es echt ist, und das hat sich bis dahin als extrem schwierig erwiesen. Ganz einfach die entsprechenden Leute in der Regierung zu fragen, ob es echt ist, scheint der logische Weg, das heraus zu finden. Wenn dies scheiterte, wäre eine Anfrage nach den nützlichen Bestimmungen des Freedom of Information Act [Gesetz über die Freiheit der Informationsbeschaffung] das Richtige. Aber ein Dokument, das so streng geheim ist, wie es dieses zunächst zu sein scheint, wäre nur ein paar wenigen besonders vertrauenswürdigen Personen bekannt, bei denen man sich darauf verlassen könnte, daß sie den Mund hielten. Der Freedom of Information Act, so effektiv er auch sein mag, verschafft keinen Zugang zu streng geheimer Information, deren pure Existenz leicht geleugnet, aber unmöglich bewiesen werden kann.

Wenn das Informationspapier für Eisenhower eine offiziell genehmigte Finte ist, so wäre es so gut wie unmöglich, die Person oder das Amt zu finden, das für ihre Schaffung verantwortlich ist und ein Geständnis zu erlangen. Es scheint daher alles andere als garantiert, daß man wird verhindern können, daß sich das Dokument eines Tages als echt oder falsch erweisen wird. Es wird aber mit Sicherheit kontrovers bleiben, bis jemand eines Tages den Beweis für das eine oder andere erbringt.

Die unmittelbare Reaktion verschiedener Seiten - sowohl Pro- wie auch anti-UFO-Positionen - auf das Auftauchen des Dokumentes war, es zur Finte zu erklären, ja sogar zu einer „nachweislichen Finte“. Angebliche Diskrepanzen in der Form, den Typen oder dem offiziellen Jargon, der 1952 Standard war, wurden als Beweise hinaustrompetet, daß es von unbekannter Seite zu Zwecken, die jedoch nie richtig klar wurden, ausgetüftelt worden sei. Befürworter der Echtheit des Papieres und andere, die nicht bereit waren, es auf der Grundlage recht dürftiger Beweise als Fälschung zu verdammen, machten sich ans Werk, um alles über das Dokument herauszufinden, was sie nur konnten, ohne jedoch irgendwelche großen Erwartungen zu hegen, zu einer endgültigen Antwort zu gelangen.

Vollkommen klar ist aber, daß wer immer das Informationspapier für Eisenhower zusammengestellt hat, sei er nun legitimes Mitglied einer MJ-12, ein Betrüger von damals oder von heute, sehr viel wußte über die

Geschichte der UFOs, den Absturz bei Corona und über die inneren Abläufe in der Regierung der Vereinigten Staaten, einschließlich des Hintergrundes und der Aktivitäten der zwölf Männer, die angeblich die ursprünglichen Mitglieder von Majestic-12 waren. Es konnte kaum einfach wieder so eine plumpe Finte sein, die von einem Witzbold mit einer alten Schreibmaschine gelegt wurde, um die private UFO-Forschung zu mißbrauchen, wie es im Laufe der Jahre schon etliche Male vorkam. Es bedurfte einer Menge Forschung, Überprüfung und wahrscheinlich Vorerfahrung im Aushecken von Finten und muß daher für seinen Schöpfer sehr wichtig sein und nicht nur ein bloßer Streich.

Aber warum sich all dem Ärger aussetzen, um ein gefälschtes Dokument zu schaffen? War es, um den UFO-Forschern Ärger zu bereiten und sie zu diskreditieren (und damit ihre Effektivität zu mindern), indem man sie dazu bringt, das Dokument als echt anzuerkennen, um dann das Doukument als gefälscht und die, die ihm glaubten, als pathetisch leichtgläubig zu enthüllen. Wenn dem so ist, dann hat der Schöpfer der Finte viele Jahre und viele Gelegenheiten verstreichen lassen, ohne zu sprechen. Und mit jedem Jahr, das vergeht, steigt die Wahrscheinlichkeit, daß einer Behauptung oder einem Eingeständnis, man habe sich nur einen üblen Scherz erlaubt, nicht geglaubt wird. Und schließlich wäre es nicht genug, wenn lediglich jemand aufstünde und sagte: „Ha ha, ich habe es getan, und ihr Deppen seid darauf reingefallen.“ Man wird Beweise verlangen, daß es eine Finte war, und das könnte sich als genau so schwer verständlich erweisen wie die Feststellung der absoluten Authentizität.

War sie dazu gedacht, die Zeit und die Energie der besten Leute in der UFO-Forschung mit Beschlag zu belegen und damit ihre Aufmerksamkeit von anderen UFO-Ereignissen der Regierung abzulenken oder von einem Nicht-UFO-Projekt, das als noch heikler oder als am Rande der Entdeckung stehend angesehen wurde? Man muß sich fragen, was explosiver sein könnte als die Entdeckung von Beweisen dafür, daß UFOs außerirdische Raumschiffe sind.

Es scheint mehr und mehr, daß, selbst wenn das Informationspapier für Eisenhower eine Finte ist, es doch etwas sehr Ähnliches geben muß, da die Wahrscheinlichkeit für die Realität des Absturzes bei Corona mit jedem Tag, der vergeht, zunimmt. Warum sollte man ein Dokument fälschen, wenn sich ein echtes mit substantiell ähnlichem Inhalt vielleicht bereits im nächsten Aktenzimmer findet?

Es ist auch möglich, daß der ursprüngliche Zweck für ein gefälschtes Informationspapier durch Ereignisse, die seiner Schaffung folgten, überflüssig wurde. Es könnte nun in der Luft hängen ohne jeden Zweck, aber auch ohne jede Möglichkeit, es wieder los zu werden, ohne möglicherweise unschuldigen Parteien erheblichen Ärger zu bereiten.

Angesichts des bedeutungsvollen Inhalts des Informationspapieres, war es zwingend erforderlich geworden, seine Echtheit oder Falschheit so sicher wie möglich zu bestimmen. Zu diesem Zweck rief der Fond for UFOResearch im Sommer 1988 eine erfolgreiche Kampagne ins Leben, 16.000 Dollar aufzubringen, um den Vorschlag von Stanton Friedman zu unterstützen, die Majestic-12 Dokumente zu untersuchen (damals gab es mehr als eines) mit dem Ziel, ihre grundsätzliche Beschaffenheit zu bestimmen.

Die Analyse des wichtigsten Dokumentes bereitete Friedman erhebliche Probleme; etliche rührten daher, daß er nicht mit den Originaldokumenten arbeiten konnte. Ihm stand nur eine Kopie auf einem Foto zur Verfügung, und daher gab es keine Möglichkeit, das Papier zu überprüfen, die Tinte oder andere physische Charakteristika. Das Problem wurde dadurch noch größer, daß Moore und Shandera nicht gewillt waren, die Fotonegative der Dokumente zu Studienzwecken zur Verfügung zu stellen, wenn auch zu bezweifeln ist, daß man von ihnen viel hätte erfahren können.

Anfangspunkt mußte die bestmögliche Kopie der Abzüge von den Negativen sein - unglücklicherweise eine Version des Originals in der dritten Generation. Aber der Inhalt des Papiers konnte mit Leichtigkeit gelesen werden, und daher war dies die engste Annäherung an die Originalbeweise, die erreicht werden konnte.

Das Format des Informationspapieres erhielt beträchtliche Aufmerksamkeit. War das nachvollziehbar für diese Zeit (1952) und für ein Dokument auf so hohem Niveau, das angeblich für das Weiße Haus angefertigt wurde? Gab es ernste Abweichungen von bekannten Praktiken? War dies die richtige Art und Weise der Berhandlung der Angelegenheit, die man unter solchen Umständen eventuell hätte erwarten können?

In einem Brief an den privaten UFO-Enthusiasten Lee Graham sagte der ehemalige CIA-Beamte Richard Bissell, der die Operationen U-2 und Bay of Pigs leitete: „Das Dokument sieht sicher authentisch aus. Auf der Grundlage des Materials, das Sie mir gesandt haben, habe ich persönlich kaum Zweifel, daß es authentisch ist." Friedman erhielt ähnliche Aussagen über die offensichtliche Authentizität des Informationspapiers für Eisenhower vom Verwaltungsassistenten Trumans, David Stowe und von Robert R. Bowie, einem ehemaligen Mitglied des Planungsstabes des Nationalen Sicherheitsrates. (Das Dokument ist im Anhang abgedruckt)

Auch das Datum in der Mitte des Deckblattes erregte große Aufmerksamkeit: 18 November, 1952. Ist es richtig, ein Komma zwischen dem Monat und der Jahresangabe einzufügen, oder ist das ein Beweis für einen Betrug? Gegenwärtig wird von der Regierung kein Komma verwendet, aber Anfang der fünfziger Jahre wurden im Weißen Haus viele verschiedene Schreibweisen für das Datum benutzt. Auf etlichen Dokumenten des Präsidenten, deren Authentizität nie in Frage gestellt wurde, entsprach die Schreibweise des Datums dem des fraglichen Dokumentes. Erst als allgemein Computer und elektronische Schreibmaschinen benutzt wurden, wurde auch eine einheitliche Schreibweise für das Datum verwendet. Mehr noch, ein Betrüger hätte wahrscheinlich eine üblichere Schreibweise verwendet, um die Aufmerksamkeit nicht auf die Schreibweise des Datums zu lenken.

Die Geheimhaltungsstufe: TOP SECRET/MAJIC National Security Information Eyes Only. Ergibt das einen Sinn? Das einzig ungewöhnliche Wort ist MAJIC, von dem kann aber angenommen werden, daß es ein Codewort ist, das den Zugang auf die Personen beschränkt, die zu Informationen zu diesem Thema besonders zugelassen sind. Das bedeutet, daß es nur den wenigen Einzelnen, für die ein spezifisches „need to know"(„Notwendigkeit zu Wissen") über MJ-12 bestand, gestattet war, es zu lesen, statt jedem, der zu „Top Secret" zugelassen war, was auf viele Hunderttausende Beschäftigter beim Militär, anderen Agenturen der Regierung und privater Vertragspartner, die mit vertraulichen Aufgaben betraut waren, hinauslaufen würde.

Bezüglich des Schreibstils des gesamten Dokuments: Paßt er zu anderem Material, von dem bekannt ist, daß es von Admiral Roscoe Hillenkoetter verfaßt wurde, der auf Seite 2 als Informationsoffizier genannt wird? Tatsächlich gibt es keinen Grund, warum es das sollte, da es keinen Hinweis darauf gibt, daß es von Hillenkoetter persönlich geschrieben wurde, der es einfach nur entworfen und dann jemand anderem zum endgültigen Schreiben gegeben haben könnte. In diesem Fall hätte es nicht den Schreibstil von Hillenkoetter getragen, dennoch wäre es aber eine genaue Darstellung seiner Position.

Um dennoch herauszufinden, ob das Informationspapier zu Hillenkoetters Stil paßt, wurde es zusammen mit mehr als zwanzig Beispielen von Notizen und Memoranden, von denen bekannt war, daß sie von Hillenkoetter geschrieben worden waren, dem weltberühmten Linguistikexperten Dr. Roger W. Wescott von der Universität Drew in New Jersey vorgelegt. Nachdem Wescott sie studiert hatte, schrieb er: „Nach meiner Meinung gibt es keinen überzeugenden Grund, auch nur eines dieser Papiere als gefälscht zu betrachten oder zu glauben, daß auch nur eines von ihnen nicht von Hillenkoetter selbst verfaßt wurde. Diese Feststellung gilt sowohl für das kontroverse Informationsmemorandum für den Präsidenten vom 18. November 1952 wie auch für die Briefe, seien es dienstliche, seien es persönliche."

Das beweist natürlich nicht, daß das Informationspapier für Eisenhower von Admiral Hillenkoetter geschrieben wurde. Es bedeutet nur, daß ein Experte keinen Anhaltspunkt für einen Betrug fand. Selbst wenn es Anhaltspunkte dafür gäbe, daß es nicht von Hillenkoetter geschrieben wurde, würde das nicht notwendigerweise bedeuten, daß es eine Fälschung ist, sondern nur, daß der Text nicht unmittelbar von ihm verfaßt wurde. Es ist mit Sicherheit möglich, daß eine Inspektion des Originaldokuments den Beweis für die Verwendung modernen Papiers oder moderner Tinte erbrächte ... oder daß es den Beweis für die Verwendung von Papier und Tinte erbrächte, die dem Jahr 1952 entsprechen. Diese Dinge bleiben noch ungeklärt.

Es wurde vermutet, daß die Nennung von Admiral Hillenkoetter als ‚Roscoe' statt nur seiner Initialen R. H. ein starker Anhaltspunkt (manche bestehen sogar darauf, es sei ein Beweis) dafür sei, daß das Papier gefälscht ist, denn es heißt, er haßte diesen Namen und verwendete stets nur seine Initialen. Die Aussagen seiner Witwe und enger Freunde stimmen darin überein, daß er oft den Namen „Roscoe" verwendete und auch tatsächlich allgemein unter diesem Namen bekannt war.

Der Inhalt des Informationspapieres bietet die beste Gelegenheit zur Überprüfung, und darauf wurden auch die größten Anstrengungen unternommen, beginnend mit den Mitgliedern der Gruppe Majestic-12. Wenn sie die Art Männer wären, die das Wissen und die Fähigkeiten besaßen, die Erfahrung und die Verbindungen für solch eine ungewöhnliche, heikle und wichtige Aufgabe, dann kann man annehmen, daß das Dokument entweder echt ist oder von jemandem geschrieben wurde, der vermutlich vollständigen Zugang zu den dazu benötigten Informationen hat.

Mitglieder der Gruppe MJ-12

Die folgenden sehr kurz gefaßten Angaben zum Hintergrund der zwölf Männer, von denen man sagt, daß sie Mitglieder von MJ-12 gewesen seien, schließen deren Position zur Zeit der Bildung der MJ-12 1947 ein (fettgedruckt).

Konteradmiral Roscoe H. Hillenkoetter Erster **Direktor der Central Intelligence Agency** (1947- 1950)

Dr. Vannevar Bush. Vorsitzender der nationalen Kommission zur Forschung für die Verteidigung und des Amtes für wissenschaftliche Forschung und Entwicklung während des Zweiten Weltkrieges. Vorsitzender des nationalen Beratungskomitees für Aeronautik (NACA, später NASA) von 1939 - 1941. **Vorsitzender des Vereinigten Rates für Forschung und Entwicklung** (1945-1948).

James V. Forrestal. Marineminister 1945 - 1947. Erster **Verteidigungsminister** von 1947 - 1949.

General Nathan F. Twining. **Kommandeur des USAAF Air Materiel Command, Wright Field**, 1945 - 1947.

General Hoyt Vandenberg. Chef der Kriegsabteilung des militärischen Nachrichtendienstes während des Zweiten Weltkrieges. Zweiter Direktor der CIA, 1946 - 1947. **Chef des Luftpersonals,** 1947, Personalchef der U. S. Air Force von 1948 - 1953.

Dr. Detlev Bronk. Begründer der Wissenschaft für Biophysik, Mitglied des wissenschaftlichen Beraterkomitees der Brookhaven National Laboratories. **Vorsitzender des nationalen Forschungsrates** von 1946 - 1950. Präsident der Nationalen Akademie der Wissenschaften, 1950 - 1962. Präsident der John Hopkins Universität.

Dr. Jerome Hunsaker. Vorsitzender der Abteilungen für aeronautisches und mechanisches Ingenieurwesen des Massachusetts Institute of Technology, 1933 - 1951. **Vorsitzender der NACA**, 1941 - 1956.

Sidney Souers. Erster Direktor der CIA, 1946, Erster **Exekutivsekretär des Nationalen Sicherheitsrates** , 1947- 1950. Sonderberater Präsident Harry Trumans für Angelegenheiten der Geheimdienste.

Gordon Gray. **Assistant Secretary der Army**, 1947 -1949, Secretary der Army, 1949 - 1950. Vorsitzender des streng geheimen Psychologischen Strategierates der CIA.

DONALD MENZEL. Professor für Astrophysik an der Universität Havard, 1939 - 1971, **Vorsitzender der Abteilung für Astronomie** 1946 - 1949.

LLOYD V. BERKNER. **Exekutivsekretär des Rates für Forschung und Verteidigung**, 1946 - 1947. Träger der Congressional-Gold-Medal.

GENERALMAJOR ROBERT M. MONTAGUE. **Kommandierender Offizier der Abteilung, der das Testgelände White Sandunterstand**, 1946- 1947. Wurde unmittelbar nach dem Absturz zum Kopf eines klassifizierten Projektes bei Sandia Base, New Mexico, ernannt.

Diese Männer stellten im Sommer 1947 die Crème des amerikanischen Militärs, Nachrichtendienstes und der wissenschaftlichen Gemeinschaften dar. Alle waren die vollkommen logische und offensichtliche Auswahl für solch ein ungewöhnliches und wichtiges Projekt. Alle bis auf Donald Menzel, bestens bekannt durch drei Bücher, in denen er UFOs und die, die sie ernst nahmen, lächerlich machte. Er war anerkannt als führender Anti-UFO-Sprecher der amerikanischen Wissenschaft und beeinflußte als solcher eine ganze Generation von Meinungsbildnern.

Während der vielen Jahre seiner Tiraden gegen UFOs wurde niemals auf Menzels Teilnahme an einer solchen Regierungsoperation auch nur hingewiesen. War seine Aufnahme in die MJ-12 Gruppe ein Ausrutscher eines unbekannten und möglicherweise verspielten Betrügers? Oder gab es Dinge an Donald Menzel, die nicht allgemein bekannt waren?

Umfangreiche Forschungen von Stanton Friedman über zuvor unberührte Papiere Menzels in Harvard, an die nur schwer heranzukommen war, enthüllten ein komplettes Doppelleben des landesweit bekannten Wissenschaftlers. Er war über viele Jahre tief in verdeckte CIA- und National-Security-Agency-Operationen auf hohem Niveau verwickelt, einschließlich Arbeiten auf dem Gebiet der Dechiffrierung und vielen anderen hoch klassifizierte Aufgaben, von denen nicht einmal seine Witwe und seine engsten Freunde in Harvard eine Ahnung hatten. Aber diejenigen, die ihn am besten kannten, stimmten vollkommen darin überein, daß er Geheimnisse vollständig wahren konnte - es hätte ihm wirklich Freude gemacht, ein Doppelleben zu führen - und er hätte auf diese Weise sehr wohl an allen möglichen „schwarzen“ Aktivitäten teilhaben können. Er behielt all dieses Wissen für sich, selbst während der Loyalitäts-/Sicherheitshearings im McCarthy-Stil 1950, während derer ihm angedroht wurde, man werde ihm seine Air-Force-Geheimhaltungsstufe entziehen, weil er eine wissenschaftliche Expedition in die UdSSR geführt hatte, obwohl er eine sehr seltene Top Secret-Ultra-Geheimhaltungsstufe hatte, die diese noch bei weitem übertraf.

Besonders interessant ist die Anstrengung, derer Friedman bedurfte, um diese bisher unbekannten Informationen zu erhalten. Er brauchte die Erlaubnis zweier Abteilungsleiter in Harvard und von Mrs. Menzel. Wenn die Finte von jemandem in der Regierung ausgeheckt worden wäre, dann hätte das jemand mit Zugang zu höchst sensiblen Informationen sein müssen. Nicht unmöglich, aber höchst unwahrscheinlich und damit ein Anhaltspunkt für die große und unerklärte Wichtigkeit solch einer Finte.

Wenn die Mitglieder der Gruppe MJ-12 von der Sorte waren, die es auch verdienten, auf so einer Liste zu stehen, benahmen sie sich auch so, als hätten sie damit wirklich etwas zu tun? Stanton Friedman spürte sie auf (der letzte, der von den Zwölfen sterben sollte, war Jerome Hunsacker - er starb 1984 kurz bevor das Informationspapier für Eisenhower auftauchte) über Telefonbücher und Terminkalender sowie durch persönliche und dienstliche Briefe, die in ihren Papieren in Büchereien des Präsidenten und der Dokumentenabteilung der Kongressbibliothek gefunden wurden. Ihr Kommen und Gehen, ihre Treffen und Konferenzen konnten anhand bestimmter signifikanter Daten aufgespürt werden.

Eine der Anlagen zu dem Informationspapier für Eisenhower, die einzige, die zusammen mit dem Dokument kam, ist eine Notiz von Präsident Truman an Verteidigungsminister Forrestal über die Einrichtung von MJ-12, die sich auf eine kürzlich geführte Unterhaltung zwischen den beiden über diese Sache bezieht. Der 24. September war der einzige Tag zwischen Mai und Dezember 1947, an dem sich Truman und Vannevar Bush trafen, und damit wahrscheinlich der Zeitpunkt für die Entscheidung, MJ-12 zu schaffen. Bush und Forrestal, die beiden Männer, die in dem Informationspapier als diejenigen aufgeführt werden, die die Einrichtung von MJ-12 empfahlen, trafen sich ebenfalls an diesem Tag und sahen gemeinsam auch Truman. Ein Witzbold hätte das unmöglich wissen können: Friedman brauchte viele, viele Stunden und reiste Tausende von Kilometern, um diese Fakten zu entdecken.

Noch zusätzlich war der 24. September der Tag, nachdem General Nathan Twining seinen Bericht über die Flugcharakteristika der fliegenden Untertassen geschrieben hatte. Welch bessere Zeit hätte es geben können um zu handeln, und eine formelle Gruppe einzurichten, die

Berichte über Sichtungen wie auch Abstürze untersucht? Twining war, seinem Fluglogbuch und dem seines Piloten zufolge, am 7. Juli 1947 zum Armeeflugplatz Alamagordo, New Mexico hinunter geflogen und dann bis zum 11. Juli in diesem Staat geblieben (mit einem Abstecher zum Luftwaffenstützpunkt Kirtland, Albuquerque), bevor er wieder zum Flugplatz Wright zurückkehrte. Am 17. Juli 1947 schrieb Twining an einen leitenden Angestellten der Boeing Airplane Co.: „Mit tiefstem Bedauern mußten wir wegen einer sehr wichtigen und überraschenden Sache, die sich hier entwickelte, unsere Reise zur Boeing-Fabrik absagen." Könnte er sich in Verbindung mit dem Absturz in New Mexico aufgehalten haben?

Der Inhalt des Informationspapiers für Eisenhower

Da es offensichtlich Grund gibt zu glauben (wenn auch vielleicht nicht, vollständig zu akzeptieren), daß das Dokument echt ist, läßt sein Inhalt auf beträchtliche Bedeutung schließen. Wenn es zu dem paßt, was bekannt und vernünftig ist, dann verbessern sich die Chancen auf seine Legitimität wie auch auf seine Signifikanz.

Der erste Abschnitt des Textes des Informationspapiers beschreibt die UFO-Situation vor dem Absturz in New Mexico und paßt zu dem, was schon lange über die erste Häufung von Sichtungen von „fliegenden Untertassen" in Amerika Ende Juni, Anfang Juli 1947, bekannt gewesen war. Aber man muß die Grundlage für die Feststellung überlegen: „Die Reaktion der Öffentlichkeit grenzte zeitweise an Hysterie." Die meisten Leute reagierten mit Gelächter auf Berichte von untertassenförmigen Dingern, die über den Himmel fegten, nicht mit Hysterie oder auch nur ‚Beinahe-Hysterie'. Vielleicht versuchte jemand, eine Panik innerhalb der Regierung zu verhindern, wenn nicht gar in der Öffentlichkeit.

Andere Feststellungen im ersten Abschnitt beziehen sich auf angebliche Ereignisse, die sogar noch weniger bekannt sind. Offensichtlich gab es „unabhängige Bestrebungen bei etlichen verschiedenen Kräften innerhalb des Militärs, sich im Interesse der nationalen Verteidigung der Beschaffenheit und der Absichten dieser Objekte zu vergewissern", nur daß diese zuvor ausschließlich vom Air Materiel Command erwähnt worden waren. Wer war denn noch so besorgt über die Berichte? Die Navy? Die Marines? Die Kavallerie? Oder vielleicht andere Gruppen innerhalb der U.S. Army Air Force? Was steckt auch hinter den Worten:

„Es gab einige erfolglose Versuche, Flugzeuge bei dem Versuch einzusetzen, gemeldete Scheiben im Flug zu verfolgen“? Versuche der ersten Tage, UFOs abzufangen, waren noch nie veröffentlicht worden, obwohl sie natürlich Sinn ergeben, und der klassisch bürokratische Stil, in dem dies geschrieben wurde, läßt vermuten, daß der Autor der Schrift beträchtliche Zeit in der Regierung verbracht hat.

Der zweite Abschnitt bezieht sich auf die Entdeckung einer abgestürzten Untertasse auf einer abgelegenen Ranch in New Mexico und paßt haargenau zu dem, was wir bereits aus anderen Quellen erfahren haben.

Auch der dritte Abschnitt paßt zu dem immer vollständiger werdenden Wissen über die Nachwirkungen der Entdeckung des Wracks. Daß am 7. oder 8. Juli mit einer geheimen Operation zur Bergung des Wracks begonnen wurde, steht fest. Und das Auffinden der Leichen etlicher „kleiner menschenähnlicher Wesen“ in einiger Entfernung von der Brazel-Ranch paßt zu dem, was wir nun aus den Behauptungen etlicher Zeugen wissen.

Die Zeitspanne, innerhalb derer die Leichen auf offenem Feld gelegen haben sollen, stimmt mit der neuesten Chronologie des Absturzes überein: „annähernd eine Woche“ – dies entspricht der Zeit zwischen dem Absturz am 2. Juli und dem wahrscheinlichsten Tag der Entdeckung der Leichen durch das militärische Suchteam, das mit der Bergung zu tun hatte. Es ist zu vermuten, daß die Körper dann bereits unter dem Einfluß der Elemente eine beträchtliche Verwesung durchgemacht und vielleicht durch Räuber weiteren Schaden erlitten hatten.

Die Entfernung der Leichen und des Wracks kann bis zu einem gewissen Grade nachvollzogen werden, obwohl erst kürzlich Anhaltspunkte auftauchten, daß das Wrack „an etliche verschiedene Stellen gebracht wurde“. Die „Desinformation“ ziviler und militärischer Zeugen überrascht kaum, besonders im Licht der Tatsache, daß Rancher Brazel eine Woche von der Armee in Gewahrsam genommen wurde, während und nachdem er mit der Armee darin „übereinkam“, daß das Wrack weltlichen Ursprungs war. Die Geschichte vom „Wetterballon“ wurde von etlichen ehemaligen Angehörigen des Militärs bestätigt, die jedoch zwischenzeitlich zugegeben haben, daß sie falsch war.

Seite vier enthält streng geheime Bestrebungen, mehr über die Beschaffenheit des Wracks und der Leichen zu erfahren, was alles vollkommen logisch ist, worüber aber nie Details zu hören waren, bis das Informationspapier durchsickerte. Interessanterweise wird Dr. Menzel als derjenige erwähnt, der mit der Frage nach der Herkunft des Raumschiffes (als Astrophysiker wäre er die erste Wahl gewesen), nicht aber mit dem Versuch betraut wurde, die Symbole zu entziffern, die auf Teilen des Wracks gefunden worden waren. Seine Kenntnisse auf dem Gebiet der Entschlüsselung chiffrierter Texte und des Japanischen, einer symbolischen Sprache, hätten ihn offensichtlich als den geeigneten Mann für diese schwierige Aufgabe erscheinen lassen.

Die Verwirrung, die entstand als man keine Anhaltspunkte für Metalldrähte fand, 1947 die einzige bekannte Form der Verbindung und Übertragung von Elektrizität, ist verständlich. Die Halbleiterelektronik entwickelte sich erst *nach* den Abstürzen mit der Erfindung des Transistors Ende 1947. Wissenschaftler, die um diese Ereignisse wußten, vermuteten, daß dieses inzwischen allgemein übliche Gerät ein Ergebnis des Studiums des Wracks gewesen sein könnte, und wissenschaftliche Geschichtsbücher untermauern die Plausibilität dieser Verbindung, wenn sie auf die relativ plötzliche Erfindung des Transistors kurz nach dem Zeitpunkt der Abstürze hinweisen.

Auf Seite fünf wendet sich das Informationspapier den offiziellen Ermittlungen der Regierung über die UFOs zu – anfänglich Projekt Sign – obwohl dessen Zweck vermutlich war, Informationen über UFOs, deren Verhalten und Funktionen an MJ-12 weiterzugeben, und weniger zu bestimmen, ob sie eine Bedrohung der nationalen Sicherheit darstellten, wie der Öffentlichkeit wiederholt gesagt wurde. Um dies zu erreichen, wurde ein geheimes Verbindungssystem zwischen dem Projekt und MJ-12 eingerichtet, indem man bei den Ermittlungen einen „Maulwurf" benutzte, der oft, wenn nicht gar immer, der Direktor des Projekts war. Davon wird zwar in keiner der Schriften des ehemaligen Projektleiters Ed Ruppelt etwas erwähnt, aber seine Befehle werden auch zu geheim gewesen sein, als daß sie dies gestattet hätten, und er mag nicht einmal genau gewußt haben, wohin seine Informationen gingen oder warum er sie weitergeben sollte.

Die Entdeckung eines weiteren abgestürzten Objektes am 6. Dezember 1950 paßt zu dem, was wir über ein paar höchst rätselhafte Aktivitäten um diese Zeit herum wissen. Etliche Bücher über die Amtszeit Trumans, Trumans Memoiren und Papiere in seiner Bibliothek, sprechen von einem hohen Alarmzustand, ja es gibt sogar ein Telex des FBI über einen Alarm beim Nachrichtendienst der Armee für „jegliche Daten jedweder Art über fliegende Untertassen". Dieser gemeldete Absturz muß von privaten UFO-Gruppen jetzt noch sorgfältig untersucht werden.

Der letzte Abschnitt auf Seite fünf erwähnt die zunehmende UFO-Aktivität im Frühjahr und Sommer 1952 - die riesige Sichtungswelle mit Zentrum in Washington, D.C. Die Aktivität hatte sich jedoch, noch bevor das Papier überbracht wurde, wieder auf einem normalen Niveau (vier bis fünf pro Woche) eingespielt, und so ist die offensichtliche Besorgnis ein Zeichen dafür, daß das Pentagon über den Fliegeralarm höchst beunruhigt war. Seither wird es als Grundlage für erhöhte Sicherheitsmaßnahmen betrachtet, um Panik zu verhindern wie auch aus nicht näher erläuterten „internationalen und technologischen Erwägungen". Am 31. Januar 1949 (anderthalb Jahre nach dem Absturz) wurde ein Plan entwickelt, was zu tun wäre, „sollte sich die Notwendigkeit einer öffentlichen Erklärung ergeben". Nur, was eine Freigabe von Informationen für die Öffentlichkeit rechtfertigen könnte, darauf wird nicht einmal hingewiesen, obwohl man natürlich vermuten kann, daß eine Landung oder ein Absturz, die von vielen Leuten (oder sogar Fernsehkameras) beobachtet würden, die Art Ereignis wäre, die alle Pläne über den Haufen werfen würde, solche Nachrichten unter Verschluß zu halten.

Die sieben Anlagen, die dem durchgesickerten Dokument nicht beilagen (oder später von den hochrangigen Informanten von Moore und Shandera zur Verfügung gestellt wurden), müssen eine ganze Welt wichtigster Informationen enthalten. Sie behandeln Dinge wie die Analysen des Wracks, der Leichen und der Symbole.

Mit MJ-12 verbundene Dokumente

Das kontroverseste aller Materialien, die mit MJ-12 in Verbindung stehen, wird gewöhnlich als Cutler-Twining-Memorandum bezeichnet. Es wurde angeblich von Robert Cutler, Sonderberater Präsident Eisenhowers, an Generalleutnant Nathan Twining geschickt. Es scheint den Zeitplan für ein Treffen bezüglich eines Sonderstudienprojektes von MJ-12, (MJ-12 SSP) vom 16. Juli 1954 zu betreffen.

Die Kontroverse dreht sich um die Art und Weise, wie das Dokument entdeckt wurde. William Moore und Jaime Shandera fanden es 1985, als sie mehr als einhundert Kisten voller kürzlich deklassifizierter Dokumente der Berichtsgruppe 341 (RG 341) in den Nationalarchiven in Washington durchsuchten. Das Memorandum befand sich zwischen zwei Schnellheftern und ist ein Dokument des Weißen Hauses, das mit der RG 341, die aus Material der Air Force besteht, überhaupt nichts zu tun hat.

Es fand sich in Kiste Nr. 189, auf die in einer rätselhaften Postkarte hingewiesen worden war, die Moore aus Neuseeland erhalten hatte und die die Absenderangabe Postfach 189 in Addis Ababa, Äthiopien trug, obwohl die Bedeutung der Postfachnummer erst nach der Entdeckung des Dokuments auffiel.

Es scheint, das Cutler-Twining-Memorandum wurde von jemandem in diese Kiste gelegt, der wollte, daß es gefunden würde. Aber wer es dort hineintat, ist unbekannt, da die einzigen Leute, die Zugang zu den Materialien hatten, die Angestellten des Nationalarchivs und die Leute aus der Air Force waren, die die Tausende von Seiten in RG 341 deklassifizierten. Es ist höchst unwahrscheinlich, daß es jemand anderer getan haben könnte, da der Zugang zu solchem Material vom sicherheitsbewußten Personal des Nationalarchivs streng überwacht wird.

Das Memorandum ist offensichtlich ein Kohlepapierdurchschlag auf einer bestimmte Art, das zwischen 1953 und Anfang der siebziger Jahre in limitierten und kontrollierten Mengen hergestellt wurde, und es ist an den Rändern ausgebleicht, wie man es von einem alten Papier erwartet. Das Fehlen der Unterschrift Cutlers wurde zum Ziel der Angriffe auf die Gültigkeit des Vermerks. Es gibt nicht einmal ein getipptes "/s/", was darauf hinweisen würde, daß das Original unterschrieben wurde. Ermittlungen Friedmans ergaben, daß Robert Cutler an dem Tag, an dem das Memorandum geschrieben wurde, außer Landes war, und so muß es ein Assistent gefertigt haben - da Assistenten zu der Zeit viele Memoranden und Briefe verfaßten. Das Fehlen der Unterschrift ist daher kein Anhaltspunkt für eine Fälschung; umgekehrt sogar, hätte es eine Unterschrift getragen, wo Cutler doch gar nicht da war, so wäre dies ein guter Grund gewesen, Verdacht zu schöpfen.

In der Eisenhower Bibliothek fand Friedman eine Notiz, in der Cutler James Lay, Exekutivsekretär des Nationalen Sicherheitsrates, anwies, „dafür zu sorgen, daß mein Postkorb nicht überläuft". Eine weitere Notiz, geschrieben am 16. Juli, zeigt, daß Lay Cutler mitteilte: „Ich hoffe, Sie erholen sich gut, ruhen sich aus und machen sich ein paar schöne Tage, bevor Sie zurückkehren. Ich werde versuchen, alles in Ordnung zu haben, damit nicht zu viel Druck auf Ihnen lastet, wenn Sie wiederkommen." Lay kümmerte sich offensichtlich während Culters Abwesenheit um Routineangelegenheiten.

Die abschließende Antwort auf die Frage nach der Legitimität der MJ-12 Dokumente gibt es noch nicht. Diejenigen, die höchst negativ auf ihre erste Veröffentlichung reagiert haben, sind nach wie vor davon überzeugt, daß es eine Fälschung ist, und diejenigen, die denken, es sei echt, haben keine Beweise. Eines der Argumente für den zweifelhaften Charakter des Informationspapieres für Eisenhower ist das Fehlen eines Hinweises auf den Absturz in der Ebene von San Augustin. Eine mögliche Erklärung dafür ist, daß das Informationspapier nur eine Zusammenfassung des größten Teils des Originals ist, wobei derjenige, der es zusammenfaßte jeglichen Hinweis auf den zweiten Absturz vermied, weil dem zu dieser Zeit nur beschränkt Glauben geschenkt wurde. Auf diese Weise könnte das Informationspapier sowohl echt als auch gefälscht sein: echt in seinem Inhalt, aber eine Kopie, die irgendwann nach 1947 angefertigt wurde. Zugegebenermaßen, dies ist reine Spekulation.

Lt. Walter Haut, Offizier für Öffentlichkeitsarbeit beim Armeeflugplatz Roswell, der die Presseverlautbarung herausgab, die von der Bergung einer abgestürzten Untertasse durch die Armee 1947 berichtete. *(Foto mit freundlicher Genehmigung von Walter Haut).*

Colonel William „Butch" Blanchard, kommandierender Offizier der 509 Bombergruppe beim Armeeflugplatz Roswell, der Lt. Haut befahl, die Presseverlautbarung herauszugeben *(Foto mit freundlicher Genehmigung des Smithsonian Institute).*

Colonel Thomas J. DuBose, Personalchef der 8th Air Force, der Mann, dem befohlen wurde, eine Geschichte zur Tarnung des Absturzes bei Corona zu erfinden *(Foto mit freundlicher Genehmigung des Smithsonian Institute).*

UNTEN LINKS: Brigadegeneral Ramey, 1947 kommandierender Offizier der 8th Air Force beim Armeeflugplatz Ft. Worth, der der Presse erzählte, das Material, das von der Foster-Ranch geborgen wurde, seien lediglich die Überreste des Radarschirms eines Wetterballons gewesen. *(Foto mit freundlicher Genehmigung des Smithsonian Institute).*

UNTEN RECHTS: Major Jesse Marcel, als ein Leutnant während des Zweiten Weltkrieg (*Foto mit freundlicher Genehmigung von Dr. Jesse Marcel).*

Gebäude auf der Foster-Ranch, wo Major Marcel und der CIC-Mann Cavitt übernachteten, bevor sie zusammen mit „Mac“ Brazel das Trümmerfeld besichtigten.

Der Flugplatz Wright, später Luftwaffenstützpunkt Wright Pattersen, Ende 1945. Er sah im Sommer 1947 noch genauso aus, als das Wrack aus dem Absturz bei Corona dorthin geflogen wurde *(Foto mit freundlicher Genehmigung des Smithsonian Institute)*

Glenn Dennis, 1947 Leichenbestatter in Roswell; Walter Haut steht rechts neben ihm *(Foto mit freundlicher Genehmigung von Walter Haut).*

Rückansicht des Krankenhauses beim Armeeflugplatz Roswell. Hier parkte Glenn Dennis und ging hinein, als kleine humanoide Leichen zum Transport vorbereitet wurden.

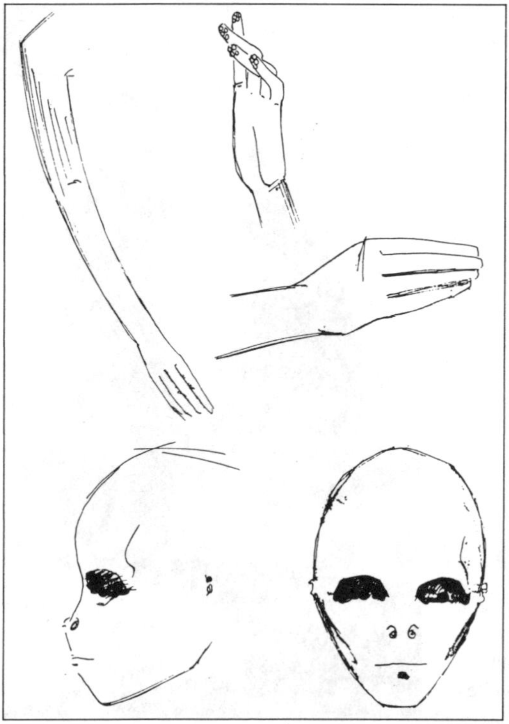

Zeichnungen von Glenn Dennis, auf der Grundlage der Skizzen, die seine Freundin, eine Krankenschwester, am Tag anfertigte, nachdem sie zwei Ärzten bei der vorläufigen Untersuchung der Leichen der Außerirdischen in Roswell assistiert hatte.

Dr. Jesse Marcel, neben dem Armeehubschrauber stehend, den er als Colonel der Reserve fliegt *(Foto mit freundlicher Genehmigung von Dr. Jesse Marcel).*

Grady „Barney" Barnett, einer derjenigen, die die Absturzstelle in der Ebene von San Augustin entdeckten *(Foto mit freundlicher Genehmigung von Alice Knight).*

UNTEN: Die Ebene von San Augustin, wo 1947 ein zweites UFO abstürzte.

Jerry Anderson, 1990 in der Ebene von San Augustin.

Anderson beschreibt dem Autor Stanton Friedman die Erinnerungen an die Absturzstelle von 1947.

Stanton Friedman, Jerry Anderson, der Hypnotiseur John Carpenter und der Geldgeber Robert Bigelow 1990 bei San Augustin.

7. KAPITEL

Zivilisten finden das Wrack

Alles fing am Donnerstagmorgen, den 3. Juli 1947 an, als zwei unschuldige Leute auf dem Gelände einer Schafranch, das mit Felsbrocken, Gestrüpp und hartem Büffelgras übersät war, über die Überreste einer abgestürzten Untertasse stolperten. William „Mac" Brazel, Vorarbeiter auf der Foster-Ranch und sein sieben Jahre alter Nachbar Dee Proctor sahen draußen nach Schäden, die das starke Gewitter in der Nacht zuvor hinterlassen haben könnte.

Im Verlauf des Vorabends hatten sie unter den vielen Donnerschlägen einen „anderen" Knall gehört. Sie fanden keine Schäden an Zäunen oder Windmühlen, aber etwas völlig Unerwartetes zog ihre Aufmerksamkeit auf sich: ein Feld voller kleiner Stückchen glänzenden Materials, das so ganz anders war als alles, was der erfahrene Rancher je gesehen hatte.

Zeitungsberichten aus dieser Zeit zufolge sammelte Mac etwas davon auf und versteckte es unter einem Busch oder in einem Schuppen. Er behielt ein paar Stücke, und eines davon nahm er mit, als er Dee die paar Kilometer zum Haus seiner Eltern, seiner nächsten Nachbarn, zurückfuhr. Der Junge war mit Mac mitgekommen, weil er nichts lieber tat, als auf Pferden zu reiten, und genau das war es, was auch Mac die meiste Zeit tat.

Im Juli 1990 wurde Loretta Proctor bei einer besonderen Konferenz über Abstürze, die vom Fund for UFO Research in Washington abgehalten wurde, interviewt. Und da sowohl Mac wie auch ihr Mann, lange bevor jemand auf die Spur gekommen war, verstorben waren, war sie die direkteste Verbindung zum Anfang der Geschichte. Loretta ist ein wunderbares Beispiel für eine Rancherfrau im Westen: offen, gastfreundlich und kein bißchen an Publicity interessiert die das einsame Leben stören könnte, das sie in ihrem alten Ranchhaus am Ende eines hügeligen Feldweges führt.

„[Mac] hatte dieses Stückchen Material, das er aufgelesen hatte. Er wollte es uns zeigen und wollte, daß wir hinuntergingen und uns den Rest der Trümmer oder wer-weiß-was ansahen, [aber] wir gingen nicht, weil wir kein Transportmittel hatten, und es uns überhaupt nicht allzu gut ging. Er fand niemanden, der mit ihm hinaus kam und sich dafür interessiert hätte. Das Stück, das er brachte, sah aus wie an der Sonne nachgedunkeltes hellbraunes Plastik ... es war sehr leicht, wie Balsaholz. Es war kein großes Stück, vielleicht etwa 10 cm lang, vielleicht ein bißchen größer als ein Bleistift.

Wir schnitten mit einem Messer darauf herum und hielten ein Streichholz daran, aber es brannte nicht. Wir wußten, es war kein Holz. Es war weich wie Plastik, es hatte keine scharfen Kanten, eine Art Holzdübel. Ziemlich nachgedunkelt. Es hatte überhaupt keine Maserung ... es war einfach glatt. Ich hatte noch nie so etwas gesehen."

In einer Reihe von Papieren, die in den achtziger Jahren veröffentlicht wurden, berichteten Stanton Friedman und Bill Moore über Interviews mit weiteren Personen, die Teile des Wracks bei Corona gesehen und in der Hand gehalten hatten, bevor die Armee alles abriegelte.

Mrs. Bessie Brazel-Schreiber, Mac Brazels Tochter: Das Material ähnelte

„einer Art Aluminiumfolie. Einige [dieser] Teile hatten eine Art Band, das um sie geklebt war ... [aber] obwohl das Zeug wie ein Band aussah, konnte es nicht abgezogen oder sonstwie entfernt werden. Einige dieser Teile trugen so etwas wie Zahlen oder Buchstaben, aber wir konnten keine Wörter erkennen. Die Buchstaben waren geschrieben, wie man Zahlen in Spalten schreibt ... aber sie sahen überhaupt nicht wie unsere Zahlen aus.

... ein Stück von etwas, das aus derselben metallähnlichen Folie gemacht war und aussah wie eine Rohrummantelung. Etwa 10 cm im Durchmesser und auch etwa gleich lang mit einer Flansch an einem Ende. [Auch] etwas, was aussah wie Stücke von intensiv gewachstem Papier."

William Brazel, Macs Sohn:

„... etwas in der Art von Stanniol, außer, daß es nicht riß ... Man konnte es zerknüllen und wieder hinlegen, und es nahm sofort wieder seine ursprüngliche Gestalt an ... recht biegsam, aber man konnte es nicht knicken oder biegen wie gewöhnliches Metall. Fast wie Plastik, aber eindeutig metallisch. Dad sagte einmal, daß die Armee ihm einmal gesagt habe, das sei nichts, was von uns gemacht worden sei.

[Es gab dort auch] fadenähnliches Material. Es sah aus wie Seide ... aber es war keine Seide ... sehr starkes Material [ohne] Stränge oder Fasern, wie Seide sie hat. Es war eher wie Draht ... alles aus einem Stück oder einer Substanz.

... einige holzähnliche Partikel ... vom Gewicht her wie Balsaholz, aber von dunklerer Farbe und viel härter ... Es war biegsam, brach aber nicht ... es wog überhaupt nichts, aber man konnte es nicht mit dem Fingernagel einritzen. Ich hatte nur ein paar kleine Stückchen. [Auf den Stücken, die ich hatte, waren keine Schrift oder Markierungen], aber Dad sagte einmal, daß auf einigen der Teile, die er gefunden hatte, „Figuren" waren, wie er es nannte. Er nannte die Felszeichnungen, die die alten Indianer auf die Felsen hier in der Gegend gezeichnet hatten, auch oft „Figuren", und ich glaube, er wollte sie mit ihnen vergleichen."

Walt Whitmore Jr., der Sohn des Eigentümers des Radiosenders Roswell, KGFL:

„[Es war] Bleifolie sehr ähnlich, aber es konnte weder zerrissen noch geschnitten werden ... von extrem leichtem Gewicht ... ein paar kleine Bänder, die aus Holz oder holzähnlichem Material zu sein schienen, trugen eine Art Inschrift, die aussah wie Zahlen, die entweder addiert oder [in Kolumnen] multipliziert worden waren."

Bis dahin waren Zivilisten die einzigen Menschen, die wußten, daß etwas Seltsames auf der Foster-Ranch abgestürzt war. Mac Brazels Leben drehte sich um die Schafranch, und da er nichts von der „Fliegende-Untertassen-Manie" wußte, die über das Land hinwegfegte, brachte er sie nicht mit dem in Verbindung, was da auf einem seiner Felder verstreut lag. Erst nachdem Freunde ihn drängten, der Armee von dem zu berichten, was geschehen war, fuhr er nach Roswell. Zu der Zeit eine furchtbare Fahrt, und auch heute immer noch eine Strecke mit vielen Kilometern unbefestigter Straßen.

Am Sonntag, den 6. Juli, erschien Mac mit ein paar Proben der Trümmer, die er auf der Ranch aufgelesen hatte, im Büro von George Wilcox, dem Sheriff von Chaves County. Der Sheriff merkte schnell, daß das etwas Ungewöhnliches war, rief den Armeeflugplatz Roswell an und sprach dort mit Major Jesse Marcel, dem Offizier des Nachrichtendienstes. Marcel und Sheridan Cavitt vom Spionageabwehrkorps fuhren dann mit Mac zur Ranch zurück, womit die Verwicklung des Militärs in den Absturz ihren Anfang nahm.

Als Marcel von der Ranch mit einem Wagen voller Trümmer zurückkam, hielt er zu Hause an und warf seine Frau und seinen Sohn Jesse aus dem Bett, um ihnen zu zeigen, was er gefunden hatte. Da die Entdeckung seltsamer Materialien von der Armee noch nicht zur Geheimsache erklärt worden war, verletzte er damit keine Regeln. Der elfjährige Jesse, inzwischen erfolgreicher Arzt und Hubschrauberpilot der Reserve, der in Vietnam gedient hatte, und qualifizierter Forscher auf dem Gebiet der Flugzeugabstürze ist, erinnert sich deutlich an das Erlebnis.

> „Der Absturz und die Überreste des Gerätes, die ich sehen durfte, hinterließen einen Eindruck in meiner Erinnerung, den ich nie vergessen kann. Das Objekt war in keinster Weise konventionell, was bedeutete, daß die Überreste höchstwahrscheinlich von etwas stammten, was damals „fliegende Untertasse" genannt wurde, die offensichtlich über ihre Fähigkeiten hinaus beansprucht worden war.
>
> Ich gründe dies auf die Tatsache, daß viele Überreste, einschließlich Streben, seltsame hieroglyphische Symbole auf der inneren Oberfläche trugen ... rosa und lila, außer daß ich nicht glaube, daß irgendwelche Tierfiguren dabei waren, wie es sie in den echten ägyptischen Hieroglyphen gibt. Der Rest der Trümmer wurde einfach als unbestimmte metallische Trümmer oder zerrissene Fragmente beschrieben, aber es gab einen beträchtlichen Anteil intakter Streben. Ich sah nur einen kleinen Teil der Trümmer, die wirklich an der Absturzstelle lagen.

Anscheinend war Sheriff Wilcox etliche Zeit, bevor die Absturzstelle versiegelt wurde, dort hinaus gefahren und hatte eine Menge gesehen. Anfang 1990 interviewte Kevin Randle Miss Barbara Dugger, die Enkeltochter von George und Inez Wilcox. Der Sheriff starb, als Barbara noch recht jung war, aber sie lebte bei ihrer Großmutter als sie ins College ging und stand der älteren aber immer noch dynamischen Inez Wilcox sehr nahe. Laut Barbara:

> „[Meine Großmutter sagte:], Sag es niemandem. Als sich der Vorfall ereignete, kam die Militärpolizei ins Gefängnis und sagte George und mir, daß, wenn wir je irgendetwas über den Vorfall erzählten, nicht nur wir selbst sondern unsere ganze Familie umgebracht würde!'
>
> Sie riefen meinen Großvater an, und es kam jemand und berichtete ihm von dem Vorfall. Er ging zu der Stelle hinaus; dort war ein großes verbranntes Gebiet, und er sah die Trümmer. Es war am Abend. Dort waren vier ‚Wesen aus dem Weltraum'. Ihr Kopf war groß. Sie trugen Anzüge

wie aus Seide. Einer der ‚kleinen Männer‘ lebte.

Wenn sie sagt, daß das passiert ist, dann ist es auch passiert!

Was die Todesdrohungen anging, machte Barbaras Großmutter ganz deutlich: „Die meinten das ernst, Barbara – die alberten nicht herum!“

„Sie sagte, das Ereignis schockierte ihn. Er wollte danach nie wieder Sheriff sein. Großmutter bewarb sich um den Sheriffposten und wurde geschlagen. Meine Großmutter war eine sehr loyale Bürgerin der Vereinigten Staaten, und sie dachte, es sei im besten Interesse des Landes, nicht darüber zu sprechen.“ Inez Wilcox starb nicht lange danach im Alter von 93 Jahren.

Es gibt ein ganz klares Muster der Drohungen gegenüber Zeugen: Diejenigen, die nur das Wrack sahen, kamen mit wenig davon, während die, die Leichen gesehen hatten, viel härter angefaßt wurden. Da selbst direkter Kontakt mit dem Wrack nicht an sich schon die außerirdische Herkunft des Absturzes beweist, ist es verständlich, daß Zeugen, deren Erlebnisse auf das Material beschränkt waren, vom Militär nicht als ernsthafte Bedrohung angesehen wurden. Aber erst ein kurzer Blick auf eine Leiche hätte recht deutlich werden lassen, daß dies ein nichtmenschliches Ereignis war; gerade deshalb ist es auch verständlich, daß die Regierung auf die, die Leichen gesehen hatten, wesentlich stärkeren Druck ausübte.

Mitglieder der örtlichen Presse wurden unfreiwillig zu Teilnehmern an dem Drama statt nur zu Beobachtern. Frank Joyce vom Radiosender KGFL erhielt eines Nachmittags, als er bei dem Sender Dienst tat, einen Telefonanruf von einem Mann, der von einem Wrack auf seiner Ranch berichtete - vermutlich von Mac Brazel.

„Er fragte mich, was er damit tun solle. Ich riet ihm, er solle zum Luftwaffenstützpunkt Roswell gehen.

Das nächste, was ich hörte, war, daß der Offizier für Öffentlichkeitsarbeit [Leutnant] Walter Haut einige Zeit, nachdem ich diesen Anruf erhalten hatte, zum Sender kam. Er übergab mir eine Presseverlautbarung, die auf Durchschlagpapier gedruckt war, und ging sofort wieder. Ich rief ihn im Stützpunkt an und sagte: ‚Ich schlage vor, Sie veröffentlichen so eine Geschichte lieber nicht, in der es heißt, Sie hätten eine fliegende Untertasse oder fliegende Scheibe.‘ Er sagte: ‚Nein, das geht in Ordnung. Ich habe das Okay vom Kommandanten [Colonel Blanchard].‘

Ich sandte die Verlautbarung über die Western Union zum Büro der United Press. Als ich zum Sender zurückkehrte, tickerte eine Nachricht über den Fernschreiber: ‚Das U.S. Army Air Corps sagt, es habe eine fliegende Scheibe. Sie tippten ein oder zwei Absätze, und dann kamen andere Leute über den Fernschreiber und fragten nach weiteren Informationen. Dann liefen die Telefonanrufe ein, und ich verwies die Leute an [den Flugplatz].

Dann hörte der Fernschreiber auf zu tickern und summte nur noch. Ein Telefonanruf kam, und der Anrufer stellte sich als Beamter des Pentagon vor, und dieser Mann sagte ein paar sehr schlimme Dinge, was mir geschehen könne ... er war wirklich ganz schön ekelig. Schließlich konnte ich ihm antworten: Ich sagte: ‚Sie sprechen über eine Verlautbarung des U.S. Army Air Corps!‘ Bäng! Die Leitung war tot; er war einfach weg.

Dann rief mich [der Eigentümer des Senders Walt] Whitmore an und sagte: ‚Frank, was ist denn da unten los?‘ Er war ziemlich verärgert. Er fragte: ‚Wo haben Sie diese Geschichte her?‘ In der Zwischenzeit hatte ich die Verlautbarung erhalten und versteckte sie, damit ich einen Beweis in der Hand hätte und man mir nicht vorwerfen konnte, ich hätte die Geschichte aufgebauscht. Whitmore kam zum Sender, und ich gab ihm die Verlautbarung. Er nahm sie an sich.

Die nächste bedeutende Sache ereignete sich am Abend. Ich erhielt einen Anruf von [Mac] Brazel. Er sagte: ‚Wir haben diese Geschichte nicht richtig verstanden.‘ Ich lud ihn ein, zum Sender rüberzukommen; nicht lang nach Sonnenuntergang kam er an. Er war allein, aber ich hatte das Gefühl, wir wurden beobachtet. Er sagte etwas über einen Wetterballon. Ich sagte: „Sehen Sie, das ist ganz anders als das, was Sie mir einmal am Telefon über die kleinen grünen Männchen erzählt haben“, und da sagte er ‚Nein, sie waren nicht grün.‘ Ich hatte das Gefühl, er stand unter schrecklichem Druck.

Er sagte: ‚Unser Leben wird nie mehr so sein wie vorher.‘“

Auch der andere Radiosender, KSWS in Roswell geriet in das Abenteuer. Im Verlauf des Montag, den 7. Juli, muß der Angestellte des Senders Johnny McBoyle die Schafsranch besichtigt und das Wrack, wenn nicht sogar die Leichen gesehen haben. Er weigert sich zwar auch nach fast einem halben Jahrhundert noch, über die Sache zu sprechen, aber wir fanden eine weitere bedeutende Zeugin: Lydia Sleppy, die Dame am Fernschreiber, deren Meldung auf so rätselhafte Weise unterbrochen wurde. Friedman dachte lange, sie sei schon gestorben, fand sie aber dann im Oktober 1990 und interviewte sie.

Wir waren Mutual Broadcasting und ABC, und wenn wir irgendetwas von Nachrichtenwert hatten, dann gaben wir es in den Fernschreiber, und ich war diejenige, die es eintippte. Es war in meinem Büro. [Der Eigentümer der Station] Mr. [Merle] Tucker war in Washington, D.C., und versuchte einen Antrag auf Einrichtung eines Senders in El Paso genehmigt zu bekommen, als dieser Anruf von John McBoyle kam. Er sagte, er habe da etwas Heißes für den Sender. Ich sagte: ‚Lassen Sie mir eine Minute Zeit, ich versuche, den Stellvertreter zu erreichen', denn wenn es etwas so Heißes war, dann wollte ich, daß einer von denen da wäre, während ich es annehme.

Ich ging zurück und fragte Mr. [Karl] Lambertz [er kam von dem großen Sender in Dallas], ob er nach oben kommen und zusehen könnte. John diktierte, und [Karl] stand genau neben meiner Schulter. Ich verstand genug davon, um zu wissen, daß das eine ganz große Geschichte war, als plötzlich die Glocke ertönte [die eine Unterbrechung meldet]. Es wurde getippt: „Hier ist das FBI, Sie hören auf, zu übermitteln."

Ich nahm meinen Stenoblock, drehte mich um und sagte zu [Karl], ich sei unterbrochen worden, aber ich könne es in Steno aufnehmen, und wir könnten es den Sendern telefonisch übermitteln. Ich nahm es in Steno auf, da John die Geschichte weiter diktierte. Er hatte gesehen, wie sie das Ding weggetragen haben ... er war da draußen gewesen [vermutlich bei der Foster-Ranch], als sie es wegtrugen. Und damals sagte John, wenn ich mich richtig erinnere, daß sie es aufladen und nach Texas bringen würden. Aber als die Flugzeuge ankamen, waren sie vom Flugplatz Wright."

Es ist nicht bekannt, ob dies geschah, bevor Leutnant Haut seine explosive Presseverlautbarung darüber verteilte, daß die Armee die Überreste einer fliegenden Scheibe geborgen habe, oder etwa zur selben Zeit. Aber sobald die Nachricht einmal draußen war, reagierte die Presse der Nation und sogar der ganzen Welt rapide. Zwei Wochen lang waren die Zeitungen voll gewesen von „Routineüberflügen" nur vage beschriebener glänzender Scheiben und silberner Bälle. Und so wurde aus dieser ungewöhnlichen Geschichte über die Bergung echter Stücke eines dieser Dinger herausgeholt, was nur herauszuholen war.

Auf einmal war Roswell, New Mexico ein Begriff auf der Landkarte. Die verschlafene kleine Stadt im Westen, deren Ruhm als Heimat der 509. Bombergruppe, die die Atombombe trug, lange schon vom Sicherheitsdienst des Militärs erstickt worden war, wurde augenblicklich zum Zentrum von ... etwas. Telefonanrufe aus so weit entfernten Städten wie London liefen im Büro des Sheriffs, bei den Radiosendern, bei Zeitungen und natürlich beim Flugplatz Roswell ein. Die Stadtväter schwelgten in all der Aufmerksamkeit, während das Militär erschauerte.

Jeder wollte mehr wissen über dieses weltbewegende Ereignis: Was genau wurde auf der Ranch gefunden? Wie sah es aus? Was wurde damit gemacht? Können wir es uns anschauen? Und ganz besonders: Waren es wirklich die Überreste einer dieser rätselhaften fliegenden Scheiben?

Die Nachmittagsausgabe des *Daily Record* in Roswell, die wohl geschrieben wurde, nachdem das Rätsel angeblich von der Eighth Air

Forces gelöst worden war, drückte in diesem Leitartikel aus, wie viele über die Geschichte empfanden:

Und was ist es nun?

> Die Telefone klingelten, aufgeregte Stimmen schrien in die Ohren des Personals in den Nachrichtenzimmern, stellten ehrgeizige Fragen, die niemand beantworten konnte. Kurz nach der Veröffentlichung des Record gestern Nachmittag, stellte sich heraus, daß aufgrund der Neugier über die Berichte aus 44 Staaten der Union, die silbernen Scheiben Glauben fanden.
>
> Der Record war gerade erst auf den Straßen angekommen, als die Flut von Telefonanrufen heranrollte, Leute hinterfragten, was sie gerade erst gelesen hatten, sie trauten ihren eigenen Augen nicht.
>
> Aber die Geschichte stand, gerade so wie alle erstaunlichen Dinge stehen, in diesen Tagen wunderbarer Heldentaten und eigenartigen Verhaltens.
>
> Was die Scheibe ist, ist eine andere Sache. Die Armee gibt ihr Geheimnis noch nicht preis, allem Anschein nach zum Zeitpunkt, als dies geschrieben wurde. Vielleicht ist es Zufall, vielleicht nicht. Im Moment darf noch alles vermutet werden.
>
> Vielleicht ist das Ding wirklich nur ein Scherz, wie es von Anfang an die meisten vermutet haben. Aber etwas ist gefunden worden.

Die Meldung von General Ramey vom Hauptquartier der Eighth Air Force, die fliegende Scheibe sei lediglich der Radarschirm eines Wetterballons gewesen, machte die Geschichte effektiv zunichte. Die meisten Leute - besonders in Gebieten, in denen viel Militär vertreten war wie in New Mexico - hatten Ehrfurcht vor der Regierung und akzeptierten ihre Worte bereitwillig. Wenn die U.S. Army Air Force sagte, es war ein Radarschirm, wer wollte dem dann widersprechen? Hatten diese Männer uns nicht im Zweiten Weltkrieg, vor gerade einmal zwei Jahren, zu einem ruhmreichen Sieg geführt?

Aber viele Leute wußten, daß das Wrack nicht Teil eines Wetterballons oder von irgend etwas anderem Vertrautem war. Einige waren Zivilisten, unterstanden nicht der Kontrolle des Militärs, und hätten das Geheimnis legal ausplaudern und damit die Regierung in eine höchst peinliche Lage bringen können. Alle Journalisten, die Stücke des Wracks gesehen und wahrscheinlich auch in der Hand gehalten hatten, die so offensichtlich gar nichts mit Ballons zu tun hatten, waren Angestellte von Radiosendern. Kaum verhüllte telefonische Drohungen aus Washington, die darauf zielten, sie davon zu überzeugen, daß die Sendelizenzen in Gefahr wären, wenn sie jemals etwas darüber verlauten ließen, funktionierten wie beabsichtigt. Weitere Drohungen kamen, wie sich die Zeugen erinnern, vom Büro des Senators von New Mexico, Dennis Chavez, und vom ehemaligen Senator und jetzigen Landwirtschaftsminister Clinton A. Anderson. Während ähnlich ungesetzliches Verhalten von Seiten offizieller Stellen der Regierung in den 90er Jahren eher das Gegenteil bewirken könnte, war Washington 1947 in der Lage, erschrekkenden Druck auf eine angeblich freie, unabhängige Presse auszuüben.

Rancher Mac Brazel und seine Familie waren weder bei der Regierung beschäftigt noch bedurften sie einer Arbeitserlaubnis durch die Regierung. Die Technik, die in Macs Fall angewandt wurde, war direkter, aber mindestens genauso illegal: Er wurde mindestens eine Woche in Gewahrsam genommen und in dieser Zeit überredet, seine Geschichte zu ändern. Man darf vermuten, daß eine Kombination aus Drohungen, Bestechungsgeldern und Appellen an seinen Patriotismus das Ihre tat. In der Zeit seiner Gefangennahme durch das Militär wurde er mehrere Male auf den Straßen von Roswell gesehen und schockierte alte Freunde, indem er sie vollkommen ignorierte, wenn er an ihnen vorbei ging.

Am 10. Juli wurde Mac vom Eigentümer von KGFL, Walt Whitmore, zum Büro des *Daily Record* in Roswell begleitet, und gab der Zeitung ein Interview, das kaum noch Ähnlichkeit mit der ursprünglichen Geschichte hatte:

> „Brazel sagte, daß er und sein 8 Jahre alter Sohn Vernon am 14. Juni etwa elf bis zwölf Kilometer vom Ranchhaus der J. B. Foster-Ranch, die er betreibt, entfernt gewesen seien, als sie auf helle Wrackteile stießen, die über ein großes Gebiet verteilt waren. Sie bestanden aus Gummistreifen, Stanniol, einem ziemlich rauhen Papier und Stöcken.
>
> Brazel hatte es eilig, seine Runde abzuschließen, und so schenkte er dem keine große Aufmerksamkeit. Aber er sprach über das, was er gesehen hatte, und am 14. Juli gingen er, seine Frau, Vernon und die Tochter Betty, 14 Jahre alt, zu der Stelle zurück und sammelten einige der Trümmer auf.
>
> Am nächsten Tag hörte er zum ersten Mal über die fliegenden Scheiben und fragte sich, ob das, was er gefunden hatte, wohl die Überreste einer solchen Scheibe sein könnten.
>
> Am Montag kam er in die Stadt, um Wolle zu verkaufen, und da er nun schon einmal da war, ging er zu Sheriff George Wilcox und ‚flüsterte ihm vertraulich zu', daß er möglicherweise eine fliegende Scheibe gefunden habe.
>
> Wilcox setzte sich mit dem Armeeflugplatz Roswell in Verbindung, und Major Jesse A. Marcel und ein Mann in Zivil begleiteten ihn nach Hause. Sie

lasen die restlichen Stücke der ‚Scheibe' auf und begaben sich in sein Haus, um zu versuchen, sie zu rekonstruieren.

Laut Brazel konnten sie sie schlicht und einfach überhaupt nicht rekonstruieren. Sie versuchten, einen Drachen daraus zu machen, aber es gelang nicht, und sie konnten auch keine Möglichkeit finden, sie so zusammenzusetzen, daß sie paßten.

Dann brachte Major Marcel sie nach Roswell, und das war das Letzte, was er darüber gehört hatte, bis die Geschichte sich herumsprach, daß er eine fliegende Scheibe gefunden habe.

Brazel sagte, er habe sie nicht vom Himmel fallen sehen, und er habe sie auch nicht im unzerstörten Zustand gesehen, und so kenne er weder ihre Größe noch ihre Form, aber er dachte, sie könnte etwa so groß wie eine Tischplatte gewesen sein. Der Ballon, der sie in der Luft gehalten hatte, wenn es denn so funktionierte, muß etwa 4 Meter lang gewesen sein, meinte er und maß die Entfernung an der Größe des Raumes, in dem er saß. Der Gummi war von rauchgrauer Farbe und über ein Gebiet von etwa 180 m Durchmesser verstreut.

Als die Trümmer eingesammelt wurden, ergaben das Stanniol, das Papier, die Bänder und Stecken ein Päckchen von etwa 90 cm Länge und 18 - 20 cm Dicke. Alles in allem, schätzte er, mag das Ganze vielleicht fünf Pfund gewogen haben.

Es gab in der ganzen Gegend keinerlei Anzeichen für Metall, das für einen Motor hätte verwendet worden sein können, kein Anzeichen für jegliche Art Propeller, obwohl mindestens eine Papierflosse auf Teile des Stanniols geklebt war.

Auf dem ganzen Instrument waren keine Wörter zu finden, obwohl auf einigen Teilen Buchstaben waren. Bei der Konstruktion waren beträchtliche Mengen Klebeband und ein mit Blumen bedrucktes Band verwendet worden.

Fäden oder Drähte konnte man nicht finden, aber in dem Papier befanden sich etliche Ösen, die darauf hinweisen, daß irgend etwas zur Verbindung verwendet worden sein muß.

Brazel sagte, er habe schon früher zwei Wetterbeobachtungsballons auf der Ranch gefunden, *aber was er dieses Mal gefunden hätte, ähnelte diesen in keinster Weise* [Betonung nachträglich hinzugefügt].

‚Ich bin mir sicher, was ich gefunden hatte, war überhaupt kein Wetterbeobachtungsballon,' sagte er. „Aber wenn ich noch irgend etwas finde, außer einer Bombe, werden sie es sehr schwer haben, darüber aus mir etwas heraus zu bekommen."'

Zeugen erklärten übereinstimmend, daß Brazel bei der Zeitung, und als er von den Militärleuten überall in der Stadt begleitet wurde, „nicht er selbst" war. Aber selbst wenn er wie immer gewesen wäre, so hätten seine Worte doch erhebliches Stirnrunzeln in und um Roswell verursachen müssen, wenn ihnen auch nirgendwo sonst Gehör geschenkt wurde. Mac macht deutlich, daß ihm Wetterballons vertraut sind, und daß das, was er fand, *kein* Wetterballon war! Er sah das Wrack auf der Ranch, General Ramey und Konsorten jedoch nicht. Wer war also eher in der Lage, es zu beschreiben und zu identifizieren? Brazel sagte auch, es seien keine Wörter darauf gewesen, obwohl Wetterballons immer mit dem Namen und der Adresse des Eigentümers versehen sind, damit sie gegen eine kleine Belohnung zurückgebracht werden können. Aber er sagte wohl, daß auf einigen Teilen Buchstaben waren, die aber offensichtlich nicht zu Worten zusammengefügt werden konnten.

Ein schwerwiegendes Argument gegen die Behauptung, die verstreuten Wrackteile gehörten zu einem Ballon, war deren Zustand: Die Teile lagen über ein Gebiet von mehr als 250.000 Quadratfuß (76.250 m^2) verstreut („180 Meter im Durchmesser"). Ein mit Helium gefüllter Ballon kann nicht explodieren, und er kann auch nicht mit solcher Wucht auf dem Boden aufprallen, daß er in viele Stücke zerbirst. Und selbst wenn, so wäre doch kaum genug von ihm übrig geblieben, was die Aufmerksamkeit hätte auf sich ziehen können, zumal es über ein Gebiet von der Größe mehrerer Fußballfelder verstreut war.

Und wenn das noch nicht ausreicht, um deutlich zu machen, daß, das was Brazel gefunden hatte, nichts mit dem Ballon zu tun hatte, den er beschrieb, dann erinnern Sie sich bitte daran, daß er sagte, „helle Wrackteile waren über ein weites Gebiet verstreut. Sie bestanden aus Gummistreifen, Stanniol, recht rauhem Papier und Streben." Stanniol kann mit Sicherheit hell sein und ins Auge fallen, das kann man aber nicht von rauchgrauem Gummi, rauhem Papier und Streben sagen. Und wenn er das alles zu ein paar kleinen Paketen zusammenschnüren konnte, warum nahmen Marcel und Cavitt in ihren zwei Fahrzeugen dann nur einen kleinen Teil dessen mit, was sie gefunden hatten? Vieles vom Rest der Geschichte, die Mac Brazel am 10. Juli erzählte, war höchst befremdend, verglichen mit dem, was er zuvor gesagt hatte und was in der Folge genau überprüft worden war: Daten, Orte und natürlich die Beschreibung der verschiedenen Trümmerarten.

Wenn auch kein Beweis dafür gefunden wurde, daß die Regierung Brazel bestochen hatte, damit er seine Geschichte änderte und dann den Mund hielt, so gibt es doch Anhaltspunkte, die in diese Richtung deuten. Mit den Worten von Loretta Proctor, der nächsten Nachbarin der Ranch:

„Ich glaube, noch in dem Jahr zog er von der Ranch nach Alamagordo oder Tularosa weg und brachte dort (an der Ranch) einen verschließbaren Schrank an. Das war noch bevor alle Leute Gefrierschränke hatten, und es war so ein großes, gekühltes Gebäude ... man kauft ein Rind, zerlegt es und tut es in diese Schränke, und man hat einen Schlüssel dazu und holt sich sein Rindfleisch raus, wann man will. Ich glaube, das war ganz schön teuer, und wir fragten uns, wie er sich das von einem Rancherlohn leisten konnte.“

Hat Mac Brazel unter den Überresten des Absturzes von Corona die Leichen Außerirdischer gesehen? Mit Sicherheit hat er nie behauptete, Leichen gesehen zu haben, aber die Umstände lassen vermuten, daß er mindestens eine gesehen hat sowie viele Wrackteile.

Hätte Mac nicht mehr gesehen als den Schrott, den Major Marcel und CIC-Mann Cavitt von der Schafranch bargen (als Brazel sie begleitete), so hätte für die Armee wohl kaum die Notwendigkeit bestanden, so extrem gegen ihn vorzugehen. Warum sollte man ihn eine Woche lang in Gewahrsam nehmen und ihn dann möglicherweise bestechen, damit er seinen Mund hält über Dinge, die gar nicht so bedeutend zu sein scheinen? Es war ja bereits bekannt, daß er eine beträchtliche Menge Schrott gesehen hatte und daß er in Begleitung von Soldaten ein Interview gegeben hatte, in dem er klar ausdrückte, daß das Wrack nicht von einem Wetterballon stammte.

Warum ließ die Armee ihm eine solche Sonderbehandlung zuteil werden, wenn doch alles, was er wußte, bereits allgemein bekannt war? Diese kleine Katze war doch schon aus dem Sack, und sie gab der Armee offensichtlich keinen Anlaß, ungewöhnlichen Druck auf Brazel auszuüben um sein Verhalten zu ändern.

Es erscheint vollkommen im Bereich des Möglichen, daß er zu Erkundungszwecken über die Ranch geflogen wurde, die sich über Kilometer erstreckte, da er das Land weitaus besser als die Armee kannte. Auf diese Weise hätte er bei der Entdeckung des Hauptteiles des Wracks dabei sein können, von dem das Gerücht besteht, es sei vier Kilometer von dem Trümmerfeld entfernt gelandet. Wäre er in einem kleinen Flugzeug gewesen, wie z.B. der viersitzigen Stinson L-5 der Armee, die in rauhem Gelände operieren konnte, so hätte er die Scheibe am Boden sehen können.

Wenn die Information richtig ist, die der Bestattungsbeamte der Army Air Force in Roswell (siehe Kapitel 9) dem zivilen Leichenbestatter Glenn Dennis gab, daß die Leichen in zwei oder drei Kilometer Entfernung von dem abgestürtzten Objekt gefunden wurden, so ist ihre Entdeckung aus der Luft wahrscheinlich. Wenn darüberhinaus zutrifft, was die Krankenschwester Dennis erzählte, (nämlich, daß die Leichen in kleinen „Rettungskapseln" gefunden wurden, wie er sie im hinteren Teil einiger GI-Krankenwagen gesehen hatte), dann hätte man sie wahrscheinlich aus der Luft nicht als das erkennen können, was sie waren. Nur bei einer Betrachtung aus der Nähe am Boden, nachdem ein Suchflugzeug sie gesehen hatte und dann in der Nähe gelandet war.

Brazel, ein ruhiger, rauher Cowboy der alten Schule, starb 1965 bevor die Welt auch nur eine Ahnung davon hatte, daß er mit dem aufregendsten Geheimnis aller Zeiten vertraut gewesen war. Laut seinem Sohn, Bill Jr., dachte Mac nie, er habe etwas Besonderes getan. Er ritt aus, fand einen Haufen seltsam aussehendes Zeug und sagte dies schließlich der Regierung. Mit den Worten des Sohnes:

> „Mein Vater fand dieses Ding und er erzählte mir ein bißchen was darüber ... weil ihn die Air Force gebeten hatte, einen Eid zu schwören, daß er niemandem Einzelheiten darüber erzählen würde. Er nahm alles mit in sein Grab.
>
> Er war ein Cowboy des Westens vom alten Schlag, und die redeten nicht besonders viel. Mein Bruder und ich hatten gerade erst den Zweiten Weltkrieg mitgemacht (er in der Armee und ich in der Marine), und man braucht es nicht besonders zu erwähnen, mein Vater war stolz. Und so sagte er mir: ‚Als ihr den Dienst angetreten habt, habt ihr einen Eid geschworen, und ich habe einen Eid geschworen, daß ich es niemandem erzählen würde'. Das einzige, was er sagte, war: ‚Nun, da war ein großer Haufen Zeug, Stanniol, Holz, und auf ein paar Holzstücken waren japanische oder chinesische Zeichen.'"

Wäre das alles gewesen, was Mac gesehen hatte, dann hätte für die Armee sicher kein Grund bestanden, ihn einen Eid schwören zu lassen, daß er nicht darüber reden würde. Daß er nicht über Dinge reden würde, die sowieso schon bekannt waren! Es ist ganz klar, daß mehr im Spiel war, und das könnten Leichen gewesen sein.

Bill Jr. lebte und arbeitete in Albuquerque, mehr als 120 Kilometer nordwestlich der Ranch, aber er kam zurück, als er erfuhr, daß sein Vater in Armeegewahrsam genommen worden war und es daher niemanden gab, der die Ranch versorgte:

> „Ich ritt im Schnitt etwa einmal die Woche dort hinaus [zu dem Feld, auf dem die Trümmer gefunden wurden], und wenn ich durch die Gegend ritt, sah ich mich um. Darum fand ich diese kleinen Stückchen.
>
> Nicht mehr als ein Dutzend, ich würde sagen acht verschiedene Stücke, aber sie bestanden nur aus drei [verschiedenen] Materialien: etwas in der Art wie Balsaholz, etwas in der Art wie schwere, einfädige

Angelschnur und ein kleines Stückchen - es war kein Stanniol, es war keine Bleifolie ein Stück, etwa so groß wie mein Finger. Manche Stücke waren wie Balsaholz: richtig leicht und von einer Art neutralen Farbe, wie von der Sonne gebräunt. Soweit ich mich erinnern kann, hatte es überhaupt keine Maserung - es reflektierte sogar ein bißchen. Ich konnte mit meinem Taschenmesser nicht daran herumschnitzen.

Der ‚Faden‘, ich konnte ihn nicht durchreißen. Der einzige Grund, warum mir das Stanniol auffiel (ich nenne es einfach Stanniol), ich hob das Zeug auf und steckte es in die Tasche meiner Cowboylederhose. Vielleicht vergingen zwei oder drei Tage oder auch eine Woche, bis ich es wieder herausnahm und in eine Zigarrenkiste legte. Als ich das Stückchen Folie in die Kiste legte, sah ich zufällig, wie sich das verdammte Ding von selber auffaltete und flach ausbreitete! So kam es, daß ich mit ihm spielte. Ich legte es zusammen, zerknüllte es, legte es hin, und es faltete sich wieder auf. Es war recht seltsam. Ich konnte sie nicht zerreißen. Die Farbe war zwischen Stanniol und Bleifolie, sie hatte etwa [die Dicke] von Bleifolie.

Ich war in Corona, in der Bar, der Spielhalle - eine Art Treffpunkt - im Dominozimmer ... Dort trafen sich alle. Jeder stellte Fragen ... sie hatten die Zeitung gelesen (es war etwa einen Monat nach dem Absturz), und ich sagte: ‚Oh, ich habe ein paar kleine Stückchen, Teilchen und Fragmente aufgelesen.‘ ‚Was sind das denn für Teile?‘ ‚Keine Ahnung.‘

Und dann, sieh einer an, kam das Militär (auf die Ranch, ein oder zwei Tage später). Ich bin mir fast sicher, daß der zuständige Beamte Armstrong hieß, ein echt netter Kerl. Er hatte einen [schwarzen] Sergeant dabei, der echt nett war. Ich glaube, es waren noch zwei weitere Männer dabei. Sie sagten: ‚Wir haben erfahren, Ihr Vater habe diesen Wetterballon gefunden.‘ Ich sagte: ‚Nun, ja!‘ ‚Und wir haben erfahren, Sie haben ein paar Teile gefunden.‘ Ich sagte: ‚Ja, ich habe eine Zigarrenkiste mit ein paar Teilen drin, dort unten im Sattelschuppen.‘

Und dieser (ich glaube, er war Captain) sagte: ‚Nun, die hätten wir gerne mitgenommen.‘ Ich sagte: ‚Nun ja ...‘ Und er lächelte und sagte: ‚Ihr Vater übergab uns den Rest, und wir sind wegen dieser Stückchen gekommen.‘ Und ich lächelte auch ein bißchen und sagte: ‚Okay, Sie können das Zeug haben. Ich kann es sowieso nicht gebrauchen.‘

Er sagte: ‚Haben Sie es untersucht?‘ Und ich sagte: ‚Nun, jedenfalls genug, um zu wissen, daß ich keine Ahnung habe, was das Zeug ist!‘ Und er sagte: ‚Wir sähen es lieber, wenn Sie nicht so viel darüber sprechen würden.‘

Wieder einmal widersprach das Verhalten des Militärs seiner Behauptung, daß auf der Schafranch nichts Besonderes passiert sei. Und wieder einmal lenkten die Sicherheitsbemühungen des Militärs die Aufmerksamkeit auf etwas, das sonst vollkommen unbeachtet geblieben wäre.

Bill Brazel Jrs Erinnerungen an seine persönlichen Erlebnisse im Zusammenhang mit dem Absturz von Corona sind klar und deutlich. Obwohl er, wie er da so ruhig in seinem einfachen Heim sitzt, eher als ein Mann erscheint, der keinerlei Interesse an der Welt hinter dem malerischen, dünn besiedelten Land seiner Väter hat, führten ihn seine Aufgaben in der Navy und später bei einer geophysikalischen Forschungsfirma doch zwei Mal um die Welt. Die Tage des Reisens und der Abenteuer mögen hinter ihm liegen, aber sein Interesse am Weltgeschehen besteht nach wie vor. Genau wie seine Verwunderung über das Verhalten der Armee vor so vielen Jahren.

Er sah nur ein paar kleine Stückchen der Trümmer, die auf die Foster-Ranch gefallen waren, und doch überzeugte ihn die Haltung des Militärs, als es kam, um sie abzuholen, daß das, was dort abstürzte, kein Wetterballon war.

Eine ehemalige Nachbarin Brazels, Marian Strickland, erinnerte sich 1990 an einen Besuch, den Mac ihr und ihrer Familie eine oder zwei Wochen, nachdem er vom Militär aus der Haft entlassen worden war, abstattete. Mac, ihr verstorbener Mann Lyman und etliche ihrer Kinder saßen um den Eßtisch, während sie „... den Kaffee brachte. Ich hörte Teile des Gesprächs: Wie grob die Offiziere im Luftwaffenstützpunkt waren. Die ganze Nachbarschaft empfand es als skandalös, daß die Armee Leute so behandelte ... Leute, die voller guter Absichten waren.

Er machte deutlich, daß er nicht sagen sollte, daß es irgendwelche Aufregung über das Material (das er auf der Ranch gefunden hatte) gegeben habe. Er war ein Mann, der Integrität besaß. Er fühlte sich wirklich beleidigt, mißbraucht und mißachtet. Er war mehr als wütend! Er stand wirklich unter einer großen Belastung und fühlte sich hin- und hergerissen.

Ihm wurde gedroht, daß er, wenn er den Mund aufmachte, in den hintersten Winkel des Gefängnisses geworfen würde. Er machte wirklich diesen Eindruck."

Und das alles, weil der Vormann einer Ranch ein paar formlose Stückchen Schrott gesehen hatte? Aller Wahrscheinlichkeit nach steckte mehr dahinter. Es gibt zwar keine unmittelbaren Zeugenaussagen, daß Mac Leichen gesehen hatte, aber das Verhalten des Militärs deutet in diese Richtung.

* * *

Etwa zur gleichen Zeit, zu der etwas Unheimliches auf der Ranch südöstlich von Corona geschah, ereignete sich 240 Kilometer weiter westlich etwas noch Seltsameres. Von den zehn oder zwölf Zivilisten, die nachweislich das zweite abgestürzte UFO gesehen hatten, bevor das Militär kam, wollten nur zwei darüber sprechen (einer ist zwischenzeitlich verstorben), und nach den anderen wird immer noch gesucht. Bestätigende Indizien bestehen aus Erinnerungen, daß dort etwas höchst Ungewöhnliches geschah: zahlreiche Erinnerungsbruchstücke, aber nur wenige enthalten Spezifisches.

Der erste Hinweis, daß sich im westlichen New Mexico überhaupt etwas ereignet hatte, kam von Vern Maltais, dessen enger Freund Grady „Barney" Barnett ihm die erstaunliche Szene beschrieb. Es waren Maltais und seine Frau Jean, die Stanton Friedman 1978 nach einem Vortrag in Bemidji, Minnesota, als erste etwas darüber erzählten. Maltais zufolge arbeitete Barnett im westlichen New Mexico als Feldingenieur für den U.S. Soil Conservation Service, als er auf „ein großes metallisches Objekt" stieß, das im Boden steckte, und auf eine Gruppe von Archäologen, die es betrachteten.

Wie sich Vern Maltais erinnert, bemerkte Barnett, daß „sie herumstanden und sich ein paar Leichen ansahen, die auf den Boden gefallen waren. Ich glaube, es waren noch mehr in der Maschine, eine Art metallisches Instrument, eine Art - Scheibe. Die Maschine mußte durch die Explosion oder den Aufschlag aufgebrochen worden sein.

Sie waren wie Menschen, aber es waren keine Menschen. Die Köpfe waren rund, die Augen klein, und sie hatten keine Haare. Die Augen waren seltsam plaziert. Sie waren recht klein für unsere Verhältnisse, und ihre Köpfe waren größer im Vergleich zum Körper als unsere. Ihre Kleidung schien aus einem Stück und von grauer Farbe. Man konnte keine Reißverschlüsse, Gürtel oder Knöpfe sehen. Es scheint, es waren lauter Männer, und da waren eine ganze Reihe von ihnen."

Das ist natürlich nicht mehr als Vern Maltais' Erinnerung an das, was Barney Barnett ihm ein paar Jahre zuvor erzählt hatte. Es sind nicht Barnetts Worte, er starb 1969, noch bevor überhaupt irgend jemand in der privaten UFO-Forschung von seiner Verwicklung in die Abstürze in New Mexico gewußt hatte, und noch bevor überhaupt irgend jemand Geschichten über einen Absturz ernst nahm.

In dem Buch *Der Roswell-Zwischenfall* und später in *UFO Crash at Roswell* wurde vermutet, daß Barnett eher über den Hauptteil des Raumschiffes gestolpert war, dessen Teile auf der Foster-Ranch bei Corona gefunden wurde, als über ein weiteres Raumschiff, das westlich davon abgestürzt war. Da es eine direkte Zeugenaussage von Barnett nicht gibt, hat man nur Informationen aus zweiter Hand, aber alles deutet weg von Corona .

James Fleck Danley, Barneys Chef, machte deutlich, daß sich Barneys Gebiet westlich seines Amtes in Socorro erstreckte, nicht nach Norden oder Osten. Ein Tagebuch, das von Barneys Frau verwahrt und uns von ihrer Nichte Alice Knight zur Verfügung gestellt wurde, zeigt, daß ihn seine Feldbesichtigungen in den Westen führten, das „high country", in Städte wie Datil und Magdalena und zu Ranches in der Gegend der Ebene von San Augustin. Das alles liegt im Westen, weit weg von Corona.

Harold Baca, ein ehemaliger Nachbar, der auf einen Brief Stanton Friedmans in der Zeitung von Socorro antwortete, in dem er nach Leuten suchte, die Barney gekannt hatten, sagte, Barney habe ihm von der fliegenden Untertasse erzählt, die „draußen in der Ebene" abgestürzt sei. Der verstorbene erfahrene Rancher in der Ebene Marvin Ake sagte Stanton Friedman, er habe von einer Geschichte über eine fliegende Untertasse „draußen in der Ebene" gehört. Eine pensionierte Postbeamtin aus Datil erzählte Friedman von einer abgestürzten Untertasse „draußen in der Ebene", die in der Nacht durch die Stadt Magdalena herausgebracht worden war.

Zusätzliche Unterstützung für die Vermutung, daß Barnett wirklich einer abgestürzten Untertasse und außerirdischen Leichen begegnet war, ist die Aussage von William Leed, einem Offizier, der im Militär Karriere gemacht hatte. Vor kurzem teilte Leed Friedman in einem Gespräch mit, daß ihm Anfang der sechziger Jahre von einem Colonel, der um sein Interesse an UFOs wußte, geraten wurde, mit einem Mann zu sprechen, der eines berührt hätte: „Barney Barnett". Als Leed im Südwesten war, machte er extra einen Abstecher, um Barnett zu besuchen. Obwohl Leed als Privatmann kam, fragte Barnett nach seinen Militärausweisen. Leed wurde dann unterrichtet, wie Barney auf das abgestürzte Raumschiff zuging und außerirdische Leichen sah und über seine Befragung durch Leute vom Militär bei mindestens drei verschiedenen Gelegenheiten und darüber, wie ihm dringend nahegelegt wurde, nicht über sein Erlebnis zu sprechen. Leed sagte, er hatte keinen Grund zu der Annahme, daß Barnett ihm irgend etwas anderes als die Wahrheit erzählte.

Trotz heroischer Anstrengungen, weitere Zeugen zu finden, konnte ein Jahrzehnt lang kaum mehr über den Absturz bei San Augustin in

Erfahrung gebracht werden. Als Reaktion auf die ungeheuer populäre Fernsehsendung *Unsolved Mysteries* vom Januar 1990 über den Absturz bei Corona, rief ein Mann namens Gerald Anderson den Produzenten an und bemerkte, er habe weitere Informationen, die von Interesse sein könnten. Die Nachricht wurde sowohl an Kevin Randle wie auch an Stanton Friedman weitergeleitet, die an der Sendung mitgearbeitet hatten, und die intensiv dabei waren, weiteren Hinweisen zu den Absturzgeschichten nachzugehen. Ein persönlicher Konflikt zwischen Anderson und Randle beendete diese Beziehung, aber der neue Zeuge verstand sich wesentlich besser mit Friedman, der ein langes Telefoninterview niederschrieb und mit einer langen und komplizierten Reihe von Manövern begann, die darauf zielte, eine Kopie eines persönlichen Tagebuches zu erhalten, das angeblich von Andersons verstorbenem Onkel Ted geführt worden war. Ende 1990 reisten Anderson und die Autoren in die Ebene von San Augustin, um zu sehen, ob Jerry seine Erlebnisse von vor 43 Jahren wieder lebendig werden lassen könnte.

Er wurde mit einem Hubschrauber in die Gegend gebracht, und Jerry sprang raus, sobald er gelandet war, und rannte zu dem Platz, von dem er dachte, hier hätte er das Wrack des Raumschiffes und seine Mannschaft kleiner Humanoiden gesehen. Seine unverhüllte Aufregung schuf eine Atmosphäre der Authentizität, und er führte die anderen später an signifikante Orte; er zeigte hierhin und dorthin, gestikulierte und es entfuhren ihm immer wieder Ausrufe, während er ging. Alles deutete darauf hin, daß er endlich an einen Ort zurückgekehrt war, wo einem sechs Jahre alten Jungen etwas Traumatisches begegnet war, der nun mit seinen gestandenen 1,95 m und den muskulösen 112 Kilo, die er mit sich herumtrug, eher einem offensiven Schutzmann glich.

Die Ebene von San Augustin ist ein weites Flachland im westlichen New Mexico. Sie war einst ein großer See, der prähistorischen Stämmen Wasser lieferte und nun Archäologen deren alte Artefakte zeigt. Im Südosten liegt Bat Cave, das durch die Entdeckung von Maiskörnern berühmt wurde, die mindestens 4.500 Jahre alt sein sollen und damit Überreste der ältesten bekannten Landwirtschaft in Nordamerika wären. Die Ebenen liegen etwa 2.100 m über dem Meeresspiegel und sind umgeben von den Gipfeln der Tularosa, Black und Datil Berge, die bis in 2.900 m Höhe reichen. Die Luft ist trocken und dünn.

Am nördlichen Ende der Ebene (dort Playa genannt) steht eine Gruppe von 27 großen (25 m im Durchmesser) lenkbaren Radioteleskopen, man nennt sie das Große Aufgebot; jeder Arm der in Y-Form aufgestellten Radioteleskope erstreckt sich über 21 Kilometer, es ist damit das größte Radioteleskop der Welt. Aber 1947 gab es hier noch keine Radioteleskope. Nur Berge, rauhe Straßen, hier und da ein rustikales Ranchhaus, die flache Ebene und die Gipfel der Rockies. Die Wasserscheide zwischen dem Atlantischen und dem Stillen Ozean zieht sich über die Rocky Mountains und verläuft geradewegs nach Westen. Und im Osten liegt in weniger als 160 Kilometer Entfernung Trinity Site, wo 1945 die erste Atombombe der Welt getestet wurde. Die Ebene ist 96 Kilometer lang und 16 bis 24 Kilometer breit, voller alter und neuer Traditionen.

In diese Gegend kam der junge Gerald Anderson mit seinem älteren Bruder Glenn, seinem Onkel Ted, seinem Vater und seinem Cousin Victor an einem sehr heißen, feuchten Morgen Anfang Juli 1947 auf der Suche nach einem Stein, den man Moos-Achat nennt. Jerry und seine Familie waren gerade erst vor ein paar Tagen nach Albuquerque gezogen, und einige von ihnen waren mit anderen Verwandten, die schon länger dort lebten, nach Süden gefahren. Am Vormittag stellte die Gruppe von Jungen und Männern ihren Wagen ab, nachdem sie die zweispurige Straße so weit verlassen hatten, wie es das Gelände zuließ.

Sie gingen ein ausgetrocknetes Flußbett entlang, Arroyo genannt; die Jungen hüpften über das rauhe Gelände, gierig nach Abenteuern trotz der drückenden Hitze. Sie kamen ans Ende einer kleinen Baumgruppe, die ihnen die Sicht nach Westen versperrte, und ihre Welt sollte sich für immer verändern. Jerry beschrieb es den Autoren mehr als vierzig Jahre später so:

> „Wir kamen um die Biegung in dem Arroyo, und Victor sagte: 'Hey, schaut euch mal das an, dort drüben ist etwas!' Wir waren etwa 60 bis 100 m davon entfernt. Wir sahen ein silbernes Objekt, ein rundes silbernes Objekt, das im Boden steckte, in einer Art Winkel. Es war an einen Hügel gequetscht. Mir schien es, als wäre mehr als ein Baum umgerissen worden. Es balancierte sozusagen auf einem Baum.
>
> Am Anfang habe ich wirklich nicht bemerkt, warum alle herumschrien. Und als sie dann 'Absturz!' sagten, und als ich dann endlich sah, als ich dann wahrnahm, was ich da sah ... dann kam mir in den Sinn, daß es ein Luftschiff oder so etwas sein muß, was da abgestürzt war. Ich weiß nicht warum, aber ich dachte, das war ein Luftschiff, mit dem ich vertraut war, denn damals zu der Zeit waren sie recht groß und eindrucksvoll. Ich hatte eine Art 'Fimmel' für Luftschiffe.
>
> Wir gingen direkt darauf zu, und an einem Punkt, als wir schon ganz nahe herangekommen waren, sagte mir mein Vater, ich solle hier warten. 15 bis 20 Meter noch, wir waren praktisch an ihm dran. Dort war ein tie-

fer Einschnitt, wo es eine tiefe Furche von einem Hügel zum anderen in den Arroyo geschnitten hatte. Es hatte viel von dem Beifuß ausgerissen, und hier und da glimmten kleine Feuer.

Dann sagte mein Bruder: 'Das ist ein gottverdammtes Raumschiff! Diese Marsmännchen!'

Dann liefen alle im Kreis herum. Ich blieb nicht stehen - ich glaube, ich hatte Angst - ich ging zu ihnen hinüber. Und da lagen drei Mannschaftsmitglieder auf dem Boden, unter der Kante von diesem Ding, im Schatten, und einer saß aufrecht. Von denen, die auf dem Boden lagen, bewegten sich zwei überhaupt nicht, sie lagen einfach da.

Es sah so aus, als trügen sie eine Art Bandage. Einer hatte sie über seinem Arm. Der, den ich berührte, hatte sie über seinen Bauch und zum Teil über seine Schulter. Wenn ich daran zurück denke, so scheint es nun, als hätte der, der noch lebte, den anderen erste Hilfe geleistet. Und der, der neben ihm lag, atmete sehr unregelmäßig, und seine Brust dehnte sich auf sehr ungewöhnliche Weise. Er litt offensichtlich unter Schmerzen ... sehr großen.

Die anderen beiden bewegten sich überhaupt nicht. Der einzige, der sich wirklich bewegte, war der, der saß, und der war offensichtlich zu Tode erschrocken über uns. Er kroch rückwärts zur Unterseite der Untertasse. Er hatte offensichtlich fürchterliche Angst vor uns.

Zuerst brachten [die Erwachsenen] nur Ohs und Ahs heraus. Mein Cousin Victor war überall und wie üblich jedermann im Wege. Mein Bruder Glenn sah über das untertassenförmige Objekt hinweg. Er zog Victor davon weg; Victor war oben auf dem Rand, wo der Riß war, und er packte ihn bei den Beinen und zog ihn herunter und sagte ihm, er solle da draußen bleiben, denn er könnte es zum Explodieren bringen.

Und dann ging Glenn da hoch und hing halb innerhalb, halb außerhalb des Risses an der Seite, und ich stand nur da und beobachtete ihn. Und während ich so dastand, knieten Dad und Ted neben der Kreatur nieder, die noch lebte, und Ted versuchte, auf Spanisch mit ihm zu reden, aber er antwortete nicht. Wenn jemand eine plötzliche Bewegung machte, schreckte er zurück und erhob die Hände, als ob er Angst hätte, geschlagen zu werden.

Er schien in recht gutem Zustand zu sein. Seine Uniform war an einigen Stellen zerrissen. Die anderen, sie waren offensichtlich verletzt, ihre Uniformen waren in einem recht traurigen Zustand. Sie sahen aus, als hätten sie einen höllischen Kampf durchgemacht. Und doch sah ich nichts, das wie Blut ausgesehen hätte. Neben dem, der noch lebte, stand eine Art Container, eine Metallkiste, in dem dieselbe Art [Bandagematerial] und noch anderes Zeug war. Das könnte ein Erste-Hilfe-Kasten gewesen sein.

Der, [der] so komisch atmete, sein eines Bein sah nicht richtig aus, als ob es gebrochen wäre. Die anderen zeigten wirklich keinerlei Deformierungen oder Ähnliches. Ich bin überzeugt, daß der, den ich [berührte], seine Augen waren offen, starrten ins Leere, tot war. Er fühlte sich so tot an, als ich ihn berührte, er war sehr kalt. Rückblickend betrachtet, denke ich, es war die Totenstarre, denn er war zu der Zeit ganz steif. Das Seltsame dabei ist, ich habe mich oft gefragt, warum der andere ihn nicht abdeckte. Wir decken tote Menschen ab, weil ich glaube, wir fürchten uns davor, tote Dinge anzusehen. Ich finde es komisch, daß er seine toten Mannschaftsmitglieder nicht abgedeckt hat. Außer, es bedeutet ihnen nichts.

Sehen Sie, ich dachte, es wären Puppen. Ich dachte nicht, daß sie echt wären, obwohl ich gesehen hatte, wie einer sich bewegte und reagierte.

Ich erinnere mich, wie ich meine Hand an eine Seite der Untertasse hielt und sie sich kalt anfühlte, als ob sie gefroren wäre. Da sie da draußen in der Sonne war und so sehr glänzte, hatte ich erwartet, daß sie heiß sein würde, aber das war sie nicht. Sie war sehr kalt! Wie im Winter, wenn man etwas aus Metall berührt. Und auch die unmittelbare Umgebung war sehr kühl im Vergleich zum anderen Gelände da draußen. Die Gegend um das Raumschiff war glühend heiß. Ich erinnere mich an die Wüstensonne: Sie war unglaublich heiß."

Wie nahe kamen Sie an den Außerirdischen heran, der noch lebte?

„Ich war etwa so nahe wie Sie jetzt bei mir stehen - wir stehen so etwa einen Meter voneinander entfernt. Ich kam nicht so nahe heran wie mein Vater und mein Onkel, denn sie knieten, hockten neben ihm. Einmal streckte mein Onkel Ted die Hand nach ihm aus und berührte ihn an der Schulter, als ob er ihn trösten wollte. Da verkroch er sich nicht mehr ängstlich. Ich war sehr nahe bei ihm, als er das tat, etwa einen Meter von ihm entfernt."

Bemerkte er Ihre Anwesenheit?

„Er sah sich nach uns allen um. Es war, als ob er versuchte, alle auf einmal zu beobachten. Ich glaube, das war einer der Gründe, warum ich auf die Idee kam, daß er Angst hatte. Er verhielt sich wie eine Katze mit Jungen. Ständig beobachtete er jeden. Er sah mich etliche Male an. Er schien sich sehr unwohl zu fühlen, selbst als er sich bis zu einem gewissen Grade beruhigt hatte."

Warum gingen Sie um das Raumschiff herum und hinter es?

„Weil Glenn dort war ... Ich ging um es herum, um zu sehen, wo mein Bruder war. Mein Bruder war oben auf der Kante von diesem Ding, und er sah durch den Riß an der Seite ins Innere. Er schnitt sich an der Seite im Gesicht oder riß sich auf. Und ich ging auf diese Seite, als er herauskam, und ich konnte dort hineinsehen, wo er gewesen war, weil die Untertasse gekippt war, der Rand war nach unten gekippt und an dieser Stelle eingequetscht. Ich konnte direkt hineinsehen, und ich konnte durch die äußere Hülle in eine weitere Kabine sehen, und diese Kabine hatte genau die gleiche Form wie die äußere Hülle.

Man konnte durch den Riß auf etwas hindurchsehen, das aussah wie Komponenten (ich weiß nicht, ob sie elektrisch waren, elektronisch oder zum Antrieb gehörten oder was). Sie waren scheinbar alle mit diesen Kabeln aneinander angeschlossen - Bündel fadenartigen Materials in Form eines Kabels - und eines davon hing aus diesem Riß heraus. In einem dieser Bündel waren etliche hundert Stränge, sie waren umhüllt. Sie wehten im Wind wie ein Pferdeschwanz, außer daß Lichter an ihrem Ende waren. Diese Lichter gingen in Wellen an und aus, sie blitzten auf. Einige waren hell, andere nur sehr schwach, einige blitzten. Es sah aus wie Feuer am Ende dieser fadenartigen Dinger, die im Luftzug wehten.

Und man konnte noch mehr solcher Bündel sehen, die von einem Komponentenpaket zu einem anderen gingen, als wenn sie eine Art Kabel wären. Und unten in der Mitte zwischen diesen Dingern, sie waren alle in sehr ordentlichen kleinen Reihen aufgestellt, war etwas Gekritzeltes. [Auf] jeder dieser Komponentenschachteln gab es Gekritzeltes, es war von fast rosa Farbe auf einer Art braunem, holzähnlichem Hintergrund. Als ob es eine Beschriftung oder Symbole wären, die erklärten, was diese Dinger waren.

Man konnte da drin noch andere Lichter sehen. Diese Lichter waren gewöhnlich mit Komponenten verbunden. Einige gingen an und aus. Hier ging ein Licht aus und dort ging eines an. Es war, als ob die Stromkreise noch funktionierten oder jedenfalls versuchten zu funktionieren. Manche waren bernsteinfarben, andere waren grün."

Hatten sie dieselbe Farbe wie die Lichter an den Fäden, die herunterhingen?

„Einige von denen waren richtig strahlend rot, andere waren strahlend weiß. Hell wie ein Blitzlicht. Andere waren rot, es waren unglaublich strahlende Farben, und sie verblaßten. Einige verblaßten, andere waren schon ganz blaß, und wieder andere strahlten und waren sehr auffällig. Einige schienen ihre Intensität zu verändern ... sie wurden richtig strahlend und dann dunkel, dann ein bißchen hell, richtig hell und dann wieder dunkel.

Ich kam nie zu dem Riß hoch. Glenn (sagte), daß es sehr kalt war. Ich wußte das, denn ich hatte ja schon diesen Teil der äußeren Hülle berührt."

Wie groß war der Riß?

„Etwa 2,5 bis 3 Meter von unten bis oben. Er reichte fast vom Rand der Untertasse bis zur Spitze der Kuppel. Und in der Breite etwa einen Meter. Es war ein elliptisch geformter vertikaler Riß, wie eine Klammer. Die breiteste Stelle war etwa in der Mitte. Er sah aus, als wäre er aufgestemmt und das Metall nach innen gebogen worden, und er war sehr zerschunden und zerkratzt.

Es roch auch echt streng. Ähnlich vielleicht, wie wenn man Alkohol oder Aceton oder so etwas einreibt. Und ich glaube, daß deshalb auch mein Vater meinen Bruder ständig wegen seiner Zigaretten ermahnte, denn er befürchtete, er würde das Ganze in die Luft jagen!

Unmittelbar danach kamen diese Leute aus der gegenüberliegenden Richtung den Arroyo hoch und auf uns zu. Es waren ein Mann und fünf seiner Studenten - drei Jungen und zwei Mädchen - Studenten im Collegealter. Sie waren um die zwanzig Jahre alt."

Die Neuankömmlinge waren fünf Studenten vom College und ihr Professor, Dr. Buskirk. Sie hatten bei einer archäologischen Ausgrabung in der Nähe von Klippensiedlungen ein paar Kilometer weiter gearbeitet und beschlossen, hierher zu wandern, nachdem sie in der Nacht zuvor etwas hatten abstürzen sehen, das sie für einen feurigen Meteor gehalten hatten. Als sie ankamen, entsprach ihre Reaktion voll und ganz der von Jerry und seinen Verwandten:

„Zuerst: ‚Ich kann nicht glauben, was ich sehe!,' und dann der Schock, als ihnen klar wurde, daß das keine Puppen, sondern lebende Wesen waren, aber keiner wußte, was sie genau waren. Und da ist dieses komische Flugobjekt, und Glenn und sie sprachen immer wieder über Menschen vom Mars und solches Zeug.

Dr. Buskirk spricht offensichtlich mehrere Sprachen, denn er versuchte, mit dieser Kreatur zu kommunizieren. Er kniete mit Ted und meinem Vater nieder und versuchte, mit diesem Ding zu sprechen. Ich erkannte eine der Sprachen als Deutsch, denn ich hatte deutsche Verwandte, die fließend Deutsch sprachen. Ted war mit einer Mexikanerin verheiratet und sprach Spanisch und daher verstand ich Spanisch. Natürlich erhielten sie keine Antwort. Ich erinnere mich, wie dieser Dr. Buskirk es mit Zeichensprache versuchte, und auch darauf gab es offensichtlich keine Antwort.

Und dann erschien plötzlich noch jemand. Ich war den Hang hinaufgegangen und stand bei den Bäumen, genau neben der Untertasse auf den Felsen. Und da kam ein Mann mit einem Pick-up [Lastwagen], es war einer dieser alten Pick-ups mit einer Peitschenantenne wie Polizeiautos.

> Er kam herüber, und er sah aus wie Harry Truman: Er hatte eine echt rote Gesichtsfarbe, trug eine Brille und hatte khakifarbene Arbeitskleidung an, und er hatte einen Strohhut. In jenen Tagen wußten selbst kleine Kinder, wer Harry Truman war: Er hatte die Deutschen und die Japsen geschlagen!
>
> Dieser Mann sah aus wie er, und er kam herüber und redete mit Dr. Buskirk, Ted, mit meinem Bruder und meinem Vater, und er sagte, er habe es von der Playa aus gesehen. Er hatte offensichtlich da draußen gearbeitet, und er bestätigte, daß er Landkarten oder so etwas anfertigte. [Man kann annehmen, daß dieser Mann Barney Barnett war.]

Genau an diesem Punkt, als fast ein Dutzend Leute um das zerstörte Flugobjekt und die vier seltsamen kleinen Wesen herumschwärmten, kam die Armee an, und alles veränderte sich.

Der Großteil der Details über den Absturz bei San Augustin kommt von einem Mann, der zur Zeit des Ereignisses noch ein kleiner Junge war. Der Vorwurf wurde erhoben, Gerald Anderson habe die Geschichte, wie er das Wrack und die Leichen gesehen habe, nur erfunden. 1991 bezahlte der Fund for UFO Research einen Lügendetektortest für Anderson. Man nahm Kontakt mit der American Polygraph Association auf, und sie empfahl ein Mitglied aus der Gegend, einen Mann namens Robert Riggs, der seit mehr als zehn Jahren professionell Untersuchungen mit dem Lügendetektor durchführte und früher selbst Polizeibeamter gewesen war.

Riggs saß erst über eine Stunde lang alleine mit Friedman zusammen, um die Geschichte noch einmal durchzugehen und eine Anzahl möglicher Szenarien für einen Betrug durchzuspielen. Er saß dann mehr als zwei Stunden lang mit Anderson zusammen und prüfte alle Aspekte der Geschichte. Schließlich schloß er Gerald an die Maschine an und stellte seine Schlüsselfragen. Am Ende dieser Sitzung teilte Riggs Friedman mit, er habe keinerlei Anhaltspunkte für eine Täuschung oder pathologisches Verhalten gefunden, und Anderson habe ein hervorragendes Gedächtnis.

Es konnten zwar keine weiteren unmittelbaren Zeugen gefunden werden, die Andersons Aussage hätten bestätigen können, doch fand Friedman ein Mitglied der Kirche seines Vaters, der sich daran erinnerte, zufällig gehört zu haben, wie der Vater mit zwei Männern über eine fliegende Scheibe sprach und darüber, wie Regierungsleute ihm den weiteren Zugang dazu verboten. [Dieses Gespräch fand statt, nachdem Geralds Vater pensioniert worden war. Er hatte eine Stelle bei der Sandia Corporation inne und war Geheimnisträger auf einem hohen Niveau, weil die Gesellschaft Dinge herstellte, die mit Atomwaffen zu tun hatten.]

Der psychiatrische Sozialarbeiter John Carpenter, der in der Menninger Klinik ausgebildet worden war, hat mit Gerald mehr als ein Jahr lang gearbeitet. Sie gingen die komplizierte Geschichte immer wieder durch, bedienten sich manchmal sogar der regressiven Hypnose, um weitere Details herauszubekommen und nach signifikanten Widersprüchen zu suchen. Carpenter ist von Anderson höchst beeindruckt und ist davon überzeugt, daß er die Wahrheit sagt, so wie sie ihm bewußt ist. Carpenter sieht keine Grundlage für Zweifel an Andersons Ehrlichkeit oder seinen Motiven. Und Jerrys Geschichte wird gedeckt von einem Tagebuch, das sein Onkel Ted geschrieben haben soll. Jerrys Cousine, inzwischen katholische Nonne, sandte eine Kopie dieses Tagebuchs direkt an Stanton Friedman. Sie fügte folgende Notiz bei:

> Wenn wir Ihnen dies übersenden, so wollen weder meine Mutter noch ich weiterhin etwas mit dieser bedauerlichen Geschichte zu tun haben. Maria und ich wurden beide in ein anderes Konvent gebracht, und auch unsere Mutter wurde umgesiedelt. Diese Familie hat jahrelang unter diesem Ereignis gelitten, und es ist längst Zeit, daß das aufhören sollte. Es liegt vollkommen jenseits meines Verständnisses, warum Gerald das alles wieder aufrollen will, ich vermute aber, er hat seine Gründe. Mein Vater war besessen von diesem unirdischen Schrecken und führte etliche Tagebücher, an die andere nicht herankommen sollten. Wrackteile und Trümmer von dem Absturz sind da draußen zusammen mit einem größeren Tagebuch begraben ...
>
> Ich bete jeden Tag, Gott möge nicht nur Gerald beschützen, sondern Sie alle, die Sie damit zu tun haben. Wenn Ihnen dies bei Ihrer Suche helfen kann, dann möge dem so sein, aber Sie müssen an diesem Punkt meinen Wunsch respektieren, daß ich nichts mehr damit zu tun haben möchte.

Eine gerichtliche Untersuchung des Tagebuches ergab, daß es nicht vor 1970 geschrieben wurde, aber Gerald Anderson hatte bereits erklärt, daß Glenn etliche Kopien davon gemacht hatte. Bis jetzt waren Versuche, die Wrackteile und das größere Tagebuch aufzuspüren, noch nicht von Erfolg gekrönt.

Sobald die Armee einmal an beiden Absturzstellen angekommen war, wurde der Zugang für Zivilisten stark eingeschränkt.

8. KAPITEL

Das Militär übernimmt

Bei beiden bedeutenden Absturzstellen in New Mexico waren Zivilisten lang vor irgendwelchen Leuten von der Regierung zur Stelle. Hätten sie nicht genug gesehen, um sich selbst davon zu überzeugen, daß da etwas extrem Ungewöhnliches geschehen war, so wäre zu bezweifeln, daß überhaupt irgendwer je diese Geschichte zu hören bekommen hätte. Das Glück spielte so in der Gestalt derer, die aus anderen Gründen zur Stelle waren, eine entscheidende Rolle in einer der großen Episoden der Geschichte.

Eine große Menge Trümmer einer fliegenden Untertasse lag einige Tage lang auf einem Feld bei Corona, New Mexico, bevor jemand, der mit der Regierung der Vereinigten Staaten in Verbindung stand, auch nur einen Hinweis darauf hatte, daß es sie überhaupt gab. Offensichtlich fielen sie in der Nacht zum Mittwoch, den 2. Juli, auf die Schafranch und wurden am nächsten Morgen vom Vormann der Foster-Ranch, William „Mac" Brazel, gefunden, als er ausritt, um Zäune und Windmühlen auf mögliche Schäden zu überprüfen, die ein heftiges Gewitter am Vorabend verursacht haben könnte.

Für die Regierung kam der erste Hinweis auf ein seltsames Geschehen am frühen Nachmittag des Sonntag, den 6. Juli, als Brazel dem Sheriff von Chaves County, George Wilcox, einen Besuch abstattete, um ihm ein paar Proben des seltsamen Materials zu zeigen, das er gefunden hatte. Wilcox sah es sich an, und war doch so beeindruckt, daß er den nachrichtendienstlichen Offizier des Armeeflugplatzes Roswell, Major Jesse Marcel, anrief. Marcel fuhr das kurze Stück zum Büro des Sheriffs, inspizierte den Schrott und war über dessen einzigartige Erscheinung ordentlich überrascht. Er berichtete dies seinem kommandierenden Offizier, Colonel William „Butch“ Blanchard, erzählte ihm von dem Feld voller Trümmer und von den seltsamen Eigenschaften der Teile, die er gerade gesehen hatte.

Blanchard reagierte schnell, er befahl Major Marcel, jemanden vom Büro des Spionageabwehrdienstes mitzunehmen und sich mit Brazel zu der Ranch zu begeben. Es wurde ihnen befohlen, so viel von dem Material einzusammeln, wie sie in ihre beiden Fahrzeuge laden konnten, und es zum Luftwaffenstützpunkt zu bringen.

Bald danach versammelte sich Militärpolizei um das Büro des Sheriffs, nahm die Schrotteile in Besitz, die Brazel dort gelassen hatte und brachte sie zu Blanchards Büro. Aussagen etlicher Soldaten weisen darauf hin, daß das Material dann zum Hauptquartier der Eighth Air Force in Fort Worth, Texas, und von dort auf besonderen Befehl nach Washington gebracht wurde. Jemand hatte Washington offensichtlich darüber informiert, daß sich in New Mexico etwas Wichtiges ereignete.

In der Zwischenzeit kamen Marcel und der CIC Captain Cavitt am späten Sonntagabend auf der Foster-Ranch an, nachdem sie sich über schreckliche Straßen und streckenweise über Land gekämpft hatten. Sie verbrachten die Nacht in Schlafsäcken in einem kleinen Gebäude und wurden am nächsten Morgen von Brazel zu der Stelle gebracht, an der er das Material gefunden hatte. 1979 beschrieb Jesse Marcel dieses Erlebnis:

> „Als wir an der Absturzstelle ankamen, waren wir erstaunt darüber, welch weites Gebiet sie einnahm. Es war nichts, was [auf] dem Boden aufgeschlagen oder auf dem Boden explodiert war. Es war etwas, das über dem Boden explodiert sein mußte, vielleicht während es sich mit sehr hoher Geschwindigkeit fortbewegte ... wir wissen es nicht. Aber es zerbarst über ein Gebiet von vielleicht eineinviertel Kilometer Länge, würde ich sagen und von beträchtlicher Breite, etlichen hundert Fuß Breite. So machten wir uns daran, alle Teile, die wir finden konnten, aufzulesen und auf unseren Jeep zu laden. [Aufgrund meiner] Vertraut[heit] mit allen Aktivitäten in der Luft, war es recht klar für mich, daß es weder ein Wetterballon noch ein Flugzeug oder eine Rakete gewesen sein konnte. Aber was es war, wußten wir nicht. Wir sammelten einfach die Teile auf. Es war etwas, das ich noch nie zuvor gesehen hatte, und ich war wirklich mit allen Aktivitäten in der Luft bestens vertraut. Wir beluden den Jeep, aber ich war nicht zufrieden. Ich sagte Cavitt: „Sie fahren dieses Fahrzeug zum Stützpunkt, und ich gehe dorthin zurück und lese so

viel auf, wie ich ins Auto laden kann", was ich auch tat. Aber wir lasen nur einen kleinen Teil des Materials auf, das dort war.

Etwas, das mich an den Trümmern, von denen wir sprachen, beeindruckte, war die Tatsache, daß viele wie Pergament aussahen. Viele hatten viele kleine Teile [Streben] mit Symbolen, die wir Hieroglyphen nennen mußten, denn ich konnte sie nicht deuten, man konnte sie nicht lesen; es waren einfach Symbole, etwas, das etwas bedeutete, und es waren nicht immer die gleichen. Die Teile, auf die das gemalt war - diese Symbole waren übrigens rosa und lila ... äh ... eigentlich eher lavendelblau. Und ... äh ... diese kleinen Teile konnte man nicht brechen, nicht verbrennen ... ich versuchte sogar, sie zu verbrennen. Sie brannten nicht. Dasselbe war es mit dem Pergament, das wir hatten.

Was aber noch erstaunlicher ist, ist, daß das Stück Metall, das wir brachten, so dünn war, so dünn wie das Stanniol in einer Packung Zigaretten. Ich schenkte dem zunächst keine besondere Aufmerksamkeit, bis einer der GIs zu mir kam und sagte: ‚Kennen Sie das Metall, das da drin war? Ich versuchte, das Zeug zu biegen, aber es bog sich nicht. Ich versuchte es sogar mit einem Vorschlaghammer. Man kann es nicht einkerben.‘

Ich ging nicht mehr zurück, um es mir selbst noch einmal anzuschauen, weil wir im Amt sehr beschäftigt waren und ich ziemlich viel zu tun hatte. Ich bin mir aber recht sicher, daß mich dieser junge Mann nicht angelogen hat, denn er war ein sehr wahrheitsliebender, ehrlicher Kerl, und so schenkte ich seinen Worten Glauben. Darüberhinaus habe ich nicht gesehen, wie er die Sache mit einem Vorschlaghammer bearbeitete, aber er sagte: ‚Es steht fest, es kann nicht gebogen werden, und es ist so leicht, daß es gar nichts wiegt.‘ Und das traf auf alles Material zu, das wir hergebracht hatten. Es war so leicht, daß es praktisch nichts wog.

Dieses bestimmte Stück Metall war, würde ich sagen, etwa 60 cm lang und vielleicht 30 cm breit. Sehen Sie, das Zeug wiegt nichts, es ist so dünn, es ist kein bißchen dicker als das Stanniol in einer Packung Zigaretten. So versuchte ich, das Zeug zu biegen, aber es bog sich nicht. Wir versuchten sogar, es mit einem 16 Pfund schweren Vorschlaghammer einzukerben. Und immernoch war keine Kerbe drin. Ich hatte nicht die Zeit, noch einmal dort hinaus zu gehen und mehr über es herauszufinden, weil ich so viel Anderes zu tun hatte, und so mußte ich es einfach bleiben lassen. Es ist mir immer noch ein Rätsel, was das Ganze war. Wie ich zuvor schon sagte, ich kannte mich recht gut aus mit den Materialien, die in der Luft verwendet wurden, aber das hatte ich noch nie zuvor gesehen. Und auch heute weiß ich immer noch nicht, was es war. Das ist der Stand der Dinge."

Sobald den hochrangigen (und daher einflußreichen) Leuten im Militär klar geworden war, daß sie es mit sehr ungewöhnlichen Materialien jenseits ihres Erfahrungshorizontes zu tun hatten, organisierten sie rasch einen Trupp, der alles bergen sollte, damit sie so viel wie möglich über es herausfinden konnten und um sicherzustellen, daß es nicht in falsche (d. h. öffentliche) Hände fallen würde. Was immer es auch war, es mußte zumindest so lange geheimgehalten werden bis die oberste Riege in Fort Worth oder in Washington entscheiden konnte, was damit zu tun wäre.

Eine große Gruppe Soldaten wurde zu dem „Trümmerfeld“ auf der Schafranch bei Corona gebracht, einschließlich einer Menge Militärpolizei, deren Aufgabe es war, den Zugang zu dem Feld auf die zu beschränken, die die Armee auch da haben wollte. Es war offensichtlich, daß die Schrotteile auf dem Feld nicht alles von dem was auch immer es war waren, und so wurde eine großangelegte Suche nach dem Rest gestartet. Ohne Zweifel wurde sie vom Boden (mit Jeeps und Lastwagen) und aus der Luft durchgeführt, wahrscheinlich mit kleinen viersitzigen Maschinen, die, wenn nötig, auch auf rauhem Feld landen konnten.

Es konnte nicht länger als einen oder zwei Tage gedauert haben, bevor sich die ausgedehnte Suche bezahlt machte. In ein paar Kilometer Entfernung von dem Trümmerfeld fand man den Hauptteil des Raumschiffes und in zwei oder drei Kilometer Entfernung die Leichen kleiner Humanoiden. Die erstaunliche Nachricht (wahrscheinlich ein-schließlich der Meldung, daß einer der Humanoiden noch lebte), wurde an das Hauptquartier zurückgefunkt, und die ganze Art der Operation änderte sich. Hatten sich bisher noch Gedanken gehalten, die Trümmer könnten von einer fortschrittlichen sowjetischen Rakete oder einem Flugzeug kommen, so verschwanden die nun vollkommen, als klar wurde, daß die Mannschaft und daher auch das Raumschiff nicht von der Erde waren!

Eine wichtige Operation wurde augenblicklich zu einer entscheidenden Mission. Noch nie zuvor in der Geschichte hatte sich so etwas ereignet: Der Mensch stand gerade Wesen aus einer anderen Welt von Angesicht zu Angesicht gegenüber. Jahrzehnte voller Buck Rogers, Flash Gordon und zweitklassiger Filme verblaßten im Vergleich zu dieser verblüffenden Realität. Wir wurden von einer fortgeschrittenen Zivilisation besucht, deren Motive vollkommen unbekannt waren. Waren es freundliche wissenschaftliche Forscher oder war es eine fortgeschrittene Rasse, die den Weg für eine Invasion frei machte? Wären ihre Motive kriegerisch, hätten wir dann überhaupt eine Chance gegen diejenigen, die Raumschiffe bauen konnten, die sie über unzählige Millionen von Kilometern transportieren konnten? Was würde geschehen, wenn, sagen wir mal, ihre Freunde kämen, um nach ihnen zu sehen?

Während Major (später Oberstleutnant) Marcel Ende der siebziger Jahre über seine Erlebnisse sprach, weigerte sich Sheridan Cavitt, auch nur zuzugeben, daß er mit Marcel auf der Ranch war. Jedoch sprach ein weiterer Mann der Spionageabwehr aus Roswell, Bill Rickett, neulich über seine Erlebnisse ein paar Tage nach dem Beginn der Einmischung von offizieller Seite:

„(Das Material) war fest und sehr leicht. Man konnte es biegen, aber nicht zerknüllen. Soweit ich weiß, konnte sich niemand je vorstellen, aus was es bestand."

Rickett begleitete Dr. Lincoln LaPaz, einen berühmten Meteoritenexperten vom Institute of Meteoritics in New Mexico, auf einer Reise zur Absturzstelle und deren Umgebung.

„LaPaz' Aufgabe war es, die Geschwindigkeit und die Flugbahn dieses Dings herauszufinden. LaPaz war ein weltberühmter Experte für die Berechnung von Flugbahnen von Objekten am Himmel, besonders von Meteoren, und mir wurde gesagt, ich solle ihm helfen, wo immer ich nur konnte.

Einmal interviewte LaPaz den Farmer [Mac Barazel]. Ich erinnere mich, daß sich während ihres Gespräches etwas ergab, daß dieser Mann dachte, einige seiner Tiere hätten seltsam reagiert, nachdem das passiert war. Dr. LaPaz schien das aus irgendeinem Grund sehr zu interessieren.

LaPaz wollte die Gegend überfliegen, und es wurde organisiert. Er fand eine weitere Stelle, von der er den Eindruck hatte, daß dieses Ding dort den Boden berührte, dann aber wieder abgehoben hatte. Der Sand war an dieser Stelle zu einer glasartigen Substanz geworden. Wir sammelten eine Kiste voller Proben dieses Materials ein - wie ich mich erinnere, gab es dort auch einige Metallproben, von der gleichen Art wie dieses dünne Folienzeug. LaPaz schickte diese Kiste irgendwo hin zur Untersuchung; ich weiß oder erinnere mich nicht, wohin, aber ich habe sie nie mehr wieder gesehen. Diese Stelle war einige Kilometer von der anderen entfernt.

LaPaz konnte sehr gut mit den Leuten reden, besonders mit den Helfern auf den Ranches, die nicht gut Englisch sprachen. LaPaz sprach Spanisch. Ich erinnere mich, daß er ein paar Leute fand, die zwei - ich weiß nicht, wie ich sie nennen soll - gesehen hatten. UFOs vermute ich mal. Jedenfalls hatten sie zwei dieser Dinger an einem Abend, sehr langsam und in sehr geringer Höhe fliegen sehen. Er stellte fest, daß das ein oder zwei Tage, nachdem das andere explodiert war, gewesen sein mußte. Diese Leute sagten, daß auch Tiere davon betroffen waren ...

Bevor er nach Albuquerque zurückging, sagte er mir, er sei sicher, daß dieses Ding Schwierigkeiten gekriegt hätte, daß es wegen einer Reparatur gelandet sei, wieder abgehoben habe und dann explodiert sei. Er war sich auch sicher, daß es dort mehr als nur eines dieser Geräte gab, und daß die anderen es gesucht hatten - das war zumindest, was er sagte. Er war sich sicher, daß das Ding außer Funktion geraten war.

Die Erklärung der Air Force, daß es ein Ballon war, war völlig falsch. Es war kein Ballon. Ich wußte nie genau, welchem Zweck es diente, aber ich wußte, nicht unserem. Ich erinnere mich, wie ich mit LaPaz spekulierte, es könnte eine höhere Zivilisation sein, die uns überprüfte. LaPaz hatte nichts gegen diese Vorstellung, sagte aber, er werde Spekulationen in seinem Bericht außen vor lassen."

Dr. LaPaz, der 1950 intensiv mit einer Studie „grüner Feuerbälle" zu tun hatte, die einige Charakteristika von UFOs aufwiesen, starb unglücklicherweise, bevor auch nur irgend jemand wußte, daß er mit dem Absturz bei New Mexico zu tun gehabt hatte. Sein Bericht gehört zu den vielen Dokumenten, die die Regierung mehr als vierzig Jahre lang vor der Öffentlichkeit verschlossen halten konnte.

Allgemein gesprochen, hat die Regierung ein tolles Werk vollbracht und alle Details der Abstürze geheim gehalten. Nur wenige Namen von Militärleuten und anderen, die die Absturzstellen besichtigten, wurden bekannt, und die, die bekannt wurden, waren in den meisten Fällen nicht bereit, darüber zu sprechen. Mit einer faszinierenden Ausnahme. Im November 1990 gelang es Stanton Friedman, die Früchte monatelanger Verhandlungen zu ernten, als er einen Mann persönlich interviewte, der auf äußerst glaubwürdige Weise behauptet, daß er da gewesen war und es gesehen hat.

F. B. war Fotograf der Army Air Force, stationiert bei der Anacostia Naval Air Station in Washington, D. C., als er und sein Kollege A. K. irgendwann in der zweiten Juliwoche 1947 in einen B-25 Bomber der Armee gejagt und zum Armeeflugplatz Roswell geflogen wurden. Er erzählte Friedman:

„Eines Morgens kamen sie herein und sagten: ‚Packt Eure Taschen, Kameras sind schon dort und warten auf Euch.' Wir wußten nicht, wohin es ging. [Seine 4x5 Speed Graphic Pressekamera war im Flugzeug, und nach wenigen Stunden Flugzeit kamen sie in Roswell an.] Wir stiegen in ein Stabsfahrzeug, in das auch einiges von dem Gerät gepackt wurde, das sie auf Lastwagen mitgebracht hatten, und los ging's, etwa anderthalb Stunden ... es ging nach Norden.

Wir kamen dort an [an einer der drei Absturzstellen in der Gegend um Corona], und es waren höllisch viele Leute dort in einem geschlossenen Zelt. Man konnte in dem Zelt fast nichts sehen. Sie sagten: ‚Stellt eure Kamera auf eine Aufnahme in 4,5 Meter Entfernung ein.' A. K. setzte sich in einen Lastwagen und fuhr dorthin, wo sie Teile auflasen. Alle Arten von Offizieren rannten da rum. Und sie sagten uns, was wir tun sollten: Lichtet dies ab, lichtet das ab! Es gab einen Offizier vom Dienst. Er begegnete uns da draußen und ging ins Zelt, kam wieder zurück und sagte uns. ‚OK'. Er stellte sich genau neben uns und [sagte]: ‚Okay, macht das Foto.'

Es lagen dort vier Leichen, ich konnte sie sehen, als der Blitz ausging, aber man war fast blind, denn es war ein schöner Tag ... sonnig. Dann ging ich wieder in das Zelt, das schrecklich dunkel war. Das war alles, was ich aufgenommen habe: Leichen. Diese Leichen lagen unter einem Tuch, sie hoben es hoch, ich fotografierte, nahm die Birne des Blitzes raus, setzte eine andere ein, [machte noch eine Aufnahme] und gab ihm den Film (jeder Film enthielt zwei 4 x 5 Inch Aufnahmen), und dann ging es weiter zur nächsten Stelle.

Ich denke, dort waren zehn bis zwölf Offiziere, und als ich mich fertig machte um hineinzugehen, kamen sie alle raus. Das Zelt war etwa 6 x 9 Meter groß. Die Leichen lagen auf einer Art Plane. Einer gab alle Anweisungen. Er nahm ein Blitzlicht, kam herunter: ‚Sehen Sie dieses Blitzlicht?' Ja, Sir! ‚Sie haben es im Brennpunkt?' Ja, Sir! ‚Machen Sie ein Bild hiervon.' Dann nahm er das Blitzlicht weg. Wir bewegten uns immer im Kreis und machten Aufnahmen. Mir schien, [die Leichen] waren alle identisch. Von dunkler Hautfarbe. Ich erinnere mich, sie waren dünn, und es sah aus, als sei ihr Kopf viel zu groß. Ich machte dreißig Aufnahmen ... ich denke, ich hatte etwa fünfzehn [Filme] dabei. Es roch komisch da drinnen.

A. K. kam in einem Lastwagen zurück, der voll mit Trümmern beladen war. Viele Teile schauten heraus, die nicht da gewesen waren, als sie losfuhren. Auf dem Weg zurück zum Flughafen [Roswell Armeeflugplatz] sagte man uns, daß wir alles vergessen sollten. Etwa um vier Uhr am nächsten Morgen weckten sie uns auf, brachten uns zur Offiziersmesse, wir aßen etwas, wir gingen wieder zu der B-25 und flogen zurück. Als wir in Anacostia angekommen waren, sagte uns ein Lieutenant Commander mit noch mehr Nachdruck, daß wir alles vergessen sollten. [F. B. und seinem Freund A. B. wurde klar gemacht, daß sie nicht gesehen hatten, was immer sie auch *dachten* in New Mexico gesehen zu haben.]"

Es muß jede Menge Männer gegeben haben, die auf die eine oder andere Weise mit der Bergung der Leichen und der Wracks von den drei Absturzstellen in der Gegend von Corona zu tun hatten: Das Trümmerfeld, das zuerst von Mac Brazel entdeckt worden war, die Stelle, an der das Raumschiff landete, und die Stelle, an der die Leichen in ihren „Rettungskapseln" gefunden wurden und wo, wie anzunehmen ist, F. B. seine Fotos machte. Nur wenige dieser Männer konnten aufgespürt werden, und die meisten werden wohl gestorben sein, lange bevor jemand daran dachte, sie wegen eines Interviews anzusprechen.

Im Fall des Absturzes in der Ebene von San Augustin, 240 Kilometer westlich, wurde die Ankunft des Militärs von etwa einem Dutzend Zivilisten beobachtet: Gerald Anderson und seiner Familie, einer Gruppe von Studenten der Archäologie oder Geologie und von dem Ingenieur Barney Barnett, der für die Regierung arbeitete. Von all denen erzählte Barnett etlichen Freunden ein wenig über sein Erlebnis, und Anderson erzählte sehr detailliert, was passierte, als die Armee auftauchte, während er und die anderen versuchten, einen Sinn in diesem schockierenden Erlebnis zu finden.

Laut Barnetts gutem Freund Vern Maltais sagte dieser: „Während wir [die Leichen] betrachteten, fuhr ein Militäroffizier mit einem Fahrer in einem Lastwagen dort hoch und übernahm die Kontrolle. Er sagte allen, daß die Armee übernähme, und daß sie aus dem Weg gehen sollten. Weiteres Militärpersonal kam hoch und riegelte das Gebiet ab. Uns wurde gesagt, wir sollten das Gebiet verlassen und mit niemandem über das sprechen, was wir gesehen hatten ... es sei unsere patriotische Pflicht zu schweigen."

In einem Interview im September 1990 machte Gerald Anderson noch weit detailliertere Angaben:

> „Das erste, was auftauchte, war, wenn ich mich recht erinnere, ein Auto, das so aussah wie unseres. Es kam von hinten, es war geradewegs auf das Ding zugefahren, quer über die Prärie, den Wüstenteil. Es parkte genau hier [an der Stelle, die er und die Autoren gerade besichtigt hatten]: Dort ist die Untertasse, hier sind die Felsen und genau hier ist das flache Gebiet, durch das wir gekommen waren.
>
> Ich glaube, der erste war der alte Plymouth des Militärs, und er hatte eine Art roter Flagge ... einen Wimpel, wie ihn Football-Fans ins Stadion mitnehmen. Auf der Seite war ein großer Stern, und dann war da noch ein weiteres Fahrzeug dahinter, ein kleinerer Lastwagen, ähnlich einem Jeep, der einen Haufen Funkgeräte und zwei große Antennen hatte. Drin saß ein Mann, der Kopfhörer trug, und er sprach über das Funkgerät. Und dann waren hinter denen zwei dieser großen Transportlaster der Armee, mit den bedeckten, waggonähnlichen Hängern. Sie waren voller Soldaten, und die [stiegen] hier [aus.] Sie trugen khakifarbene Uniformen mit MP-Abzeichen, und sie hatten Knüppel und Pistolen an der Hüfte, und sie trugen alle ein Gewehr.
>
> Sie kamen alle hier runter, schrien, polterten und vertrieben uns von [der Untertasse]. Ein schwarzer Soldat fuhr den Wagen und ein Offizier

mit roten Haaren stieg aus, und der stellte sich als der größte [Sputnik] aller Zeiten heraus. Offensichtlich hatte er das Kommando, und er machte das auch jedem sehr schnell klar.

Er kam herunter, und sie fingen an, den Leuten zu drohen und sie herumzuschubsen. Ich erinnere mich, wie mein Onkel Ted einem von denen eins genau auf seinen Arsch knallte ... dieser Kerl schob ihn mit einem Gewehr beiseite, und [Ted] verpaßte ihm eins! Und dann griffen dieser Dr. Buskirk und Dad sich Ted und zogen ihn zurück. Die Soldaten sprachen alle möglichen Drohungen und all so was aus. Sie sagten ihnen, sie würden ihre Kinder niemals wiedersehen, sie würden ins Gefängnis wandern, wenn sie jemals den Mund aufmachten. Einem Studenten drohten sie damit ... sie sagten ihm, sie wüßten, er sei Ausländer, und sie könnten sich echt gut um ihn kümmern!

Dieser Rotschopf ... war Captain (weil mein Bruder mir sagte, daß er Captain war) ... er hieß Armstrong, und das stand auf der Uniform. Sie filzten keinen, aber sie nahmen von jedem den Namen und alles auf. Dann trieben sie uns alle von dort weg. Sie sorgten dafür, daß wir in Richtung Norden zurückgingen, den Arroyo aufwärts, dorthin, wo wir unser Auto geparkt hatten. Sie sorgten dafür, daß Dr. Buskirk und die fünf Studenten mit uns gingen ... wir alle in einer Gruppe. Und Soldaten kamen mit uns.

[Dr. Buskirk] protestierte und stritt sich ständig mit ihnen, daß er auf dem anderen Weg zurückgehen müsse, dies sei der falsche Weg für sie, sie mußten auf dem anderen Weg zurückgehen, [wo ihr Auto und ihre Ausrüstung waren.] Aber ich erinnere mich nicht daran, den anderen Mann noch gesehen zu haben. Den, von dem jeder glaubte, daß er Barnett war; ich erinnere mich nicht, daß er diesen Graben mit uns aufwärts ging.

[Die Soldaten] waren wirklich ekelhaft ... sie waren ekelhaft zu jedem. Als wir dort oben beim Auto ankamen, kam auch dieser schwarze Sergeant dort hoch. Und Dr. Buskirk sagte ihm: ‚Wir müssen in die andere Richtung gehen, dort sind wir hergekommen. Wir müssen unser Zeug holen. Wir können nicht auf diesem Weg raus.' Und so begleiteten sie sie wieder den Graben runter, und die Soldaten sorgten dafür, daß wir weiter auf diesem Weg zurückgingen, und dann waren da plötzlich Buskirk und seine fünf Studenten wieder. Die andere Gruppe Soldaten brachte sie in einem von diesen jeepähnlichen Fahrzeugen.

Diese Soldaten sorgten dafür, daß wir wirklich zurückgingen, und als wir wegfuhren, gingen sie neben uns her. Wir kamen zum Highway, und der wimmelte nur so von Soldaten. Barrikaden und alles waren errichtet. Und das letzte Mal, als wir Buskirk und die fünf Studenten sahen, standen sie dort, und Buskirk zeigte wieder auf den Landeplatz und sprach mit einem anderen Soldaten. Glenn sagte, der sah wie noch ein Offizier aus. Sie sorgten dafür, daß wir auf dem Highway in Richtung Osten nach

Datil fuhren. Sie sagten uns: ‚Haltet nicht an, fahrt weiter und kommt nicht zurück!‘

Das Letzte, was ich sah: Ich schaute zurück und konnte die Untertasse im Boden stecken sehen, und es waren eine Menge Soldaten da und standen alle um die Scheibe herum, und ich konnte die Mannschaft [der Untertasse] nicht mehr sehen, die auf dem Boden lag. Von der Seite kam noch mehr Maschinerie und Zeug, fuhr dort hoch und hielt an. Es war einer der Lastwagen, die sich zur Absturzstelle vorgearbeitet hatten.

Soldaten gingen hin und her. Dort hinten passierte eine Menge. Sie verlegten eine Art Kabel. Es sah aus, als würden sie irgendwelches Zeug auf dem Boden ausbreiten, als zögen sie irgendwelches Zeug aus diesen Lastwagen heraus. Viele von denen standen einfach nur 'rum. Aber es war ganz schön was los da. Sobald sie uns von dort wegbekommen hatten, ging es dort hinten ab.

Als wir [zur Hauptstraße] zurückkamen, hatten sie bereits den Zaun eingerissen und irgendwelches Zeug dort durch gebracht, und ich erinnere mich, es gab da einen Jeep, der einen Anhänger mit einem Motor drauf zog, etwas wie ein Generator. Als wir wieder auf der Straße waren, sagte Ted: ‚Können wir wieder zu dem Laden zurückfahren und uns etwas zum Trinken holen?‘ ‚Nein! Wenn wir sagen, Sie gehen jetzt in diese Richtung (der Soldat zeigte nach Westen), dann gehen sie jetzt auch in diese Richtung!‘ Das war sehr unfreundlich, sehr direkt und sehr deutlich.“

Sobald die Andersons einmal von der Absturzstelle vertrieben und auf dem Weg nach Hause waren, konnte das Militär so vorgehen, wie es wollte, ohne daß es jemand beobachtet hätte. Material wurde an unbekannte Orte gebracht, vermutlich aber nach White Sands/Alamagordo, dort zur Los Alamos und Sandia Base. Diese Orte hatten die wissenschaftliche Ausrüstung für eine mögliche Analyse des Wracks und der Leichen, und beide waren höchst sicher. Aber die Hinweise geben - noch - nicht das her, was man sich erhoffen würde.

Irgendwo gibt es eine große Menge Material und wahrscheinlich einige recht große Stücke von einem oder zwei UFOs, die innerhalb der Grenzen der Vereinigten Staaten und vielleicht auch der einen oder anderen befreundeten Nation ruhen. Wo sie genau sind, ist ein Rätsel. Selbst die Stücke, die vom AAF Roswell und AAF Fort Worth kamen, werden heute wahrscheinlich nicht mehr dort sein. Sie könnten aus Gründen der Sicherheit und der wissenschaftlichen Forschung viele Male hin und her bewegt worden sein.

Es halten sich hartnäckig Gerüchte, nach denen die USA versucht haben sollen, ein erbeutetes UFO von einem ihrer äußerst geheimen

Stützpunkte in Nevada aus zu fliegen. Einige behaupteten sogar, daß wir eng mit echten Außerirdischen zusammengearbeitet hätten, um ihre Technologie unseren Verwendungsmöglichkeiten anzupassen. Und daß einige unserer frühen Tarnkappenflugzeuge - insbesondere das Lockheed F-117 Kampfflugzeug und der Northrop B-2 Bomber - von Hilfe „von außen" profitiert hätten. Es wurde allerdings absolut nichts aufgeboten, das diese extremen Behauptungen untermauert hätte, und so müssen wir sie als bloße Gerüchte betrachten. Die Autoren haben das Gefühl, diese Behauptungen könnten sogar bewußte Desinformationen sein, lanciert von ungenannten Regierungsvertretern, um die UFO-Szene noch mehr zu verwirren.

Auf einer viel vernünftigeren Ebene wurde vermutet, daß das erste UFO-Material, das geborgen wurde, technisch so weit fortgeschritten war, daß es selbst unsere Spitzenwissenschaftler nicht verstehen konnten. Man bildete die Analogie: Wie wäre es gewesen, wenn man Leornardo da Vinci, einem wahren Genie eine moderne digitale elektronische Uhr geschenkt hätte? Er wäre nicht nur außerstande gewesen, zu verstehen, wie sie funktioniert, sondern er hätte nicht einmal die leiseste Ahnung davon gehabt, wie er versuchen sollte, es sich vorzustellen. Ihr Chip von der Größe einer Briefmarke hätte ihm gar nichts bedeutet, genauso wenig die Flüssigkristallanzeige. Er hätte gar keine andere Wahl gehabt als sie beiseite zu legen, in der Hoffnung, jemand würde in Zukunft etwas darüber erfahren, wie man herausbekommen könnte, was das seltsame kleine Ding sein könnte.

Das Gleiche könnte auch für die UFOs gelten, die 1947 in New Mexico abstürzten: Sie könnten unserer Wissenschaft und Technologie so weit voraus gewesen sein, daß sich alle Bemühungen, selbst kleine Teile von ihnen zu verstehen, als vollkommen erfolglos erwiesen hätten. Man hätte sie dann in ein Lager gebracht und immer wieder überprüft, ob vielleicht jüngstes Wissen etwas Licht auf ihre exotische Machart werfen konnte.

Vielleicht warten wir immer noch drauf, daß unser wissenschaftliches Wissen sie einholt.

Oder wir haben herausgefunden, wie ein UFO-Modell von 1947 funktioniert und dieses Wissen angewendet. Oder vielleicht haben wir auch wirklich gelernt, wie ein außerirdisches Raumschiff gebaut, gehandhabt und geflogen wird.

9. KAPITEL

Bergung und Transport

Details über die Bergung der Wracks und der Leichen von den Absturzstellen bei Corona und in der Ebene von San Augustin sind knapp. Da dies alles vom Militär in abgelegenen Gegenden ausgeführt wurde, deren wenige Einwohner bewußte Patrioten waren, war es sehr viel einfacher, diese Details geheim zu halten als die Elemente der Abstürze, die von Zivilisten beobachtet worden waren. Gerade wer dabei war, und wohin die Überreste gebracht wurden, ist immer noch Gegenstand der Ermittlungen.

Bekannt ist, daß Mac Brazel alles ins Rollen brachte, als er am 6. Juli ein paar Proben der Trümmer von der Foster-Ranch zum Büro von Sheriff George Wilcox in Roswell brachte. Als Major Marcel und der CIC-Mann Cavitt Roswell in Richtung Ranch verließen, blieben die Proben offensichtlich im Büro des Sheriffs zurück, da es wenig Sinn hatte, sie zur Ranch zurückzubringen. Nach Aussagen der Töchter von Sheriff Wilcox, die 1990 interviewt wurden, kam die Armee an, verursachte gehörigen Aufruhr und nahm die seltsamen Teile mit. Mit ziemlicher Sicherheit gingen sie direkt zum Büro des Kommandanten des Armeeflugplatzes Roswell, Colonel Willam Blanchard.

Was Blanchard jedoch mit den Teilen anfing, kann man nur vermuten, aber es erscheint zunehmend wahrscheinlicher, daß er sie zum Hauptquartier der Eighth Air Force in Fort Worth, Texas, fliegen ließ, wo der Kommandant der Eighth Air Force, General Roger Ramey die Kontrolle über sie übernahm. Laut dem pensionierten Brigadegeneral Thomas Jefferson DuBose, den Stanton Friedman 1990 interviewte, war das Material von der Absturzstelle bei Corona zwei oder drei Tage vor der Pressekonferenz vom 8. Juli, bei der General Ramey die erfundene Geschichte vom „Wetterballon" verlauten ließ, in Fort Worth

Diese Proben könnten in Fort Worth angekommen sein, während Marcel und Cavitt noch auf dem Weg zur Foster-Ranch waren, und als noch kaum jemand sonst in der Welt wußte, daß bei Corona etwas Ungewöhnliches geschehen war. Das war wahrscheinlich der kleine Teil Material, den der damalige Colonel DuBose in Plastik verpackt am Handgelenk von Colonel Al Clarke, dem Stützpunktkommandanten auf Fort Worth, befestigt sah. Clarke wurde mit seiner wertvollen Fracht, die wie geheime diplomatische Korrespondenz behandelt wurde, auf direkten Befehl von General Clemence McMullen, Kommandant des Strategischen Luftkommandos des Luftwaffenstützpunktes Andrews, nach Washington, D. C., geflogen. Es war McMullen, der DuBose den telefonischen Befehl erteilte, die Schrotteile schnellstens per „Colonel Kurier" herzubringen und eine Geschichte zur Tarnung für die Presse auszuknobeln. Was mit dem Material geschah, als es nach Washington kam, ist nicht bekannt, aber es könnte sehr wohl eine bedeutende Rolle dabei gespielt haben, diejenigen, die 3000 Kilometer von der Wüste in New Mexico weg waren, davon zu überzeugen, daß da etwas von kosmischer Bedeutung geschehen war.

Als Marcel und Cavitt am Morgen des 8. Juli zum Armeeflugplatz Roswell zurückkehrten, brachten sie zwei Wagenladungen Trümmer mit. Diese oder jedenfalls den größten Teil davon begleitete Marcel auf einem Flug nach Fort Worth; er beschrieb es als „eine halbe B-29 voll". Die B-29 ist ein großes Flugzeug das eher dazu gebaut ist, schwere Ladung - Bomben - zu tragen als viele leichte Teile, die mit einem Transportflugzeug hätten befördert werden können. Daher wäre es wohl machbar gewesen, den Laderaum einer B-29, ihre Bombenschächte, mit nicht mehr Trümmern zur Hälfte zu füllen, als in einen Kombi und einen Jeep passen.

Es ist nicht bekannt, wieviele Flugzeuge den Armeeflugplatz Roswell mit Material von der Absturzstelle bei Corona verließen, oder wohin sie alle flogen. Meistens wird Wright Field (später Luftwaffenstützpunkt Wright Patterson) in Dayton, Ohio, als Zielort eines oder mehrerer dieser Flüge genannt. Wright ist ein logisches Ziel, denn es beherbergt den größten Teil der wissenschaftlichen Laboratorien der Army Air Force und dort arbeiteten einige der Toptechniker der U.S. Army Air Force. Aber die Details konnten einfach nicht ausfindig gemacht werden.

Es gibt allerdings Grund zu der Annahme, daß mindestens ein Flugzeug vom Flugplatz Wright entweder nach Roswell oder Fort Worth gesandt wurde, um Material abzuholen und es zum Flugplatz Wright zurückzubringen. Der Sohn eines Mannes, der nachweislich bei solch einem Flug dabei war, erzählte Stanton Friedman, daß nach seinen Begriffen die Mannschaft auf dem Rückflug regelrecht mit einigen Trümmern gespielt habe.

Es ist bekannt, daß nicht lange, nachdem Marcel und Cavitt von der Foster-Ranch mit ihrer Auswahl faszinierender Trümmer zurückgekehrt waren, eine wesentlich stärkere militärische Truppe zur der Ranch gesandt wurde, um jedes einzelne Schrotteilchen aufzusammeln. Anwohner bestätigten, daß die Militärpolizei Straßensperren um die Ranch errichtete und sie von dem Schauplatz fernhielt. Sie hielten auch die Presse fern, wie Jud Roberts, damals Manager des Radiosenders KGFL, 1990 in einem Interview sagte:

„Ich wollte zu der Absturzstelle gehen. [Der Besitzer des Senders, W. C.] Whitmore war draußen gewesen, aber er konnte auch nicht näher herankommen als ich. Ich dachte, vielleicht könnten wir es über Nebenstraßen versuchen (von denen es in der Gegend sehr viele gibt), aber wir kamen nicht nahe heran." Sie begegneten Militärpolizei, die ihnen sagte: „Es tut uns leid, aber die Straße ist gesperrt. Dies ist Sperrgebiet." „Es war nichts Besonderes, wir hatten diese Erfahrung schon früher gemacht, als Flugzeugunfälle passiert waren. Sie sperrten sozusagen die ganze Gegend ab. Für meine Begriffe war das vollkommen vernünftig. Ich wette, ich kam nicht einmal bis auf 25 Kilometer an [die Absturzstelle auf der Foster-Ranch] heran."

Selbst die begrenzten Anhaltspunkte von der Absturzstelle bei Corona lassen stark vermuten, daß es drei voneinander unabhängige Absturzstellen gab: das sogenannte Trümmerfeld auf der Foster Ranch, wo Brazel so viel Schrott fand, den Marcel und Cavitt später aufsammelten; eine Stelle in etlichen Kilometern Entfernung, wo der Hauptteil des Raumschiffes lag und eine Stelle in zwei oder drei Kilometer Entfernung, an der die Leichen in oder bei dem gefunden wurden, was Glenn Dennis als „Rettungskapseln" beschrieb.

Offensichtlich war der Bestattungsbeamte des Armeeflugplatzes Roswell anwesend, genau wie der Fotograf F. B., der den Schauplatz beschrieb, zu dem er gebracht wurde, um unter der totalen Kontrolle eines Offiziers Bilder von Leichen zu machen.

F. B. beschrieb, wie ein weiterer Fotograf zu einer anderen Stelle gefahren wurde, an der Wrackteile eingesammelt wurden. Dies könnte das ursprüngliche „Trümmerfeld" gewesen sein oder der Ort, an dem sich das wiederfand, was von der Untertasse noch übrig war. Klar, wir brauchen noch mehr Informationen von Männern, die dort waren und die sich bis jetzt geweigert haben, über ihre Erlebnisse zu berichten.

So gut wie nichts ist über die Bergung des Materials und der Leichen von der Absturzstelle bei San Augustin bekannt, da die Armee den Platz höchst effizient abriegelte. Wenn sie auch nicht allzuweit von einer geteerten Straße entfernt liegt, ist sie doch in Catron County, der am dünnsten besiedelten Gegend in New Mexico, in jenen Tagen einer der dünnstbesiedelsten Staaten überhaupt. Etwas, das einer Beschreibung des Geschehens nach dem Absturz am nächsten kommt, stammt aus einem Tagebuch, das Jerry Andersons Onkel Ted führte. Die Fassung, die Stanton Friedman nach einer komplexen Reihe von Verhandlungen erhielt, ist zwar kein Original (die Tinte gab es 1947 noch nicht), aber es könnte eine von mehreren Kopien sein, die Ted oder Victor anfertigten in dem Bemühen, das Überleben der Informationen sicherzustellen. Darin sagt er:

> John T. und ich sprachen am Telefon miteinander, und er sagte, die Armee ist immer noch draußen auf der Plata [einer der vielen Dialektausdrücke für die Gegend], sie durchkämmen den Sand, füllen Zeug in Tüten und Kisten und fahren das alles auf großen flachen Lastwagen weg. Er sagte, sie haben Licht dort draußen und alles mögliche. Alle Straßen sind von der Armee gesperrt. John sagte, sie haben Maschinengewehre und Panzer und solches Zeug.
>
> John ... sagte, das Militär stellt alle möglichen Fragen oben in Horse Springs und Magdalena. Sie machen viel Lärm um das, was Verrätern passieren könnte, und daß man einen erschossen werden, wenn man über militärische Geheimnisse spricht.

Es erscheint nur logisch, daß das Material von dem Absturz bei San Augustin nach Alamogordo/White Sands, 240 Kilometer weiter südöstlich, oder zum Armeeflugplatz Kirtland oder zum Luftwaffenstützpunkt Sandia Base in Albuquerque oder sogar nach Los Alamos, nördlich von Kirtland, gebracht wurde. All diese Stellen waren wesentlich besser ausgerüstet, um mit höchst heiklem wissenschaftlichen Material umzugehen als Roswell. Zeugen behaupteten, daß einige der Militärleute, die zuerst in San Augustin ankamen, aus Alamogordo waren.

Die Anzahl der Leute, die mit der Bergung des Wracks und der Leichen beschäftigt waren, wie auch die nachfolgende Vernichtung von Hinweisen auf die Abstürze wuchs rasch. Dutzende, wenn nicht Hunderte von Männern wurden von sage und schreibe vier Stellen zu den Absturzstellen gesandt, um Material zu sammeln, es zu transportieren und gegen unbefugte Übergriffe und Freigabe von Informationen zu schützen. Sobald das Material und die Leichen einmal zu den militärischen Einrichtungen zurückgekommen waren, die eiligst darauf vorbereitet wurden, mit dieser unvorhergesehenen Herausforderung umzugehen, kamen mehr Leute in den innersten Kreis und die Aufgaben des Sicherheitsdienstes wurden noch komplexer.

Daß es in New Mexico höchst seltsame Substanzen von den Wracks der beiden Abstürze gab, wurde von so vielen Leuten bestätigt, daß es geradezu als bewiesen gelten kann. Daß bei dem Wrack auch die Leichen von bis zu acht kleinen humanoiden Außerirdischen lagen, ist eine andere Sache. Ein paar Leute haben mit begrenzten, aber äußerst genauen Details ihr Wissen oder sogar ihre unmittelbare Beobachtung von unproportionierten Miniaturleichen bei den Absturzstellen oder anderswo beschrieben. Die Anhaltspunkte dafür werden immer beeindruckender, sind aber vielleicht noch nicht vollkommen überzeugend.

Dennoch wird die bestätigte Existenz offensichtlich nicht- menschlicher Leichen sowie die Beschaffenheit des auf vollkommen ungewöhnliche Weise hergestellten Materials mit verblüffenden physikalischen Eigenschaften an sich nicht nur die Realität von UFOs etablieren, sondern auch deren außerirdische Herkunft. Aus diesem Grund verwendeten Stanton Friedman und auch andere so viel Energie auf den Versuch, die Einzelheiten der Beobachtungen zu bestätigen. Eines der überzeugendsten Beispiele einer Zeugenaussage aus zweiter Hand über die Leichen Außerirdischer kommt von einem Mann, der sie zwar nicht persönlich gesehen hat, aber aufgrund seiner ungewöhnlichen Position in der Lage war, nahe genug heranzukommen, um feststellen zu können, daß da etwas vor sich ging, das anders war, als alles was je zuvor geschah.

Glenn Dennis war im Sommer 1947 ein junger hauptberuflicher Leichenbestatter in Roswell, dessen Arbeitgeber, das Ballard Funeral Home, einen Vertrag über Bestattungsdienste mit dem Armeeflugplatz in Roswell hatte. Er fuhr eine Kombination aus Leichen- und Krankenwagen sowohl für den zivilen Teil des Geschäfts wie auch für die Verpflichtungen auf dem Luftwaffenstützpunkt. Bei zahlreichen Gelegenheiten war er gerufen worden, zerfetzte Leichen aus Abstürzen von Militärflugzeugen abzuholen und die Überreste dann für die Überführung zu den Angehörigen fertig zu machen. Dennis war auf dem Stützpunkt wohl bekannt und „konnte gehen, wohin ich wollte". Dieser ungewöhnlich leichte Zugang zu sonst abgesicherten militärischen Einrichtungen ermöglichte es ihm, wesentlich mehr zu sehen und zu hören als er eigentlich sollte.

Im August 1989 interviewte Stanton Friedman Dennis in Lincoln, New Mexico, wo er ein historisches Touristenhotel betrieb. Auch wenn das Interview in den Trubel der alljährlichen Feierlichkeiten zum „Billy the Kid"-Tag eingeschoben werden mußte, konnte Dennis doch vollkommen die Aufregung wiedergeben, die damit verbunden war, daß er zufällig in einen besonders sensiblen Teil des Absturzes bei Corona hineingeriet. Später fügte er in weiteren Interviews mehr Informationen hinzu.

Es war am 9. oder 10. Juli 1947. Glenn Dennis wußte noch nichts von der Entdeckung des seltsamen Wracks auf der Foster- Ranch und hatte noch nicht von den Leichen Außerirdischer gehört. Er hatte etliche verwirrende Telefonanrufe vom Bestattungsoffizier des Armeeflugplatzes Roswell erhalten, der eher Verwalter als technischer Spezialist war, und sich kaum mit den Feinheiten des Umgangs mit Leichen, seien sie nun menschlich oder nicht, auskannte. Der Offizier wollte etwas über „hermetisch verschlossene Särge wissen: Was der kleinste wäre, den sie kriegen könnten," erinnerte sich Dennis. Dann wollte er wissen, „welche chemischen Lösungen wir für die Kisten verwendeten und das alles. Er fragte mich nach der chemischen Zusammensetzung des Blutes, dem Zerfall von Gewebe und was mit Gewebe geschähe, das etliche Tage [in der Sonne] läge."

> „Genau das war so interessant. Sehen Sie, deshalb hatte ich das Gefühl, daß es sich da um etwas wirklich Besonderes handelte, weil sie nichts tun wollten, das ... Unsicherheiten geschaffen hätte. Sie sagten immer wieder: ‚Gut, was bewirkt dies im Blutsystem, was bewirkt dies auf dem Gewebe?' Und als sie mich dann darüber informierten, daß diese Leichen mitten im Juli, mitten in der Prärie gelegen [hatten], dann meinte ich, daß die Leiche so dunkel sein müßte wie Ihr [blauer] Blazer da und in einem schlechten Zustand. Ich schlug die [Verwendung von] Trockeneis vor ... Ich hatte das schon ein oder zwei Mal gemacht.
>
> Ich sprach vier oder fünf Mal nachmittags mit ihnen. Sie riefen immer wieder an und stellten mir verschiedene Fragen über die Leichen. Worauf sie wirklich hinauswollten, war, [eben] wie sie diese Leichen transportie-

ren sollten. Sie gaben mir keinerlei Hinweis darauf, daß sie diese Leichen überhaupt hätten, oder wo sie waren. Aber sie sprachen immer wieder von diesen Leichen und ich sagte: ‚Wie sehen die Leichen aus?' Und sie sagten: ‚Ich weiß es nicht, aber ich sage Ihnen eines: Das geschah vor etlicher Zeit.' Das einzige, was sie erwähnten war, daß sie etliche Tage dem Einfluß der Elemente ausgesetzt gewesen waren.

Ich bekam mit, daß diese Leichen nicht am selben Platz waren, an dem sie einige andere gefunden hatten. Sie sagten, die Leichen seien nicht im Fahrzeug selbst gewesen; die Leichen lagen in drei oder vier Kilometer Entfernung. Sie sprachen von drei verschiedenen Leichen: zwei Verstümmelt und eine in recht gutem Zustand."

Später am selben Tag etwa zwischen 18 und 19 Uhr - brachte Dennis ein leicht verletztes GI-Unfallopfer zum Behandlungszimmer des Stützpunktes, das im selben Gebäude war wie das Krankenhaus und die Leichenhalle. Er brachte den Soldaten hinein und fuhr dann auf die Rückseite des Gebäudes, wo er eine noch recht junge Krankenschwester besuchen wollte, die er erst kürzlich kennengelernt hatte. Er parkte bei der Rampe wie gewöhnlich neben ein paar alten Militärkrankenwagen, Veteranen aus dem Zweiten Weltkrieg. Und genau dann fingen die seltsamen Ereignisse auch schon an.

„Zwei Militärpolizisten standen da, ich stieg aus und wollte gerade hineingehen. Wenn ich nicht im Notfallbereich geparkt hätte, wäre ich nicht einmal so weit gekommen, wie ich jetzt war. Sie dachten wahrscheinlich, daß ich wegen jemand Bestimmtem käme. Die Türen der Militärkrankenwagen standen offen, und drinnen lagen Wrackteile, und ein Militärpolizist stand auf jeder Seite. Ich sah all diese Wrackteile.

Ich weiß nicht, was es war, aber ich wußte, etwas ging da vor sich, und da hatte ich zum ersten Mal den Verdacht, daß etwas passiert war. Was so seltsam an der Sache war, ist, daß in zwei dieser Krankenwagen etwas lag, das wie [der Bauch] eines halben Kanus aussah. Es sah nicht aus wie Aluminium ... Sie wissen, wie Edelstahl aussieht, wenn man ihn der Hitze aussetzt? Wie er fast violett wird mit einer Art blauem Schimmer? [Glenn sagte später, er habe auf einigen der Metallgeräte eine Reihe unentzifferbarer Symbole gesehen - etliche Zentimeter hoch.] Ich linste nur hinein und ging weiter.

Als ich hineinkam, fiel mir auf, daß dort recht viel los war. Ich ging zum Aufenthaltsraum zurück, und dort waren überall „hohe Tiere" [hochrangige Offiziere, die er nicht kannte, obwohl er mit dem gesamten medizinischen Personal gut bekannt war]. Sie waren wirklich aufgewühlt. Und so ging ich zum Operationssaal hinunter, wo ich immer hingehe, und ich kam gerade nur ein kleines Stück zum Saal runter, als ein Militärpolizist sich mir in den Weg stellte. Er wollte wissen, wer zum Teufel ich denn sei, wo ich herkäme, und was ich dort zu suchen hätte. Ich erklärte, wer ich war. Offensichtlich hatte er den Eindruck, daß sie mich gerufen hätten.

Jedenfalls ließ er mich passieren, ich ging hinein und traf dort die Krankenschwester - sie hatte mit der Sache zu tun, sie war im Dienst. Sie fragte mich: ‚Wie zum Teufel bist du da rein gekommen?‘ Ich sagte: ‚Ich ging einfach rein.‘ Sie sagte: ‚Mein Gott, die bringen dich um!‘ Und ich sagte: ‚Die haben mich aber nicht aufgehalten!‘ Ich ging zum Cola-Automaten und wollte uns eine Cola rauslassen, und dann sagte dieser dicke rothaarige Colonel: ‚Was macht denn der Hurensohn hier?‘

Er brüllte die Militärpolizisten an, und dann ging es los! Diese zwei Militärpolizisten packten mich am Arm und trugen mich einfach raus ... sie trugen mich zu den Krankenwagen ... Ich ging nicht, sie trugen mich! Und sie sagten, ich solle meinen Arsch da rausbewegen! [Und nicht nur das, laut Dennis folgten sie ihm den ganzen Weg bis zum Bestattungsunternehmen.]

Etwa zwei oder drei Stunden später [riefen] sie an und sagten mir: ‚Wenn Sie [über diese] Sache reden, kommen Sie so weit ins hinterste Kittchen, daß sie Ihnen das Essen ins Maul schießen müssen!‘ Ich lachte bloß und sagte: ‚Fahrt zur Hölle!‘

Das war das Letzte, was Glenn Dennis von jemand in einer offiziellen Position hörte. Er sah die Krankenschwester erst am nächsten Tag wieder, und sie war wirklich aufgeregt. „Sie rief mich an und sagte: ‚Wenn du Zeit hast, komm rüber. Ich muß mit dir sprechen.‘“ Sie verabredeten sich im Offizierskasino zum Mittagessen, und als Dennis sie sah, befürchtete er, sie könne jeden Augenblick in einen Schockzustand fallen, so anders sah sie aus. „Mein Gott, ich weiß gar nicht, wie du da reingekommen bist,“ sagte ihm die Krankenschwester. „‚Was da vor sich geht, ist so erstaunlich. Du würdest es nicht glauben!‘ Dann erzählte sie mir, sie haben da ein paar Leichen. Sie sagte, es gäbe drei kleine Leichen, zwei seien bis zur Unkenntlichkeit verstümmelt, aber eine von ihnen sei wirklich in einem recht guten Zustand.“

„Und sie sagte: ‚Ich will dir den Unterschied zwischen deren Anatomie und unserer zeigen. Die sahen echt wie antike Chinesen aus: klein, zerbrechlich, keine Haare.‘ Sie sagte, ihre Nasen ragten nicht hervor, ihre Augen lagen recht tief, und die Ohren waren einfach nur kleine Einbuchtungen. Sie sagte, auch die Anatomie der Arme sei anders [der Oberarm war länger als der Unterarm]. Sie hatten keine Daumen, sie hatten vier verschiedene ... sie nannte sie ‚Tentakeln‘, glaube ich. Sie hatten überhaupt keine Fingernägel. Sie beschrieb dann, daß sie kleine Dinger wie Saugknöpfe an den Fingerspitzen hätten.

Ich fragte sie, ob es Männer oder Frauen seien. Ob ihre Geschlechtsorgane dieselben seien wie unsere. Sie sagte: ‚Nein, einige fehlten.' [Dennis warf ein: „Das erste, was an einem menschlichen Körper zerfällt, ist das Gehirn, dann die Geschlechtsorgane, besonders bei Frauen. Aber sie dachte, da war wahrscheinlich jemand dran ... Tiere. Einige Leichen waren übel verstümmelt."]

Sie sagte, sie holten diese Leichen aus den Containern [die er auf dem Weg ins Krankenhaus in den Krankenwagen gesehen hatte]. Sehen Sie, die waren nicht an der Absturzstelle, sie waren etwa zwei oder drei Kilometer von der Absturzstelle weg. Sie sagte, es sah aus, als hätten sie ihre eigenen kleinen Kabinen. Sie sagte, der untere Teil, der Unterkörper und die Beine, waren zerquetscht, aber der obere Teil war nicht so schlimm dran. Sie sagte mir, der Kopf ... war größer, und er war so etwa ... wie ... die Augen waren anders."

Die Krankenschwester zog dann einen Rezeptblock hervor und zeichnete ein paar Skizzen dessen, was sie Glenn Dennis beschrieben hatte. Sie gab ihm die Zeichnungen und bat ihn eindringlich, sie geheim zu halten, und so verwahrte er sie umsichtig. 1990 gingen Stanton Friedman und er diese alten Akten im Bestattungshaus wieder durch und entdeckten, daß sein gesamtes Material vor etlichen Jahren hinausgeworfen worden war. Glenn fertigte dann ein paar Skizzen dessen an, an das er sich erinnern konnte.

„Bis sie die Leichen schließlich einfroren, war der Gestank so schlimm, man konnte sich ihnen nicht auf dreißig Meter nähern, ohne daß es einem hochkam." Die Krankenschwester stolperte deshalb über Dennis, weil sie den Raum, in dem sie den beiden Ärzten bei der Arbeit an den Leichen assistierte, kurz verlassen hatte, um etwas frische Luft zu schnappen. Sie erklärte, daß selbst die Ärzte krank wurden, und daß der Gestank so schlimm war, daß sie die Klimaanlage ausschalten mußten, damit er sich nicht im ganzen Krankenhaus verteilte. Schon bald gaben sie angesichts solcher Bedingungen die Arbeit auf und beendeten die Präparation der Leichen in einem Hangar.

Nachdem sie Dennis die seltsamen Ereignisse beschrieben hatte, schien die Krankenschwester wegen des emotionalen Traumas am Rande eines Nervenzusammenbruchs zu stehen. Deshalb fuhr er sie zur Kaserne zurück. Er sah sie niemals wieder. Versuche, mit ihr in Kontakt zu kommen, wurden unterbunden. Man sagte ihm, sie sei auf einem Seminar, dann wurde sie nach England versetzt, ohne daß sie mit ihm Kontakt aufgenommen hätte. Seinen ersten Brief beantwortete sie mit dem zweideutigen Versprechen, sie werde ihm zu einem späteren Zeitpunkt alles erklären. Sein zweiter Brief kam zurück mit dem Stempel *Verstorben.*

Bemühungen, die Krankenschwester ausfindig zu machen, waren erfolglos. Im Amt für ständige Militäraufzeichnungen, wo alle Personen, die im Dienst starben, verzeichnet sein müßten, gibt es keine Akte von ihr. Es gibt keine Anhaltspunkte dafür, daß jemand ihres Namens in der Armee als Krankenschwester gedient hat. Auf die Vermutung hin, sie könnte beim Absturz eines Militärflugzeugs in England oder Europa ums Leben gekommen sein, wurde in der Zeitung *Stars and Stripes* und in offiziellen Aufzeichnungen nach ihr gesucht. Wenn es so einen Absturz je gegeben hat, dann wurde er aus den Aufzeichnungen gelöscht.

Ein paar Wochen nach dem Vorfall im Krankenhaus mußte sich Glenn Dennis von seinem Vater anhören: „In was zum Teufel bist du denn da hineingeraten? In was für Schwierigkeiten steckst du?“ Glenn-sagte: „Ich stecke überhaupt nicht in Schwierigkeiten.“ Und sein Vater entgegnete: „Zum Teufel noch mal, du steckst wohl in Schwierigkeiten! Der Sheriff (ein alter Freund des alten Dennis) sagte, Personal vom Stützpunkt sei gekommen, und sie wollen alles über deine Vergangenheit wissen!“ Aber es gab nie Hinweise darauf, daß das Militär wegen des ungeladenen Leichenbestatters, der so nahe an die Leichen herangekommen war, mehr unternahm. Dennis war Zivilist, der für eine Firma arbeitete, die einen Vertrag mit der Regierung hatte, und unterlag militärischem Reglement nur, wenn er auf dem Stützpunkt war und Verpflichtungen für das Militär hatte, wie zum Beispiel bei der Bergung eines abgestürzten Flugzeuges. Außerdem sah er nie auch nur eine einzige Leiche eines Außerirdischen, obwohl er nur wenige Meter von etlichen von ihnen entfernt gewesen sein mußte.

Einer der wenigen Männer, die Glenn während des kurzen, hektischen Zeitraums, bevor er gewaltsam entfernt wurde, in dem Krankenhausgebäude erkannte, war ein Kinderarzt, der zu der Zeit in der Armee war. Sie sprachen etliche Jahre später miteinander, als der Mann wieder privat praktizierte. Laut Dennis „hatte er nicht viel zu sagen. Wir waren recht gute Freunde. ‚Zum Teufel‘, sagte er, ‚ich weiß nicht, was das war. Was immer auch passiert war, lag vollkommen außerhalb meines medizinischen Gebietes.‘ ‚Das sagte er mir,‘ fügte Dennis hinzu. „Aber er hatte damit zu tun, und er und ich sprachen darüber.“

Roswell war einfach bequem. Es war der militärische Stützpunkt, der vom Büro des Sheriffs aus nur ein bißchen weiter die Straße runter lag, zu dem Mac Brazel seine Materialproben gebracht hatte, und wurde daher zum Zentrum aller Aktivitäten. Aber es war nur ein Flugplatz, ohne wissenschaftliche Einrichtungen. Wenn mit dem Material und den Leichen, die aus der Wildnis geborgen wurden, richtig verfahren worden wäre, hätte man sie so schnell und so leise wie möglich von Roswell wegbringen müssen.

Von Militärstützpunkten überall im Land strömten Offiziere nach Roswell, schoben die örtlichen Leute aus dem Weg und machten aus dem bereits abgesicherten Flugplatz eine bewaffnete Festung. Über Leute und Gebäude wurde kommandiert, als ob nichts anderes in der Welt wichtig sei, und vielleicht war das ja auch der Fall. Mit einer Dringlichkeit, geboren aus dem Mysteriösen und dem Druck von ganz oben, wurde Roswell Ausgangspunkt für einige ungewöhnliche Reisen.

Es war notwendig, jedes kleine Teilchen der Wracks, mindestens drei Leichen und einen möglicherweise noch lebenden Außerirdischen an verschiedene Einrichtungen zu schicken, wo sie unter besseren Sicherheitsbedingungen und mit Mitteln, die dazu besser geeignet waren, untersucht und studiert werden konnten. Der Flugplatz Roswell hätte dann so rasch wie möglich wieder auf seinen normalen Status wie vor dem Absturz auch zurückgebracht werden müssen, um zu verhindern, daß Informationen durchsickern, die eine ernsthafte Bedrohung der Sicherheit darstellten.

Der erste Flug von Roswell mit Wrackteilen von der Foster Ranch fand wahrscheinlich am 6. Juli statt und bestand aus den wenigen Teilen, die Mac Brazel in die Stadt gebracht hatte, um sie Sheriff George Wilcox zu zeigen. Es scheint, sie wurden nach Fort Worth und von dort nach Washington gebracht, aber Informationen darüber sind nur skizzenhaft.

Der nächste Flug muß am 8. Juli gegangen sein und das Material transportiert haben, das Marcel und Cavitt gebracht hatten. Der pensionierte Stabsfeldwebel Robert Porter, Flugingenieur an Bord der B-29 beim 830. Bombergeschwader, berichtete über seine Aufgaben bei dem Flug, als er im Juli 1990 bei einer Konferenz für Zeugen des Absturzes in der Nähe von Washington, D.C., interviewt wurde. Er hatte bereits vor mehr als 10 Jahren mit Friedman gesprochen und war Loretta Proctors Bruder.

> „Wir flogen diese Teile - [einige Offiziere in der Mannschaft] sagten uns, es seien Teile einer fliegenden Untertasse. Die Pakete waren in Packpapier, eines in Dreiecksform, am unteren Ende etwa 1 Meter breit; der Rest war in kleineren Päckchen, etwa so groß wie ein Schuhkarton.

[Sie waren in] braunes Papier verpackt und mit Band verklebt. Es war fast, als wenn ich ein leeres Päckchen gehoben hätte ... ganz leicht. Das dreiecksförmige Päckchen und drei von den Päckchen in der Größe eines Schuhkartons hätten in den Kofferraum eines Autos gepaßt.

An Bord waren Oberstleutnant Payne Jennings [stellvertretender Kommandant von Roswell] und Major Marcel. Captain Anderson sagte, die Teile stammten von einer fliegenden Untertasse. Wir kamen in Fort Worth an, sie luden [die Päckchen] in eine B-25 um und brachten sie dann [zum Flughafen] Wright. Als wir in [Fort Worth] landeten, hieß es, wir sollten uns um die Maschine kümmern, und nachdem eine Wache postiert worden war, konnten wir Mittagessen gehen. Wir kamen zurück, und man sagte uns, das Material sei in eine B-25 umgeladen worden. Sie sagten uns, es sei ein Wetterballon. Es war aber *kein* Wetterballon!"

Es bleibt der Widerspruch zwischen der Beschreibung Porters, es seien lediglich ein paar kleine Päckchen in dem Flugzeug gewesen, in dem auch Major Marcel war, und der Behauptung des letzteren gegenüber Stanton Friedman 1979, die Ladung sei „eine halbe B-29 voll" gewesen. Klar ist aber, daß das Material wohl kaum von etwas so Gewöhnlichem, Erkennbarem und Unmysteriösem wie einem Wetterballon stammen konnte. Ballonstücke werden nicht mit solcher Dringlichkeit und unter solchen Sicherheitsvorkehrungen transportiert.

Eine andere Sichtweise des mit großer Wahrscheinlichkeit selben Fluges hat der ehemalige Oberleutnant Robert Shirkey, damals Assistent des Führungsstabes der 509. Bombergruppe, der gleichfalls im Juli 1990 interviewt wurde. Im Juli 1947, als die Dinge sich abspielten, hatte er Dienst im Büro des Führungsstabes.

„Wir wurden angerufen, so schnell wie möglich eine B-29 fertig zu machen. Wohin? Fort Worth, auf Weisung von Colonel Blanchard. [Ich war] im Büro des Führungsstabes als Colonel Blanchard ankam und fragte, ob das Flugzeug fertig sei. Wir sagten ihm, es sei fertig, er winkte jemandem und etwa fünf Leute kamen zur Vordertür herein, gingen den Flur hinunter zur Rampe und stiegen in das Flugzeug, das Teile der abgestürzten Untertasse geladen hatte. Ich warf einen kurzen Blick hinein ... ich bat Blanchard, ein wenig zur Seite zu gehen, damit ich es auch sehen könnte. Ich sah, wie sie Metallteile trugen: Sie hatten ein Stück, das 45 mal 60 Zentimeter groß war und eine Farbe hatte wie gebürsteter Edelstahl." Das Flugzeug flog nach Fort Worth, und Marcel flog mit, fügte Shirkey hinzu.

Natürlich gibt es Diskrepanzen, aber nach 43 Jahren verblassen Erinnerungen und vermischen sich. Wenn sie sich in spezifischen Details auch unterscheiden, so ist die Geschichte doch im Ganzen dieselbe: Ein ganz besonderer Flug wurde mit einer kleinen Menge Materials beladen und unter ungewöhnlichen und recht denkwürdigen Bedingungen nach Fort Worth geschickt. Es wurde allgemein akzeptiert, daß das Material von einer abgestürzten fliegenden Untertasse stammte, auch wenn es nie schriftlich festgehalten oder gar offiziell bekanntgegeben wurde. Männer, die eng zusammenarbeiten, ganz besonders Flugzeugbesatzungen, lernen, sich leicht untereinander zu verständigen und zwischen den Zeilen zu lesen. Gerade die Sicherheitsvorkehrungen der Armee hatten sie auf ganz besondere Ereignisse aufmerksam werden lassen.

Einer der nächsten Flüge, die den Armeeflugplatz Roswell verlassen sollten, war Sergeant Robert A. Slusher von der 339. Bomberschwadron zufolge, der Anfang 1991 einem Interview zustimmte, am oder um den 9. Juli. Am Nachmittag dieses Tages war er an Bord einer B-29, die ihn zum Bombenladegebiet brachte, das aus Sicherheitsgründen weit vom Hauptteil des Stützpunktes entfernt lag. Dort luden sie eine einzige Kiste, die er auf etwa 3,50 m Länge, 1,50 m Breite und 1,20 m Höhe schätzte.

Militärpolizei war an Bord, sagte Slusher, und sie waren bewaffnet, was vermuten läßt, daß die Kiste etwas Aufregenderes enthielt als Dosenschinken oder Büromaterial. Darüberhinaus erfolgte der Flug über 640 Kilometer vom Flugplatz Roswell zum Flugplatz Fort Worth im Tiefflug, in 1.200 bis 1.500 Meter Höhe. Für gewöhnlich fliegt eine B-29 auf solch einer Reise in 7.600 Meter Höhe, da der Druck in der Kabine ausgeglichen wird und eine B-29 in großer Höhe besser fliegt. Aber der Druck im Bombenschacht, wo die Kiste lagerte, kann nicht ausgeglichen werden, da er so konstruiert ist, daß er im Flug in großer Höhe geöffnet werden kann, um Bomben abzuwerfen. Was immer in der Kiste war, die zu groß war, als daß sie hätte in einem anderen Teil des Flugzeugs transportiert werden können, mußte jedenfals vor einem größeren Druckabfall geschützt werden. Zu der unwirklichen Atmosphäre trug auch die Anwesenheit der vier Militärpolizisten im Bombenschacht bei.

Als sie auf dem Armeeflugplatz Fort Worth ankamen, sagte Oberleutnant Felix Martucci von der 393. Bomberschwadron zu Slusher: „Wir haben Geschichte gemacht." Er erklärte es nicht näher und überließ es dem verdutzten Sergeant, was er daraus machen sollte. Die Kiste wurde dann auf einen Tiefladewaffenträger geladen und weggebracht, begleitet von den Militärpolizisten. Es wurde aber nicht erklärt, warum es nötig war, daß diese eine versiegelte Holzkiste bewachten.

Auf dem Flug zurück nach Roswell war „Captain Frederick Ewing der Pilot, der Copilot war Oberleutnant Edgar Izard, Sergeant David Tyner war der Ingenieur, Navigator war James Eubanks. Die weiteren Personen, die damit zu tun hatten, waren Sergeant Arthur Osepchook und Captain Thaddeus Love. Auch die vier Militärpolizisten kamen mit uns zurück.

Der Rückflug erfolgte über 7.000 Meter Höhe, und der Druck in der Kabine wurde ausgeglichen. Die Rundreise dauerte etwa drei Stunden und 15 Minuten. Der Flug war insofern ungewöhnlich, als wir dort hin flogen, die Ladung abluden und sofort wieder zurückkehrten. Es war ein eilig organisierter Flug; normalerweise wußten wir bereits einen Tag vorher, daß ein Flug stattfinden würde.

Es gab Gerüchte, daß in der Kiste Trümmer von dem Absturz wären. Ob auch Leichen darin waren, weiß ich nicht. Die Kiste war extra angefertigt worden, sie hatte keine Markierungen."

Dadurch, daß mit der besonderen Kiste in niedriger Höhe geflogen werden mußte, schuf die Armee die Vorstellung, daß, was auch immer sich drin befand, empfindlich auf Luftdruck reagierte. Das läßt vermuten, daß es nicht nur Schrotteile waren, die Marcel und Cavitt gebracht hatten, sondern wahrscheinlich auch etwas Biologisches, wie vielleicht eine Leiche oder sogar ein lebendes Wesen. Dies ist aber ausschließlich eine Vermutung, die lediglich auf den augenfälligen Umständen basiert.

Nachdem das Material, das von Marcel und Cavitt zum Flugplatz Roswell gebracht wurde, wo anders hin geschickt worden war, machte sich die Armee auf, um das von der Schafranch zu holen, was noch übrig geblieben war. Eine größere Bergungsoperation wurde auf die Beine gestellt, und eine große Menge Folien, Streben, schweren Papiers, schwarzen Plastiks und anderen Materials wurden die 120 sehr schwierigen Kilometer nach Roswell gefahren. Robert E. Smith war zu der Zeit Mitglied der 1. Lufttransporteinheit, die viermotorige Douglas C-54 Skymaster Transportflugzeuge vom Armeeflugplatz Roswell aus flog. 1991 beschrieb er in einem Interview, was er damit zu tun hatte:

„Plötzlich kamen wegen der offiziellen Ermittlungen eine Menge Leute. Jemand sagte, es sei ein Flugzeugabsturz gewesen, aber von einem Mann in Roswell hörten wir, daß es kein Flugzeugabsturz war: Es war etwas anderes, ein seltsames Objekt. Es gab noch einen Hinweis darauf, daß sich etwas Bedeutendes abspielte. Eines Nachts, wir kamen gerade nach Roswell zurück, passierte uns ein Lastwagenkonvoi, der mit Planen abgedeckt war. Als sie an das Tor [des Flugplatzes] kamen, fuhren sie weiter zu diesem Hangar am Ostende. Das war sehr ungewöhnlich. Der Lastwagenkonvoi hatte rote Lichter und Sirenen.

Meine Aufgabe bei dem ... Ereignis war es, Kisten mit Trümmern in ein Flugzeug laden zu helfen. Wir erfuhren alle von dem Ereignis, als wir zu dem Hangar auf der Ostseite der Rampe gingen. Überall waren eine Menge Leute in Zivilkleidung. Es waren „Inspektoren", aber sie waren auf dem Stützpunkt unbekannt. Als sie befragt wurden, sagten sie, sie seien hier im Rahmen von Projekt so-und-so und zogen eine Karte hervor, die anders aussah als die Ausweiskarten des Militärs.

Wir wurden zum Hangar gebracht, um Kisten zu laden. Auf dem Boden des Hangars war jede Menge Farmdreck. Wir luden [die Kisten] auf Tieflader und Transportwagen; jede Kiste mußte auf ihre Breite und Höhe hin überprüft werden. Wir mußten wissen, welche Kisten in welches Flugzeug mußten. Wir luden Kisten in drei [oder] vier C-54. Wir durften ihr Ziel nicht wissen, aber man sagte uns, sie würden nach Norden fliegen.

Ich sah nur ein kleines Stückchen Material. Man konnte es zusammenknüllen und es wieder glatt werden lassen; man konnte es nicht zerknüllen. Einer unserer Leute steckte es in seine Tasche. Das Trümmerstück, das ich sah, war fünf bis acht Zentimeter im Quadrat. Es war gezahnt. Wenn man es zusammenknüllte, faltete es sich wieder auf. Und wenn es das tat, knisterte es, es machte ein Geräusch wie Zellophan ... es knisterte, wenn man es losließ. Es gab keine Knicke.

Während wir unsere Flugzeuge beluden, waren bewaffnete Wachen um uns, was für Roswell ungewöhnlich war. Man konnte nicht zu der Rampe kommen, außer man passierte die bewaffneten Wachen. Militärpolizisten standen in den Außenbezirken, und unser Personal befand sich zwischen ihnen und den Flugzeugen.

Die größte [Kiste] war, grob geschätzt, 6 m lang, 1,20 m bis 1,50 m hoch und 1,20 m bis 1,50 m breit. Sie nahm ein ganzes Flugzeug in Anspruch; sie war nicht allzu schwer, aber sie hatte ein großes Volumen. Die übrigen Kisten waren 60 cm bis einen Meter lang und 60 cm breit oder noch kleiner. Der Sergeant, der das Stückchen Material hatte, sagte, [es sei wie] das Material in den Kisten. Die gesamte Beladung dauerte mindestens sechs, vielleicht sogar acht Stunden. Das Mittagessen wurde uns gebracht. Das war ungewöhnlich. Die Kisten wurden uns auf Tiefladern gebracht. Auch das war nicht üblich.

Offiziell wurde uns gesagt, es sei ein abgestürztes Flugzeug, aber abgestürzte Flugzeuge wurden für gewöhnlich zu dem Hof gebracht, wo sie ausgeschlachtet wurden, und nicht ausgeflogen. Ich glaube nicht, daß es ein Experimentalflugzeug war, denn in dieser Gegend gab es nicht allzu viele Leute, die mit Flugzeugen experimentierten. Ich bin fest davon überzeugt, daß, was wir geladen haben, ein UFO war, das mechanische Probleme bekommen hatte ... selbst bei den intelligentesten Leuten geht mal was schief."

„Die C-54, in die Smith die einzelne 6 Meter lange Kiste laden half, gehörte eigentlich Pappy Henderson. Ich erinnere mich, Sergeant Harbel Elzey, Sergeant Edward Bretherton und Sergeant William Fortner gesehen zu haben."

Captain Oliver Wendell „Pappy" Henderson war wahrscheinlich der am meisten geachtete Pilot auf dem Armeeflugplatz Roswell. Er war ein Veteran, der 24 Einsätze auf B-24 Liberator Bombern in Europa hinter sich hatte, nahm an den Nachkriegstests von Atombomben im Pazifik teil und verdiente sich höchste Auszeichnungen für sein fliegerisches Können. Henderson bewahrte drei Jahrzehnte lang Stillschweigen über die beunruhigenden Ereignisse vom Juli 1947. Schließlich erwähnte er sie gegenüber einem gleichfalls pensionierten Offizier, dem Zahnarzt John Kromschroeder, mit dem er damals gemeinsam ein Geschäft betrieb. Der Zahnarzt sagte bis zum Juli 1990 nichts darüber, mehr als vier Jahre nach Hendersons Krebstot.

1977 hatte Pappy Kromschroeder von dem Vorfall erzählt. Er sagte, er transportierte Wrackteile und die Leichen Außerirdischer. Er beschrieb die Letzteren als „Raumschiffmüll" und fügte hinzu, „die Passagiere erlitten den Tod". In Kromschroeders Erinnerung beschrieb Henderson die Leichen einfach nur als „klein". Etwa ein Jahr später, um 1978, brachte Henderson ein Stück Metall hervor, das er aus der Sammlung von Wrackteilen entwendet hatte. „Ich betrachtete es genau und sorgfältig", sagte Kromschroeder 1990, „und ich kam zu dem Schluß, daß es eine Legierung ist, die wir nicht kennen (er und Henderson interessierten sich beide für Metallurgie). Graues, schimmerndes Metall, ähnlich wie Aluminium, im Gewicht leichter und viel steifer. [Wir konnten] es nicht biegen ... die Ränder scharf und gezackt."

Das wertlose Stück Metall mag mit Pappys Aufzeichnungen und Papieren weggeräumt worden sein und wartet nun nur darauf, befreit zu werden. Aber im Moment gibt es keine Möglichkeit, die mehr als 600 Kubikmeter Material zu durchsuchen, das zwei kleine Lagergebäude und eine Garage bis unter die Decke füllt. Seine Witwe, Sappho, hat Vorschläge abgelehnt, es Forschern zu erlauben, die Erinnerungsstücke des ganzen Lebens ihres verstorbenen Mannes zu durchsuchen. Die Aussichten sind entmutigend, denn ein kleines Stück Metall könnte zwischen irgendwelchen Blättern Papier in irgendeiner der vielen Dutzend überquellender Karteien verborgen sein. Selbst wenn sie bereit wäre, Fremden zu erlauben, solch persönliche Dinge zu durchwühlen, so könnte das Hunderte Stunden in Anspruch nehmen, und es ist keineswegs sicher, daß das

Teil des abgestürzten UFOs wirklich dort ist. Es hätte verloren gegangen, weggeworfen oder sogar konfisziert worden sein können.

1982 traf sich Henderson bei einem Treffen der Luftdivision in Nashville mit etlichen Mitgliedern seiner alten Bomberbesatzung. Laut einem der Männer aus der Gruppe „war es in seinem Hotelzimmer, wo er uns die Geschichte über das UFO und seine Rolle darin erzählte. Alles, was uns Pappy erzählte, ist, daß er das Flugzeug zum Flugplatz Wright flog. Er erwähnte die Leichen definitiv, aber ich erinnere mich nicht an Details, außer, daß sie klein waren und anders aussahen. Ich war zunächst skeptisch, merkte aber bald, daß Pappy es wirklich ernst meinte."

Pappy starb bevor Stanton Friedman die Gelegenheit hatte, ihn zu interviewen. Aber seine Witwe Sappho stimmte einem Interview zu, desgleichen seine Tochter Mary. Sappho beschrieb, was ihr Mann ihr erzählt hatte:

> „Wir begegneten uns im Zweiten Weltkrieg, als er bei der 446. Bomberschwadron war; er flog B-24 [in] dreißig Einsätzen über Deutschland. Nach dem Krieg kehrte er nach Hause zurück ... und wurde nach Roswell gesandt. Als er dort stationiert war, betrieb er die „Green Hornet Airline", was einschloß, daß er C-54 und C-47 flog, die während der Atombombentests VIPs, Wissenschaftler und auch Material von Roswell zum Pazifik flogen. Wegen dieser Verantwortung hatte er die Geheimhaltungsstufe 'Top Secret'.
>
> 1980 oder 1981 las er in einem Lebensmittelladen in San Diego, wo wir wohnten, eine Zeitung auf. Ein Artikel beschrieb den Absturz eines UFOs außerhalb von Roswell, bei dem die Leichen Außerirdischer neben dem Raumschiff entdeckt worden waren. Er zeigte mir den Artikel und sagte: ‚Ich möchte, daß du diesen Artikel liest, weil die Geschichte wahr ist. Ich bin der Pilot, der das Wrack des UFOs nach Dayton, Ohio, geflogen hat [dem Sitz des Flugplatzes Wright]. Ich denke, daß ich dir nun, da sie es in der Zeitung schreiben, davon erzählen kann. Ich wollte dir das schon seit Jahren erzählen.' Pappy sprach wegen seiner Sicherheitsstufe nie über seine Arbeit.
>
> Er beschrieb die Wesen als klein mit großen Köpfen für ihre Größe. Er sagte, der Stoff, aus dem ihre Anzüge gemacht waren, war anders als alles, was er je gesehen hatte. Er sagte, sie sahen seltsam aus. Ich glaube, er erwähnte, die Leichen seien in Trockeneis gepackt worden, um sie zu konservieren."

Mrs. Mary Kathryn Groode, Pappys Tochter fügte den Erinnerungen ihrer Mutter ihre eigenen hinzu.

> „Als ich aufwuchs, verbrachten er und ich die Abende oft damit, daß wir die Sterne betrachteten. Einmal fragte ich ihn, nach was er denn suche. Er

sagte: ,Ich suche fliegende Untertassen. Es gibt sie wirklich, weißt du.'

1981 zeigte mir mein Vater bei einem Besuch in meinem Elternhaus einen Zeitungsartikel, der den Absturz eines UFOs und die Bergung der Leichen Außerirdischer außerhalb von Roswell, New Mexico, beschrieb. Er sagte mir, er habe das abgestürzte Raumschiff und die Leichen der Außerirdischen, die in dem Artikel beschrieben wurden, gesehen, und er habe das Wrack nach Ohio geflogen. Er beschrieb die außerirdischen Wesen als klein und blaß mit schräg gestellten Augen und großen Köpfen. Er sagte, sie sähen humanoid aus, aber anders als wir. Ich glaube, er sagte, es waren drei Leichen.

Er sagte, die Sache sei 'Top Secret' gewesen, und er hätte mit niemandem darüber sprechen dürfen, aber er habe nun das Gefühl, daß es in Ordnung sei, wenn er mir davon erzählte, weil es in der Zeitung stand."

Friedman sprach auch mit Pappys Sohn und seinem Cousin. Und beide sagten, sie hätten gehört, wie Pappy seine Geschichte guten Gewissens erzählte, nachdem der Zeitungsartikel erschienen war.

Aufgrund dessen, was über die knappen Angaben Pappys über seine Beteiligung an den Ereignissen bei Roswell bekannt ist, scheint es, daß er, auch wenn er wahrscheinlich auf dem Luftwaffenstützpunkt Leichen sah, wahrscheinlich nur Material zum Flugplatz Wright transportiert hat.

Ein weiterer Mann, der die Leichen sah, war Sergeant Melvin Brown, Koch auf dem Armeeflugplatz Roswell, der nach draußen gerufen wurde, um das Material zu bewachen, das von der Foster Ranch gebracht worden war. 1989 erzählte seine Tochter Beverly Stanton Friedman von ihrem Haus in England aus die folgende Geschichte über ihren verstorbenen Vater „Brownie":

„Als wir noch jung waren, erzählte er uns immer Geschichten, die ihm passiert sind, als er noch jung war. Wir kannten diese Geschichten schon auswendig und sagten alle miteinander. ,Jetzt geht das wieder los!'

Manchmal, aber nicht allzu oft, sagte er, er hätte einen Menschen aus dem Weltraum gesehen. Darüber kicherten wir immer wie verrückt. Er sagte, er mußte vor einem Hangar Wache schieben, in dem eine abgestürzte fliegende Untertasse verwahrt wurde, und daß dieser kommandierende Offizier sagte: ,Komm, Brownie, wir schauen uns das mal von innen an.' Aber sie sahen überhaupt nichts, denn alles war verpackt worden und [war] zum Abflug nach Texas bereit.

Er sagte auch, daß eines Tages alle verfügbaren Männer geschnappt wurden, und daß sie dort Wache stehen mußten, wo eine abgestürzte Untertasse gelandet war. Alles wurde auf Lastwagen geladen, und er konnte nicht verstehen, warum in manchen Lastwagen Eis oder so etwas war. Er verstand nicht, was sie kalt halten wollten. Er und noch einer mußten hinten auf einem Lastwagen sitzen, und obwohl ihnen gesagt wurde, daß sie große Schwierigkeiten bekommen könnten, wenn sie zuviel von dem mitbekämen, was vor sich ging, wagten sie einen schnellen Blick unter die Abdeckung und sahen zwei Leichen ... die Leichen Außerirdischer.

Über das mußten wir wirklich kichern. Er sagte, sie waren kleiner als ein normaler Mensch - etwa 1,20 m - und hatten viel größere Köpfe als wir, mit schräg stehenden Augen, und daß die Körper gelblich aussahen, etwas asiatisch. Als wir Kinder waren, glaubten wir ihm nicht, aber als ich älter wurde, glaubte ich es ein bißchen. Einmal fragte ich ihn, ob er sich vor ihnen fürchtete. Und er sagte. ‚Nein, zur Hölle, sie sahen nett aus, fast als wenn sie noch leben würden.'"

Die Beschreibungen der Leichen stimmen nicht vollkommen überein, aber sie passen in vieler Hinsicht zu denen, die von Leuten gemacht wurden, bei denen der Verdacht besteht, daß sie von angeblichen Außerirdischen „entführt" wurden. Mehr noch, die gleiche allgemeine Beschreibung von Außerirdischen findet sich in den meisten Berichten von Leuten, die behaupten, sie in der Nähe ihrer gelandeten UFOs gesehen zu haben, bei etwas, was als „Begegnung der dritten Art" bekannt wurde.

Die Gesamtzahl der Außerirdischen, die bei beiden Abstürzen geborgen wurden, könnte sich auf acht belaufen: drei Tote und vielleicht ein Lebender aus dem Absturz auf der Foster Ranch sowie drei Tote und ein Lebender aus dem Absturz in der Ebene von San Augustin. Ungeachtet der Gesamtzahl muß es doch genügend Leichenteile gegeben haben, um ein Team von Spitzenmedizinern recht lange Zeit mit Sezieren, Analysieren, Theoretisieren und dann mit Schreiben über das bedeutendste Ereignis in der Geschichte der biologischen Wissenschaften zu beschäftigen.

Solche Informationen vor der wissenschaftlichen Gemeinde geheim zu halten, könnte als skrupelloses Vergehen betrachtet werden, da es recht gut möglich ist, daß eine weite Verbreitung dieser Information zu großen Fortschritten in der Medizin und anderen Wissenschaften geführt haben könnte. Mehr noch, wenn auch nur ein Außerirdischer lange genug am Leben blieb, um selbst die einfachste Kommunikation aufzubauen, hätte der Gewinn an allgemeinem Wissen erstaunlich sein können. Unglücklicherweise hat das Bestehen der Regierung auf absoluter Geheimhaltung die Welt daran gehindert, die seltene Gelegenheit wahrnehmen zu können, ihr Wissen zu erweitern.

10. KAPITEL

Die große Verschleierung

Die Abstürze der UFOs in New Mexico veranlaßten die Regierung der Vereinigten Staaten zu einer langfristigen, umfassenden und aufs Feinste ausgeklügelten Kampagne der Abschottung und Desinformation, die bis heute in unverminderter Intensität fortgesetzt wird. Hätte sich das spontan aus dem ersten seltsam klingenden Bericht über ungewöhnliche Ereignisse in der Wildnis von New Mexicos ergeben können? Wäre die Regierung in der Lage gewesen, augenblicklich zu veranlassen, alle Meldungen über die Abstürze zu unterbinden, noch bevor die meisten Details bekannt waren? Hätten so viele sonst so vorsichtige und konservative Generäle und Politiker in Washington von der gänzlich exotischen Natur der Überreste der Abstürze vollkommen überzeugt sein und die wachsende Bedeutung der Ereignisse spontan erfassen können?

Als Lydia Sleppy (am 7. Juli etwa um 4 Uhr morgens) von dem Manager des Radiosenders in Roswell, Johnny McBoyle hörte, er sei an einer Absturzstelle gewesen und habe das Wrack gesehen, war das das erste, was überhaupt jemand in der Öffentlichkeit erfuhr. Mac Brazel hatte Sheriff Wilcox in Roswell einen kleinen Teil der Trümmer gezeigt, und dies führte zu der Reise von Major Jesse Marcel und Captain Sheridan Cavitt von der Spionageabwehreinheit zu der Absturzstelle auf der Foster Ranch. Aber die beiden Regierungsleute waren entweder noch dort draußen oder auf ihrem Weg zurück über schlechte Straßen und durch fast unbewohntes Gebiet, als die Fernschreibermeldung von jemandem unterbrochen wurde, der offensichtlich wußte, daß dort etwas sehr Wichtiges und Heikles vor sich ging.

Wie hatte jemand in entscheidender Stellung in New Mexico oder in Washington, D.C., wissen können, daß McBoyle Mrs. Sleppy von der Beschaffenheit eines der Abstürze berichtete? Oder daß sie versuchte, die Geschichte über einen Pressefernschreiber auszusenden? Und daß die Geschichte wahr war und die Welt erschüttert hätte?

Könnte Major Marcels kurze Unterredung mit seinem kommandierenden Offizier, Colonel Blanchard, bei höheren Stellen Alarm ausgelöst haben? Aber Blanchard war der Mann, der Oberleutnant Walter Haut, Offizier für Öffentlichkeitsarbeit auf dem Armeeflugplatz Roswell, befahl, eine Presseverlautbarung herauszugeben und zwar um die Mittagszeit am Tage *nach* der rätselhaften Unterbrechung am Fernschreiber, daß die Armee die Überreste einer abgestürzten fliegenden Scheibe geborgen habe. Seine Benachrichtigung der übergeordneten Hauptquartiere, wenn sie überhaupt erfolgte, dürfte nicht einen solchen Grad der Besorgnis ausgelöst haben, daß er zu dem Befehl geführt hätte, „die Übermittlung zu beenden", wie ihn Mrs. Sleppy am Nachmittag des 7. Juli erhielt. Wenn doch, so hätte man Colonel Blanchard mit Sicherheit befohlen, sich mit der Verlautbarung zurückzuhalten, wenn man ihm auch wohl nicht genau gesagt hätte, warum es so wichtig war, Stillschweigen zu bewahren. Hätte er die Information weitergegeben, nachdem man ihm bereits gesagt hatte, er solle dies nicht tun, so hätte dies wohl eher seine Karriere gefährdet, statt ihn auf einer Laufbahn zu halten, die ihn schließlich zu einem der Spitzengeneräle der Air Force machte.

Es wird deutlich, daß es in Washington bereits ein System gegeben haben muß, das bis in alle Teile der Vereinigen Staaten reichte, selbst in Flecken wie Roswell, New Mexico. (1947 war Roswell sogar noch kleiner als heute, mit kaum 25.000 Einwohnern. Es war eine kleine Stadt mit einem sehr geheimen Luftwaffenstützpunkt.) Das System mußte die Überwachung (wahrscheinlich ungesetzlich) von Telefongesprächen und Fernschreiberleitungen mit umfassen. Heute mag vielleicht die National Security Agency (NSA) in der Lage sein, so etwas mit relativer Leichtigkeit zu tun, dank Milliarden von Dollars, die für schrecklich fortschrittlichen elektronischen Krimskrams ausgegeben wurden. Aber dies ereignete sich 1947, bevor es die NSA gab, und bevor die meisten Städte überhaupt kommerzielles Fernsehen hatten. Viele Häuser auf dem Land in New Mexico sollten noch jahrelang nicht einmal ein Telefon haben.

Ein Überwachungssystem, das ausgedehnt genug war, um solch eine Aufgabe wahrnehmen zu können, mußte sehr teuer gewesen sein, und

Ausgaben dieser Höhe erforderten (zumindest in jenen Tagen) einen außergewöhnlich wichtigen Zweck. Es konnte nicht über Nacht und aus einer Laune heraus geschaffen worden sein. Offensichtlich mußte etwas Mächtiges den Präsidenten der Vereinigten Staaten (Harry Truman oder sogar noch Franklin D. Roosevelt) überzeugt haben, daß es absolut notwendig war, die totale Kontrolle über jeden möglichen neuen UFO-Absturz zu erreichen, bevor auch nur ein Wort darüber an die Öffentlichkeit durchsickerte.

Ein paar Sichtungen, über die in den Zeitungen oder im Radio berichtet worden war, besonders wenn sie von gewöhnlichen Bürgern beobachtet wurden, können wohl kaum zur Schaffung eines solchen Systems geführt haben (obwohl sie vielleicht eines aktiviert haben mögen, das bereits existierte). Genauso wenig können Sichtungen der Piloten von Fluggesellschaften oder des Militärs offizielle Stellen der Regierung von grober Ignoranz zu totaler Akzeptanz katapultiert haben, denn die erste Welle von fliegenden Untertassen war kaum zwei Wochen alt. Und die meiste Zeit hatte der Durchschnittsbürger über die Berichte nur gekichert, und hochgebildete nationale Führungspersönlichkeiten waren ohne Zweifel in lautes Gelächter ausgebrochen. Es mußte etwas sehr viel Greifbareres, Spezifischeres und Beeindruckenderes gewesen sein, das das Weiße Haus und das Pentagon zu der Überzeugung gebracht hatte, daß sofortiges Handeln von vitaler Notwendigkeit war.

Etwas wie ein früherer Absturz, dessen Wrackteile geborgen und von Wissenschaftlern der Regierung untersucht worden waren. Oder Beweise über die einzigartige und bedeutende Beschaffenheit der Foo Fighters des Zweiten Weltkrieges, über die nie ein offizieller Bericht veröffentlicht wurde. Oder etwas, das 1946 während der schwedischen Sichtungswelle von Geisterraketen entdeckt worden war. Vergessen Sie nicht, daß General Jimmy Doolittle eine gewisse Rolle im amerikanischen Teil dieser beiden „Proto-UFO“ Wellen spielte. Als einer der höchstgeachteten Männer im offiziellen wie im wissenschaftlichen Leben Amerikas (er erhielt den ersten „Doktor“ in Aeronautik), hätten seine Meinung und sein Rat großes Gewicht. Und er hatte direkten Zugang zum Weißen Haus.

Was immer es auch war, das so viele sonst recht blasierte, hochrangige Regierungsvertreter an der unvorhergesehenen Beschaffenheit dessen, was da herumflog, so beeindruckte, es mußten Maschinen gewesen sein, Leichen oder etwas gleichermaßen Unzweideutiges. Ein dicker, schwer lesbarer, wissenschaftlicher Bericht konnte dieses Wunder kaum vollbracht haben. Was es aber wirklich war, darauf fehlt bis heute jeder Hinweis.

Gehen wir einmal davon aus, daß Mitglieder eines speziellen Sicherheitsteams in Washington zu der Zeit, als sie die erste Meldung über die Abstürze in New Mexico erhielten, bereits nervös auf ihren Stühlen hin und herrutschten, wie kam es dann, daß die Nachricht von der Bergung von Wrackteilen von der Schafranch in einer offiziellen Pressemeldung nach außen gelangen konnte? War das ein Ausrutscher? Oder könnte es die unausweichliche Folge eines ungewöhnlich geheimen Prozesses gewesen sein?

Die Nachricht, daß es ein System gab, mit dem man die Abstürze außerirdischer Flugzeuge entdecken und dann alle Informationen darüber kontrollieren konnte, hätte mit absoluter Notwendigkeit vor fast jedermann innerhalb und außerhalb der Regierung geheimgehalten werden müssen. Andernfalls könnte die Bedeutung des Themas „außerirdische Raumschiffe" Allgemeinwissen werden und die Chancen, die Kontrolle darüber zu behalten, würden sich beträchtlich verringern. Daß allein der Vorstellung Glaubwürdigkeit beigemessen wurde, mußte geheim bleiben.

Solch ein System erfordert und verdeutlicht die abteilungsbezogene Praxis der Geheimdienste. Um effektiv arbeiten zu können, müssen insbesondere höchst bedeutsame Informationen in einer speziellen „Abteilung" gehalten werden, wobei der Zugang zu dieser Abteilung auf die Personen beschränkt bleibt, für die eine spezifische, nachweisbare „Notwendigkeit" besteht, diese besonderen Informationen zu erhalten, damit sie ihren Aufgaben nachkommen können. Jeder andere, wie hoch sein Rang oder seine Position auch immer sein mögen, ist nicht qualifiziert, ungeachtet der Geheimhaltungsstufe, die er besitzen mag. Die Situation des ehemaligen U.S. Senators Barry Goldwater (Arizona) bietet ein hervorragendes Beispiel. Obwohl er General der Reserve der U.S. Air Force und Vorsitzender des mächtigen Streitkräfteausschusses des Senats war, konnte er doch die Mauern der Geheimhaltung nicht einreißen, die die Informationen und Aktivitäten der Regierung über UFOs umgeben. Das verärgerte ihn deutlich, aber nicht einmal sein beträchtlicher Einfluß reichte aus, um ihm die „Notwendigkeit" zu verschaffen, diese bestimmte Kategorie sensibler Informationen zu erhalten.

Es ist sehr gut möglich, daß nicht ein einziger Mensch auf dem Armeeflugplatz Roswell die „Notwendigkeit" besaß, die Beschaffenheit der fliegenden Untertassen zu kennen. Und so hatte Colonel Blanchard, als Marcel und Cavitt mit einer Menge Material der gleichen Art von der Foster Ranch zurückkehrten, wie Marcel bereits im Büro des Sheriffs gesehen hatte, keinen Grund zur Zurückhaltung, als er Leutnant Haut anwies, eine Presseverlautbarung darüber herauszugeben. Sein Unwissen über die inneren Vorgänge in der Situation war die Folge eines notwendigen Elementes des Sicherheitsprozesses.

Jemand hatte eindeutig etliche Stunden, bevor Marcel und Cavitt mit dem Einsammeln der Trümmer fertig oder zumindest als sie damit auf dem Weg zurück nach Roswell waren, Wind von der Entdeckung des abgestürzten Wracks auf der Schafranch bekommen. Hätte es nicht sein können, daß der CIC-Mann Cavitt seine unmittelbaren Vorgesetzten (nicht in Roswell, sondern in Albuquerque oder sogar Washington) anrief, sobald Major Marcel ihm das seltsame Material am Telefon beschrieben hatte, während er ihm sagte, sie würden zur Ranch fahren, um mehr davon zu sammeln? Cavitt hätte leicht Teil eines Systems sein können, das eingerichtet worden war, um ein bestimmtes geheimes Büro über Abstürze von fliegenden Untertassen zu alarmieren, auch wenn er nicht wußte, warum das so wichtig war.

Cavitt ist einer der wenigen Leute, die noch leben und mit der Bergung des Materials von dem Absturz zu tun hatten und eine Menge Details gewußt hätten, nicht nur einen kleinen Teil der Geschichte. Er ist auch einer der beiden Schlüsselzeugen, die sich weigern, etwas darüber zu sagen; der andere ist der Kommandeur des Luftwaffenstützpunktes, der, als er angerufen wurde, sagte, er könne nicht darüber sprechen, denn er habe 1947 einen Sicherheitseid unterschrieben. Cavitt versuchte sogar zu leugnen, daß er in der Nähe einer Absturzstelle gewesen war, obwohl sein Assistent Bill Rickett und Major Jesse Marcel ihn bereits als an der Absturzstelle anwesend und tief verstrickt in die Operation beschrieben hatten.

Oder könnte es sein, daß die Entdeckung eines vollständigen Raumschiffes in der Ebene von San Augustin, noch bevor die Regierung von den Trümmern auf der Schafranch erfuhr, die schnelle Reaktion eines Spezialistenteams iniziiert hat, die bereits seit Beginn der Welle der fliegenden Untertassen 1947, wenn nicht schon länger auf so einen Anruf warteten. Sie hätten sofort anfangen können, Telefon- und Fernschreiberleitungen anzuzapfen und Radiosender überall in New Mexico zu überwachen. Die vielen Zeitungen dieses Staates kontinuierlich zu überwachen, wäre sehr viel schwieriger gewesen und hätte das Risiko des Bekanntwerdens in der Öffentlichkeit erhöht, da dies nur auf offener Szene und von vielen Leuten hätte bewerkstelligt werden können. Das könnte zu der raschen und weiten Verbreitung von Leutnant Hauts Presseverlautbarung geführt haben. Radiosender außerhalb New Mexicos hätten die Geschichte aus Zeitungen oder den Agenturdiensten aufgreifen können, was zu Meldungen geführt hätte, wie sie Hughie Green und einer der Autoren hörten.

In der Folge der Abstürze begann die U.S. Army Air Force ihre Studien mit dem Ziel, zu erfahren, ob die fliegenden Untertassen echt waren, und wenn ja, was sie waren, woher sie kommen, wer sie flog und so weiter. Wenn aber Wrackteile (ganz zu schweigen von Leichen) bereits geborgen worden waren und man gesehen hatte, daß sie so weit von der Norm entfernt waren, daß ihre außerirdische Herkunft offensichtlich war, warum gab sich dann überhaupt noch jemand mit Studien ab, die bereits überholt waren?

Das Informationspapier für Eisenhower läßt eine Antwort vermuten wie auch die Tatsache, daß die ganze Sache fraglos hoch eingestuft worden wäre. „Diese Berichte [über fliegende Untertassen] führten zu voneinander unabhängigen Bemühungen etlicher verschiedener Elemente des Militärs, sich über die Beschaffenheit und die Absichten der Objekte Gewißheit zu verschaffen," besagt das Papier. Könnte es sein, daß obwohl das supergeheime „Büro für abgestürtzete fliegende Untertassen" vollkommen über die Beschaffenheit der Untertassen Bescheid wußte, seine Informationen jedoch vor anderen Teilen der Army Air Force geheim halten mußte?

Der nächste Hinweis darauf, daß Washington Bescheid wußte und besorgt war über das, was geschah, kam am Nachmittag des Dienstages, den 8. Juli. Im Hauptquartier der Eighth Air Force in Fort Worth, Texas, klingelte das Telefon im Büro des Colonel (später Brigadegeneral) Thomas J. DuBose, Personalchef des Kommandanten der Eighth Air Force, General Roger Ramey. Am anderen Ende war General Clemence McMullen, der aus Washington anrief. Er befahl Colonel DuBose, General Ramey anzuweisen (nicht zu bitten), etwas von dem Material sofort nach Washington zu schicken und irgendwelche Geschichten zu unterbinden, wonach die Armee eine fliegende Untertasse geborgen hätte, indem er eine Geschichte zur Tarnung erfinden sollte, „um uns vor der Presse den Rücken freizuhalten".

„Verstehen Sie mich, Colonel?"

„Jawohl, Sir!" antwortete DuBose.

DuBose gab die Meldung schnell an seinen Chef, General Ramey, weiter, und sobald der viermotorige Bomber vom Armeeflugplatz Roswell mit seiner Ladung Trümmer („etwa eine halbe B-29 voll", laut Major Jesse Marcel) angekommen war, übernahm Ramey. Er befahl, das Material nach Washington weiterzuschicken, und er wies Marcel an, mit niemandem über sein Erlebnis zu sprechen und nach Roswell zurückzukehren. Als loyaler und realistischer Offizier tat Marcel auch genau das.

General Ramey lud die Presse zu der Ankündigung ein, daß die Aufregung vorbei sei, und daß die Wrackteile, die auf der Foster Ranch gefunden wurden, nicht mehr waren als die Überreste des Radarschirms eines Rawinsonden-Wetterballons. Um dies auf überzeugende Weise tun zu können, ließ er irgend ein Gerät bringen, stellte sicher, daß es schwer beschädigt aussah, und präsentierte dies der Presse. Er rief dann den diensthabenden Offizier des Wetterdienstes des Stützpunktes, Irving Newton, der es prompt und richtigerweise als Wetterballon und dessen Radarschirm identifizierte.

Die Presse machte entgegenkommenderweise Notizen und Fotos von General Ramey und Major Marcel und gab die Geschichte schnell über die Fernschreiber: Die abgestürzte „fliegende Untertasse" war nicht mehr als ein Wetterballon, der von dem Rancher und den ersten Militärleuten, die ihn gesehen hatten, falsch identifiziert worden war. Major Marcel wurde befohlen, Stillschweigen zu bewahren, und Captain Cavitt wurde nirgendwo mehr gesehen. Die Militärleute, die die Suppe also leicht hätten versalzen können, waren auf diese Weise gut verwahrt.

Man sollte hier darauf aufmerksam machen, daß wegen der kurzen Zeitspanne zwischen Walter Hauts Presseverlautbarung (12 Uhr mittags, Albuquerque Zeit) und Rameys offizieller Erklärung ein paar Stunden später, die einzigen Zeitungen, die die Gelegenheit hatten, die Geschichte von der Bergung der abgestürzten Untertasse zu bringen, die Abendzeitungen vom Mittleren Westen bis zum Westen waren, wie z. B. die *Daily News* in Chicago, der *Herald Express* in Los Angeles, der *Examiner* in San Francisco und der *Daily Record* in Roswell. Bedeutende Zeitungen wie die *New York Times*, die *Washington Post* und die *Chicago Tribune* waren Morgenzeitungen, und brachten daher lediglich die Tarngeschichte am nächsten Morgen.

Der Nächste auf der Liste der Leute, die eine potentielle Bedrohung für den Plan der Regierung darstellen konnten, war William „Mac" Brazel, der zwar kein großes technisches Hintergrundwissen hatte, aber einen Wetterballon klar erkennen konnte, wenn er einen sah. Noch wichtiger, er konnte die Wrackteile so weit im Detail beschreiben, daß fast jedermann überzeugt sein mußte, daß es höchst ungewöhnliches Zeug war.

Das Militär nahm Brazel etwa eine Woche lang in Gewahrsam; in dieser Zeit wurde er auf den Straßen von Roswell nur mit offizieller Eskorte gesehen. Wenn sein Verhalten auch die Neugier von Freunden erweckte, als er an ihnen ohne ein Zeichen des Erkennens vorbei ging, so war doch keiner motiviert, deswegen etwas zu tun oder zu sagen. Die Geheimnistuerei des Militärs war in jenen Tagen (und ist es in beträchtlichem Maße auch heute noch) eine Lebensart in New Mexico, und selbst Zivilisten, die keinerlei Verbindung zur Regierung hatten, waren sicherheitsbewußt und nahmen an, daß die Regierung für alles, was sie tat, gute Gründe hatte.

Welche Techniken die U.S. Army Air Force aber bei Mac Brazel anwendete, um ihn vom Sprechen abzuhalten, ist nicht bekannt. Aber sie waren effektiv, denn es gibt keinen Hinweis darauf, daß er während seines restlichen Lebens je etwas Bedeutendes über das Thema gesagt hätte. Etliche Leute bestätigten, daß Mac unmittelbar nach dem Ereignis sehr viel mehr Geld als üblich zu haben schien, und sie vermuteten, daß er entweder einen Pauschalbetrag oder eine Art Pension erhalten hatte. Man berichtet, er habe einen neuen Lastwagen gekauft und dann seinen Beruf als Rancher aufgegeben und ein öffentliches Kühlhaus eröffnet. Andere aber, die ihn kennen, bestehen darauf, daß Mac sich nie auf Bestechung eingelassen hätte.

Das Militär hatte auch weiterhin ein Auge auf die Zivilisten in der Gegend. Eine zufällige Bemerkung von Bill Brazel in einer Bar ein paar Wochen nach dem Absturz führte zur Konfiszierung einer Zigarrenkiste voller kleiner Wrackteile.

Was aber Zivilisten anging, die auch nur indirekt von der Bergung der Leichen wußten, ging das Militär wesentlich härter vor. Es ging sogar so weit, Zeugen mit Gefängnis zu drohen, falls sie redeten, und deutete sogar an, daß deren Familien in diesem Fall in Gefahr wären.

Auch die Presse wurde nicht verschont. Vermutlich Abgeordnete aus New Mexico in Washington riefen Radiosender in Roswell an und machten deutlich, daß ihnen sofort die Sendelizenzen entzogen würden, wenn die Geheimhaltung nicht gewahrt würde. Es wurde von mehr als einem Fall berichtet, in dem Notizen eines Reporters aus den Schreibtischschubladen verschwunden waren. Heute würde ein solches Verhalten der Regierung mit großer Sicherheit nach hinten losgehen und zu Protesten und sogar Enthüllungen führen. Aber die Atmosphäre im New Mexico von 1947 war die der totalen, nie hinterfragten Kooperation mit der

Regierung, selbst wenn beim Prinzip der Pressefreiheit Kompromisse eingegangen werden mußten.

Als Ergebnis der noch nie dagewesenen Verdunkelung und Zensur blieb die Geschichte der Abstürze in New Mexico mehr als dreißig Jahre lang vollkommen und mehr als vierzig Jahre im wesentlichen geheim. Es gibt Leute, die felsenfest behaupten, daß die Regierung der Vereinigten Staaten keine Geheimnisse wahren könnte, und führen als Beweis die vielen Lecks an, über die von der Presse ausführlich berichtet wurde. Das stimmt zwar soweit, aber die Geheimnisse, die *gewahrt werden*, sind die, von der die Öffentlichkeit nichts weiß. Ein hoher Beamter des Nationalarchivs der Vereinigen Staaten sagte den Autoren, daß er von geheimen Dokumenten wüßte, die bis zum *Ersten* Weltkrieg zurückdatieren! Beide Autoren hatten Umgang mit Material, das 'Top Secret' und höher eingestuft war: Friedman, als er in der Atomindustrie arbeitete, und Berliner, als er in der Air Force war. Beide kennen die Vorgänge zum Schutz dieses Materials und die Leichtigkeit, mit der hochklassifizierte Dokumente geheim gehalten werden können. Die einzige Weise, auf die klassifiziertes Material der Presse und damit der Öffentlichkeit bekannt werden können, ist, daß diejenigen, die für seine Verwahrung zuständig sind, es herausgeben. Es gibt keine Möglichkeit, Geheimnisse festzunageln, die gewahrt wurden, und daher sind nur die bekannt, die gebrochen wurden.

Menschen, die mit der Welt der klassifizierten Dokumente und Projekte nicht vertraut sind, haben oft verschiedene Einwände zu den oben angeführten Bemerkungen:

1. EINWAND: Mit Sicherheit werden alle klassifizierten Dokumente nach zwanzig, zumindest aber nach dreißig oder vierzig Jahren deklassifiziert. Deshalb müßten jetzt eigentlich alle Dokumente über die Abstürze in New Mexico zur Verfügung stehen, wenn es sie denn überhaupt gibt.

ERWIDERUNG: Es ist nicht generell erforderlich, daß alle Dokumente automatisch deklassifiziert werden, auch wenn manche dieses Etikett tragen. Zum Beispiel durchforstete die Truman Library 1990 ihre Akten über den Rat für Psychologische Strategien des CIA. Die Hälfte des Materials konnte „aus Gründen der nationalen Sicherheit" nicht deklassifiziert werden, auch wenn alles vor 1953 datiert war.

Um ein weiteres Beispiel zu erwähnen: Friedman verlangte Zugang zu Material aus der Akte des Hauptquartiers der Air Force in den Nationalarchiven, alles aus dem Jahre 1956 oder früher. Er durfte weniger als 10% davon sehen.

2. EINWAND: Es wäre unmöglich, Abstürze geheim zu halten, wenn angeblich so viele Leute Teile und Teilchen der Geschichte kennen. Irgendwer hätte geredet.

ERWIDERUNG: Viele Leute haben über das gesprochen, was sie wissen, obwohl Schlüsselpersonen wie der CIC-Mann Cavitt immer noch mauern. Hundertausende von Leute geben jedes Jahr zig Milliarden Dollar aus, damit Geheimnisse gewahrt werden, und sehr viele dieser Bemühungen sind 100%ig erfolgreich.

3. EINWAND: Es gibt keine Möglichkeit, wie die Regierung das Wrack einer abgestürzten Untertasse oder die Leichen Außerirdischer verbergen könnte.

ERWIDERUNG: Offensichtlich ist unser Vorrat an Atomwaffen, chemischen und biologischen Kampfstoffen, High-Tech Ausrüstung, Laserwaffen und Ähnlichem wohl verborgen. Bedenkt man, daß die Vereinigten Staaten schätzungsweise 20.000 atomare Sprengköpfe haben, dann erscheint das Verbergen von einer oder zwei Untertassen mit ein paar Leichen nicht schwierig. Im Westen Amerikas gibt es Tausende Quadratkilometer, die von privaten und gewerblichen Flugzeugen nicht überflogen werden dürfen, und ein großes Gebiet in der Nähe des Luftwaffenstützpunktes Nellis ist sogar für die meisten militärischen Flüge gesperrt.

4. EINWAND: Der Freedom of Information Act [das Gesetz über die Freiheit der Informationsbeschaffung] hat es jedem Bürger möglich gemacht, jedes Dokument zu erhalten, und die Bundesbehörden haben jede Anfrage schnell zu beantworten. Wenn es überhaupt je Dokumente über die Abstürze gab, müßten sie nach diesem Gesetz freigegeben werden.

ERWIDERUNG: Jede Behörde hat viele Kategorien von Informationen, die sie nicht herauszugeben braucht. Darüberhinaus müssen Dokumente in der Regel sorgfältig benannt werden, was allgemeine Anfragen fast sinnlos macht. Anfragen werden oft erst nach Jahren beantwortet, besonders wenn sie an die CIA oder NSC gerichtet werden. Friedman brauchte fünf Jahre, bis er ein paar kleine Ausschnitte aus alten CIA-Dokumenten erhielt, die sich schließlich als Übersetzungen europäischer Zeitungsartikel herausstellten. Die Hälfte seiner Anfragen wurden rundweg abgewiesen, und viele andere wurden mit Seiten beantwortet, die fast völlig geschwärzt waren (siehe Anhang).

5. EINWAND: Wenn es auch möglich wäre, Untertassen und Leichen zu verbergen, so wäre es doch nicht möglich, eine große intakte Untertasse quer durchs Land zu transportieren, ohne daß die Bevölkerung etwas davon merkt.

ERWIDERUNG: 1945 wurde ein 240 Tonnen schwerer Stahlzylinder für den ersten Atombombentest über Land von Ohio nach Trinity Site in New Mexico transportiert. Wenn überhaupt jemand dem riesigen Apparat größere Beachtung schenkte, so gibt es doch zumindest heute keinen Anhaltspunkt mehr dafür. Heute werden Atomwaffen und Bombenteile routinemäßig unter Geheimhaltung durchs ganze Land transportiert.

11. KAPITEL

Alternative Erklärungen für die Wracks

Es wurden auch andere Erklärungen angeboten für das, was da in New Mexico abgestürzt war, angefangen mit der offiziellen Tarngeschichte vom Wetterballon. In jüngerer Zeit boten Autoren auf beiden Seiten der Debatte über die Realität von UFOs alternative Erklärungen an, in manchen Fällen, weil eine generelle Akzeptanz der Natürlichkeit der Abstürze ihre eigenen Theorien und Publikationen über den Haufen werfen würde. Wenn aber das, was in New Mexico abgestürzt ist, keine außerirdischen Raumschiffe waren, was waren es dann?

Es wurden etliche andere Erklärungen für das seltsame Material und sogar für die Leichen der Miniaturhumanoiden angeboten, die, wie viele Leute bestätigten, fast zur selben Zeit von zwei weit auseinanderliegenden Absturzstellen geborgen wurden. Eigentlich gelten diese irdischen Erklärungen nur für die Wrackteile von der Absturzstelle bei Corona, da das, was angeblich in der Ebene von San Augustin gefunden wurde, eindeutig außerirdisch war.

Die Autoren finden zwar keine dieser abweichenden Erklärungen besonders überzeugend, sie verdienen jedoch, um der Objektivität willen erwähnt zu werden.

Amerikanische Testrakete

Etliche Leute vermuteten ernsthaft, daß alles, was auf der Foster Ranch gefunden wurde, die Überreste eines beschlagnahmten in Deutschland gebauten, ungelenkten V-2 Marschflugkörpers waren, die bekanntermaßen vom Testgelände White Sands, weniger als hundert Meilen südwestlich von Corona, New Mexico, abgefeuert wurden. Dies mag zum Auffinden einer Menge unbekannter Teile passen. Und wenn sie auch anfänglich den Schafrancher Mac Brazel hätten täuschen können, so hätten sie doch wohl kaum für Major Jesse Marcel ein größeres Rätsel dargestellt, dessen jahrelange Arbeit für den Nachrichtendienst der Army Air Force ihn mit einer großen Vielzahl bekannter und unbekannter Luft- und Raumfahrtgeräte in Verbindung gebracht oder doch zumindest davon hatten erfahren lassen.

Darüberhinaus hätten Nummern und Beschriftungen auf Teilen des Wracks, selbst wenn sie in deutsch gewesen wären, die zerquetschten Teile schnell als etwas Bekanntes erkennen lassen. Unbekannte und unleserliche Symbole andererseits hätten eher darauf hingewiesen, daß das Wrack nicht das einer V-2 sein konnte. Das Letztere war der Fall. Chinesische oder japanische Symbole wären als solche erkannt worden, desgleichen kyrillische, auch wenn man sie nicht hätte lesen können. Major Marcel bemerkte, daß die Symbole ägyptischen Hieroglyphen ähnlich sahen, aber es fällt einem doch sehr schwer, sich vorzustellen, daß eine antike ägyptische Rakete oder ein antikes ägyptisches Flugzeug 1947 über New Mexico flog.

Was die Leichen angeht, die in einiger Entfernung von dem Trümmerfeld gefunden worden waren, so vermuten einige Verfechter der Raketenlösung, sie seien nichts Exotischeres als Rhesusaffen, die im Rahmen eines biologischen Testprogrammes, das einmal zum bemannten Raumflug führen sollte, in einen Bereich nahe dem Weltraum geflogen worden waren. Aber Rhesusaffen, wie schlimm sie auch von der Wucht des Aufpralls zugerichtet sein mögen, hätten doch immer noch in ausreichendem Maße wie Affen ausgesehen, um von den ersten Experten, die sie sahen, als solche erkannt zu werden. Und da die erste V-2, die einen lebenden Affen an Bord hatte (bei Projekt Blossom), erst am 11. Juni 1948 abhob und dann auch nur einen (namens Albert) dabei hatte, wäre ein Absturz elf Monate früher wohl kaum ein solcher Test gewesen.

Die große Frage bleibt jedoch: Warum hätte der Absturz einer V-2, ob nun mit oder ohne Affen, wie ein Militärgeheimnis epischen Ausmaßes behandelt werden sollen? Andere Unfälle bei Raketentests, mit und ohne Passagiere, waren ohne große Folgen veröffentlicht worden. Wenn das Wrack nichts Extremeres als das gewesen wäre, dann wäre es sicher auch als solches bekannt gegeben worden und die ganze Sache hätte sich ein für alle Mal in nichts aufgelöst. Der Absturz einer verirrten V-2 bei Jaurez in Mexico nur ein paar Wochen zuvor (am 29. Mai 1947) war nicht geheim gehalten worden.

Dadurch, daß die Regierung der Vereinigten Staaten mit der Geschichte so umging, wie sie es tat, lieferte sie den bestmöglichen Grund zu der Annahme, daß das, was abstürzte, wirklich mysteriös war.

Ein japanischer Ballon, der eine Bombe trug

Dies ist die jüngst ausgeheckte Erklärung für den Absturz bei Corona und ergibt auch nicht mehr Sinn als die V-2 Lösung und zwar zum Teil aus denselben Gründen.

Von November 1944 bis April 1945 ließen die Japaner mehr als 9.000 primitive, gasgefüllte Ballons steigen, von denen jeder 25 bis 38 Kilogramm selbstzündender oder hoch explosiver Bomben trug. Davon mögen vielleicht Tausend mit den vorherrschenden Winden nach Amerika getrieben worden sein. Der Schaden, den die Bomben anrichteten, beschränkte sich auf ein paar wenige kleine Feuer und den Tod von sechs übermäßig neugierigen Leuten, die bei einer Wanderung im Wald über eine stolperten.

Die Ballons hatten einen Durchmesser von 100 Metern und bestanden aus beschichtetem Papier oder gummierter Seide und trugen eine Last von mehr als 150 Kilogramm Gewicht, das zum größten Teil der Mechanismus ausmachte, der die Höhe des Ballons kontrollierte, während er vorantrieb. Um die Japaner in ihren Erfahrungen über die Effektivität der neuen Waffe zu frustrieren, übten die Amerikaner Druck auf die Nachrichtenmedien aus und hielten so die Orte, wo die Ballons gelandet waren, geheim, bis zu der Tragödie vom Mai 1945. Zu diesem Zeitpunkt hatten die Starts in der Folge amerikanischer Bombenangriffe auf die Einrichtungen zur Herstellung und zum Start dieser Ballons in Japan aufgehört.

Daß das Material, das auf der Foster Ranch gefunden worden war, von solch einem Ballon und seiner Ladung stammen sollte, ist sehr schwer zu schlucken. Der letzte Start in Japan fand Anfang April 1945 statt, mehr als zwei Jahre vor der Entdeckung des Wracks. Wo war der Ballon in der Zwischenzeit? Nicht auf der Ranch, sonst hätte Mac Brazel ihn sicher schon viele Male gesehen. Könnte er irgendwie die ganze Zeit im Flug gewesen sein? Bei der Durchschnittsgeschwindigkeit, mit der diese Ballons reisten, hätte er die Welt 33 mal umrundet! Mit seinem

Höhenkontrollmechanismus, der in den meisten Fällen auf eine Woche Abstieg ausgelegt war, beim Abwurf eines oder zweier Sandsäcke und dem anschließenden Wiederaufstieg zu seiner Reisehöhe, hätte der Ballon der göttlichen Intervention bedurft, um bis zum Juli 1947 im Flug zu bleiben.

Darüberhinaus fand sich unter den Wrackteilen laut denen, die sie gesehen hatten, nicht ein einziges Teilchen, das den Überresten eines japanischen Ballons geglichen hätte, von denen in den letzten Monaten des Zweiten Weltkriegs und auch noch danach viele vom Militär und von Zivilisten geborgen worden waren. Die Ladung war zum Beispiel von recht gewöhnlichem Aussehen, sie bestand aus konventionell geformten Teilen billigen Metalls. Wenn auch ihr Zweck nicht sofort deutlich geworden sein mag, so hätte man doch sehr schnell ihre japanische Herkunft erkennen können. Hunderte anderer waren rasch identifiziert worden ... warum nicht dieser?

Die Ballonbomben waren seit der gemeinsamen Erklärung des Kriegs- und des Marineministeriums vom 22. Mai 1945, die das amerikanische Volk mit der Sache vertraut machte, nicht mehr Gegenstand militärischer Sicherheitsmaßnahmen gewesen.

Wetterballon

Das war die Originaltarngeschichte, geschaffen vom Offizierskorps des Armeeflugplatzes Fort Worth, und sie wird immer noch vorgebracht, trotz der Tatsache, daß sie für die erwähnten Eigenschaften des geborgenen Materials keine Erklärung liefern kann. Ein Rawinsonde-Ballon trägt eine zerbrechliche, sechseckige drachenähnliche Konstruktion aus Folie und Holz, die Radar reflektieren und es auf diese Weise einfacher machen soll, den Ballon aufzufinden.

Aber was auf der Foster Ranch gefunden wurde, waren 100%ig unbekannte Materialien, die insbesondere beeindruckende physikalische Qualitäten hatten. Es gab keinen gummierten Ballonstoff, keine Holzstäbe, keine Etiketten, die ihn als das Eigentum des U.S. Weather Bureau oder eines militärischen Wetterdienstes ausgewiesen hätten. Es waren lediglich superleichte, superfeste Folienstücke, schlanke Streben, pergamentähnliche Substanzen und schwarzes Plastik.

Um diese Erklärung überhaupt ernsthaft in Erwägung ziehen zu können, müßte man davon ausgehen, daß Mac Brazel nicht in der Lage war, gewöhnliches Material eines Wetterballons zu erkennen. Doch er hatte erklärt, er wisse, wie solche Ballons aussähen, hätte bereits mehr als einen geborgen und er sei sich sicher, daß dies kein solches Gerät war. Er war nicht dumm, und Major Jesse Marcel und andere, die das Wrack an der Absturzstelle oder bald danach gesehen hatten, als die ersten Wagenladungen zum Armeeflugplatz Roswell gebracht wurden, waren es auch nicht. Wenn Major Marcel so naiv gewesen wäre, daß er Teile eines einfachen gewöhnlichen Radarschirms eines Wetterballons, die wohl kaum eine überstürzte Reise zu einer Schafranch an einem Sonntagnachmittag wert waren, nicht erkennen konnte, wäre er dann kurz danach befördert worden und hätte er eine wesentlich wichtigere und sensiblere Aufgabe erhalten?

Geheime Amerikanische Waffe

Es besteht natürlich immer die Möglichkeit, daß das, was auf der Foster Ranch und sogar auch das, was in der Ebene von San Augustin abgestürzt war, mit dem Testflug eines geheimen amerikanischen Flugzeuges oder einer geheimen amerikanischen Rakete zu tun hatte. Dies würde erklären, warum es von Mac Brazel nicht erkannt wurde und auch, warum die ganze Geschichte so geheim gehalten wurde. Zu allen Zeiten waren geheime Fluggeräte stets in den weiten offenen Räumen des Westens getestet worden, wo die Chancen, daß sie zufällig von jemandem gesehen würden, minimal waren. Das galt 1947 und gilt mit Sicherheit auch heute noch.

Aber was 1947 getestet wurde, ist heue nicht mehr geheim. Entweder es erfüllte die an es gestellten Anforderungen und ging in die Produktion oder es scheiterte in der einen oder anderen Hinsicht und landete auf dem Schrottplatz. Dessenungeachtet wäre es deklassifiziert worden und schon lange Allgemeinwissen. Selbst wenn es in jeder Hinsicht erfolgreich gewesen wäre, wäre es heute durch nachfolgende Entwicklungen überflüssig geworden. Übrig gebliebene Exemplare wären wahrscheinlich in Museen. 1947 testete die U.S. Army Air Force heimlich, still und leise das Bell XS-1 Raketenflugzeug (das als die X-1 berühmt werden sollte, in der Chuck Yaeger am 14. Oktober 1947 als erster Mensch schneller als die Schallgeschwindigkeit flog). Im Juli 1947 war das höchst geheim. Heute hängt es in der Halle der Meilensteine des Fluges des National Air and Space Museum in Washington, D.C.. Nichts an ihm ist mehr geheim, weder seine Form noch sein Antrieb, weder seine Konstruktion noch sein Leistungsvermögen.

Unter den Flugzeugen, die 1947 auf dem Armeeflugplatz Muroc im Süden Kaliforniens getestet wurden, waren der Northrop XB-35 Flying-Wing-Heavy-Bomber, der Convair XB-36 Super-Heavy-Bomber, der North American XF-36 Sabre Kampfjet und der Douglas D-558-I Skystreak Forschungsjet. Keines davon hatte je mit einem rätselhaften Absturz zu tun, noch wurde eines so weit weg bis nach New Mexico geflogen.

Wenn das, was 1947 in New Mexico abstürzte war, ein geheimes amerikanisches Flugzeug auf dem Testflug gewesen wäre, so wäre es bereits vor vielen Jahren als solches enthüllt, und das Rätsel zur Zufriedenheit aller gelöst worden. Was aber so seltsam an dem Fund auf der Schafranch war, war nicht seine grundlegende Gestalt (es war ja nur Schrott, der keine bestimmte Form vermuten ließ), sondern seine Zusammensetzung. Das Material beschränkte sich auf solches von höchst ungewöhnlichem Gewicht, Festigkeit und Markierungen. Hätte solches Material den Herstellern amerikanischer Flugzeuge und Raketen Ende der vierziger Jahre und danach zur Verfügung gestanden, so hätte es die relativ minderwertigen Aluminiumlegierungen, das Titan, spezielle Stähle und schließlich selbst so fortschrittliche Gemischtbauweisen wie Carbonfasern ersetzt. Materialien geringerer Qualität zu verwenden, wenn überlegene Materialien zur Verfügung stehen, ergibt absolut keinen Sinn. Nicht einmal unter den Bedingungen äußerster Sicherheitsmaßnahmen.

Geheime sowjetische Waffe

Diese Erklärung hat sogar noch mehr Lücken als die der amerikanischen Geheimwaffe. Zusätzlich zu den oben bereits aufgezählten Gründen kann die inzwischen offensichtliche Unfähigkeit der sowjetischen Technologie von 1947 angeführt werden, irgendetwas zu produzieren, was auch nur halb so fortschrittlich gewesen wäre wie das, was in New Mexico abgestürzt war. Zu der Zeit bestand die ernsthafte Besorgnis, die Sowjets seien so weit voraus, weil sie sich erbeuteter, nazideutscher Technologie und deren Wissenschaftlern bedienten. Aber das wird nicht mehr länger als realistisch betrachtet, ganz besonders angesichts unseres Wissens über die ersten sowjetischen Düsenflugzeuge und Raketen.

Darüberhinaus hat es für die Sowjets (oder jeden anderen) absolut keinen Sinn, geheime experimentelle (und daher höchst sensible) Flugzeuge über die Vereinigten Staaten zu fliegen, wo auch nur die kleinste Fehlfunktion zu einer Notlandung oder einem Absturz führen würde. Unbezahlbare Geheimnisse und ein deutliches Bild vom Stand der Technik wären enthüllt, und nichts wäre gewonnen worden. Wir testen unsere geheimen Flugzeuge über den leeren Gebieten in Nevada und Kalifornien, wo sie nur ein Minimum an Aufmerksamkeit erregen. Die Sowjets testeten die Ihren über gleichermaßen unbesiedelten Gebieten ihres riesigen Landes.

Wir haben zwar auf diese Weise alle vorgeschlagenen alternativen Erklärungen für das, was an den Absturzstellen in New Mexico geborgen wurde, eliminiert; das beweist aber noch nicht, daß außerirdische Raumschiffe dafür verantwortlich waren. Es mag noch andere Erklärungen geben - geheimnisvoll, aber weltlich - daran sollte man denken. Eine davon könnte die schwer zu begreifende Antwort auf die Fragen liefern, die unbeantwortet bleiben. Schließlich funktioniert der Eliminierungsprozeß nur dann, wenn man absolut sicher sein kann, alle Möglichkeiten in Betracht gezogen zu haben.

Es gibt noch eine Möglichkeit: daß alle Zeugen - Militärs und Zivilisten - lügen. Anschuldigungen reichen nicht aus. Der Beweis muß erbracht werden, daß Dutzende von Leuten mit einem ausgezeichneten Ruf in der Gesellschaft sich aus unerfindlichen Gründen dazu verschworen haben, eine komplexe Geschichte zu erfinden. Fehlt dieser Beweis, so muß angenommen werden, daß die Zeugen die Wahrheit sagen, so wie sie sie in Erinnerung haben.

12. KAPITEL

Das Geheimnis wird gewahrt

Mehr als vierzig Jahre lang hielt die Regierung der Vereinigten Staaten das Wesen der UFO-Abstürze in New Mexico in ausreichendem Maße geheim, um den Anschein zu erwecken, sie hätten nie stattgefunden. Auf diese Weise konnte sie das amerikanische Volk davon abhalten, viel über UFOs im allgemeinen zu erfahren, auch wenn Hunderttausende sie gesehen haben und eine Mehrheit überzeugt ist, daß sie echt und wahrscheinlich auch außerirdisch sind.

Dies ist mit hoher Wahrscheinlichkeit das bedeutendste Beispiel einer Geheimhaltung in der Geschichte. Es stellt sogar den Meilenstein der Verhüllung der Entwicklung der ersten Atombombe Anfang der vierziger Jahre in den Schatten, denn diese Sicherheitsmaßnahmen wurden zu Kriegszeiten getroffen und entsprachen dem kollektiven Willen der Nation. Und das Geheimnis wurde auch nur ein paar Jahre lang gewahrt.

Die Geschichte von der Realität und der Beschaffenheit der UFOs wurde fast ein halbes Jahrhundert lang verdeckt gehalten, während der Amtszeit von nicht weniger als neun Präsidenten, über etliche größere Kriege hinweg und während der Blüte des bemannten Weltraumfluges. Selbst als das amerikanische Volk welt- und weltraumoffen wurde, blieb die Haltung seiner Regierung gegenüber UFOs starrköpfig und auf Sicherheit bedacht.

Als UFOs Ende Juni 1947 auf der Bildfläche erschienen, wurden sie in der Öffentlichkeit lächerlich gemacht, insgeheim aber krampfhaft erforscht. Die anfängliche (und durchaus vernünftige) Befürchtung, sie könnten unerwartet fortschrittliche sowjetische Flugzeuge oder Raketen sein, wich bald der Besorgnis, die Öffentlichkeit könnte in Panik ausbrechen, wenn man zuließe, daß Gerüche über „die kleinen grünen Männchen vom Mars“ die Runde machten.

Bevor man noch aus frühen Berichten über Sichtungen von fliegenden Untertassen viel erfahren konnte, stürzte zumindest eine ab und enthüllte einer sorgfältig überwachten Gruppe von Regierungsleuten viele ihrer Geheimnisse. Während man die Öffentlichkeit immer noch glauben machte, die Untertassen, die sie sah, seien nicht mehr als Wolken, Flugzeuge und Ballons, gab es doch Leute in Washington und auf dem Flugplatz Wright, die wußten, daß sie, die Untertassen, nicht nur echt, sondern sogar außerirdisch waren. Im Weißen Haus wurde die Entscheidung gefällt, alles höchst geheim zu halten.

Die Welle von Sichtungen fliegender Untertassen von 1947 erweckte bei der Presse und bei Wissenschaftlern spontanen Spott in ausreichendem Maße, um die meisten Leute davon zu überzeugen, daß UFOs reine Einbildung waren. Es bestand für die Regierung so lange kein Handlungsbedarf, das Interesse an UFOs zu reduzieren, wie es keinerlei Anzeichen dafür gab, daß irgendjemand sie ernst nahm. Als Wrackteile und Leichen von den Absturzstellen in New Mexico geborgen wurde, die rasch als nicht irdisch identifiziert werden konnten, tönten Befehle aus Washington, eine Tarngeschichte zu erfinden, damit ja nichts davon bekannt würde, daß die Erde unfreiwillig den Gastgeber für ungewöhnliche Besucher spielte. Die Presse nahm die Erklärung dankbar an, daß es sich um nichts Aufregenderes als den Radarschirm eines wandernden Wetterballons gehandelt habe, und gab sie an Millionen wißbegieriger Leser und Hörer weiter, die ohnehin bereits der Überzeugung waren, daß fliegende Untertassen ein Witz waren.

Der Effektivität der Tarngeschichte mangelte es nicht an Erstaunlichkeit. Mehr als dreißig Jahre vergingen, bis überhaupt jemand diesem Ereignis, über das nur vage berichtet worden war, Aufmerksamkeit schenkte. Natürlich waren die Grundlagen für Ermittlungen über die ursprüngliche Geschichte über einen Absturz und die Bergung begrenzt, insofern, daß nur so wenig Information zur Verfügung stand, und da nichts mehr geschehen war, das hätte vermuten lassen, daß an den Geschichten über den Absturz fliegender Untertassen etwas dran war. Aber es gab ein paar Hinweise, die einen gewitzten Reporter zu der Zeit hätten alarmieren müssen oder einige der privaten UFO-Forscher, als sie Mitte der fünfziger Jahre zum ersten Mal begannen, sich das Rätsel näher anzusehen.

In der *Washington Post* vom 9. Juli 1947 (der Tag, nachdem Leutnant Hauts Presseverlautbarung ein kurzlebiges Strohfeuer des Interesses entfacht hatte) fand sich folgendes Zitat aus der Tarngeschichte: „Brazel fand die zerbrochenen Überreste des Wettergerätes über eineinhalb Quadratkilometer seines Landes verstreut."

Eineinhalb Quadratkilometer? Wie kann ein kleiner Wetterballon und sein zerbrechlicher drachenähnlicher Radarschirm über mehr als 250 Hektar verstreut werden? Wenn ein Wetterballon auf die Erde fällt, dann entweder weil er ein Loch bekommen hat und seine Höhe nicht mehr halten kann, oder weil er zu hoch flog, zerriß und sein Heliumgas so schneller entweichen ließ. In beiden Fällen sinkt der Ballon auf recht gemächliche Weise. Beschädigte Ballons stürzen nicht auf die Erde wie Flugzeuge im Sturzflug oder Raumschiffe beim Wiedereintritt. Sie schweben oder flattern herunter, und richten bei sich selbst und bei Dingen am Boden, wenn sie aufprallen, kaum Schaden an.

Wenn der Ballon oder das, was von ihm übrig war, gar nicht anders konnte, als langsam niederzugehen, was hätte die Ursache dafür sein können, daß seine Ladung in so viele Stücke zerschmettert wurde, daß sie eineinhalb Quadratkilometer einer Schafranch bedecken konnten? Offensichtlich doch gar nichts! Die Metallfolie oder die Stäbe, aus denen der Radarschirm gemacht war, wären verbogen oder vielleicht sogar zerbrochen worden, während der Ballon selbst aber mit großer Wahrscheinlichkeit noch an einem Stück gewesen wäre. Aber weithin verstreut? Wohl kaum!

Darüberhinaus hätten die Wrackteile, falls man sie, wenn sie über ein so großes Gebiet verteilt sind, überhaupt noch bemerkte, von etwas weitaus Größerem kommen müssen als von einem gewöhnlichen Wetterballon mit Radarschirm. Stücke von so etwas hätten wahrscheinlich bei Rancher Brazel nicht eine so heftige Reaktion ausgelöst. Ein paar frisch geleerte Bierflaschen hätten wahrscheinlich größeren Eindruck hinterlassen.

Und da ist die Geschichte der ursprünglichen Schlußfolgerung, es sei eine „echte fliegende Scheibe", gegen die spätere „Ballonerklärung". Schafrancher Brazel mag ja in der Isolation gelebt haben, sogar ohne Telefon, das heißt aber nicht, daß er naiv oder dumm war. Das Überleben im Ranchergeschäft, ganz zu schweigen von Erfolgen, erforderte in den vierziger Jahren Scharfsinn in einem Grad, der jede realistische Möglichkeit von vorneherein ausschließt, daß Brazel über so etwas Hundsgewöhnliches wie einen Wetterballon so außer sich geriet. Wie die meisten Leute, die im Westen auf dem Lande lebten, wußte er, wie ein

Wetterballon aussah, denn er hatte bereits mehr als einen aufgelesen und gegen die kleine Belohnung, die auf dem Gerät angegeben war, wieder zurück gebracht.

Wie sollte dann die „Falschidentifizierung" von statten gegangen sein, als Leute vom Militär zum ersten Mal die Überreste der Scheibe/des Ballons gesehen haben? Major Jesse Marcel hatte seine angesehene, verantwortungsvolle Stellung nicht inne, weil er der Schwiegersohn irgend eines Senators war. Er war der Nachrichtenoffizier der einzigen Atombombeneinheit der Welt, denn er konnte mit schwierigen Situationen und unerwarteten Ereignissen umgehen, ohne sich zu sämtlichen Grundlagen entbehrenden und daher potentiell gefährlichen Schlüssen zu versteigen.

Brazel und Marcel wußten, daß das, was sie gesehen hatten, nicht einmal entfernt mit einem Wetterballon oder irgend etwas anderem, Bekanntem zu tun hatte. Aber sie wurden wirkungsvoll zum Schweigen gebracht, genau wie alle anderen, die die Katze hätten aus dem Sack lassen können. Viele Militärleute sahen genug von dem geborgenen Wrack, und es wurde ihnen bewußt, daß etwas schrecklich Wichtiges vor sich ging. Es scheint, daß all jene, die nicht zur Analyse des Materials und der Leichen benötigt wurden, zu verschiedenen anderen Stützpunkten in vielen Tausend Kilometern Entfernung gebracht wurden, wo es niemanden gab, der mit ihnen über abgestürzte fliegende Untertassen sprechen würde. Zumindest niemanden, bei dem man darauf zählen konnte, daß er nicht lachen würde. Diejenigen, die man mit sensiblen Details des schockierenden Geheimnisses vertraut machen mußte, waren die, bei denen man sich darauf verlassen konnte, daß sie ihren Mund halten würden.

Die beiden Gruppen, die Wind von der wahren Geschichte bekommen und so viel darüber hätten erfahren können, daß sie eine Bedrohung für die Geheimhaltungspolitik der Regierung gewesen wären, waren die Presse und die wissenschaftliche Gemeinde. Ihre Kooperation - ob bewußt oder nicht, ob freiwillig oder anderswie - war von absoluter Notwendigkeit, wenn die bizarre Natur der UFOs vor der amerikanischen Bevölkerung geheim gehalten werden sollte.

Wenn die Presse Berichten über Sichtungen von UFOs unnötig viel Aufmerksamkeit schenkte, würde dies zur Veröffentlichung von mehr Berichten führen, zu einer größeren Verbreitung ernsthaften Interesses und schließlich zu einem Vertrauensverlust gegenüber der Art und Weise, wie die Regierung mit der Situation umging (oder eben auch nicht umging). Nur wenn die Presse (und durch sie natürlich auch die

Öffentlichkeit) den lahmen Erklärungen der Regierung für die UFO-Sichtungen glaubte, wäre es möglich, Erkenntnisse über die Bedeutung der UFOs unter Kontrolle zu halten. Es bedürfte nur eines oder zweier führender Kolumnisten oder Kommentatoren, um das Haus einzureißen, das errichtet worden war, um das Geheimnis der UFOs zu bewahren.

Die Wissenschaft spielte, wie die Presse, eine wesentlich größere Rolle in dieser Sache, als man zu der Zeit annehmen konnte. Solange es keinen wichtigen Fürsprecher dafür gab, daß die Wissenschaft überhaupt Enthusiasmus für die Echtheit der UFOs entwickeln sollte, wäre es leicht für die Regierung, ihre Position beizubehalten, daß UFOs nichts hergäben, für das sich intelligente Leute interessieren könnten. Wenn aber nur ein einziger Wissenschaftler sich für ernsthafte Studien der UFOs aussprechen wollte (abgesehen von dem, was das Militär hinter verschlossenen Türen tat), so wäre die Möglichkeit, eine Atmosphäre der Lächerlichkeit aufrecht zu erhalten, in großer Gefahr.

Die Presse kooperierte mit der Regierung, auch wenn mit großer Sicherheit angenommen werden kann, daß sie sich dessen gar nicht bewußt war. Sie machte fliegende Untertassen lächerlich und unterstellte, daß diejenigen, die dachten, sie seien mehr als nur Halluzinationen, einfach keiner Aufmerksamkeit wert waren. Das wirkte, und kein Journalist wollte es riskieren, von seinen Kollegen lächerlich gemacht zu werden, wenn er Interesse an dem Thema zeigte. Und es wurde auf subtile Weise von der Regierung mit einer Flut von zusammenfassenden Berichten, Statistiken und blankem Leugnen unterstützt, die alle betonten, daß Berichten über UFOs jegliche Substanz fehle. Wenn die Regierung sagte, es sei viel Lärm um Nichts und keine verläßliche Quelle gegenteilige Informationen lieferte, was sollte ein Reporter anderes tun, als sich an die offizielle Linie zu halten?

Die Wissenschaft kooperierte mit der Regierung im selben Umfang und war sich wahrscheinlich ihrer Komplizenschaft ebenso wenig bewußt wie die Presse. Auch hier sah sich die Regierung der Herausforderung gegenüber, mit der anerkannten, intellektuellen und moralischen Verpflichtung der Wissenschaftler, die Wahrheit zu entdecken, umzugehen. Um die Chancen zu verringern, daß Wissenschaftler eigene Ermittlungen über UFOs anstellen würden und so vielleicht mehr erfahren würden, als die Regierung für ratsam hielt, nahm man die Dienste eines Mitgliedes in Anspruch. Dr. Donald Menzel, ein angesehener altgedienter Wissenschaftler der Astronomischen Abteilung und des Observatoriums in Harvard, schrieb 1953 ein Buch, *Flying Saucers*, in dem er die

Vorstellung verhöhnte, daß auch nur eine einzige UFO-Sichtung mehr sein könnte als die pathetische Inkompetenz eines grob unqualifizierten oder überemotionalen Laien. Er „wußte", daß kein wahrer Wissenschaftler denken würde, er habe eine echte fliegende Untertasse gesehen; schließlich konnte er alle erklären, die er gesehen hatte.

Trotz der Tatsache, daß der verstorbene Dr. Menzel ein paar erstaunliche wissenschaftliche Verrenkungen anstellte, um diese These zu untermauern (wie zum Beispiel, daß wechselnde Schichten heißer und kalter Luft sich wie „Luftlinsen" verhalten und Lichtstrahlen so sehr biegen können, daß Lichter vom Boden am Himmel zu sehen seien), war nicht ein bekannter Wissenschaftler bereit, ihn zur Rechenschaft zu ziehen, bis sich in den sechziger Jahren Dr. James McDonald, Atmosphärenphysiker der Universität Arizona, meldete und rundweg lächerlich gemacht wurde. Die Furcht, mit „Amateur-UFO-Experten" in einen Topf geworfen zu werden, war zu groß, als daß sie von der Notwendigkeit zur Objektivität hätte überwunden werden können.

Jahrzehntelang wurde jedem veröffentlichten Bericht über UFOs von mindestens einem Wissenschaftler begegnet, der in die Geschichte eingehen wollte, indem er erklärte, das Ereignis sei nichts Bedeutenderes als eine Mirage, ein Schwarm elektrifizierter Insekten oder Energie, die von einem kleineren Erdbeben freigesetzt worden sei. Es schien überhaupt nichts auszumachen, daß die Erklärung nicht zu dem paßte, was vom Beobachter beschrieben worden war oder daß die Erklärung zuvor unbekannte und nicht bestätigte wissenschaftliche Phänomene enthielt. Was zählte, war nur, daß ein echter Wissenschaftler mit Leichtigkeit erklärt hatte, was ein Amateur von Rang für unerklärlich gehalten hatte.

Die Presse, die der wissenschaftlichen Gemeinde in nichts nachstehen wollte, legte Wert auf eine Erklärung über Datenmaterial. Was soll's, wenn ein solider, ehrbarer Bürger behauptet, er sei von einem schwebenden, scheibenförmigen Raumschiff erschreckt worden, das ein helles Licht in seinen Wagen warf und dessen Inneres erleuchtete? Wenn ein Wissenschaftler (dessen Fachgebiet weit von der Meteoritenforschung entfernt sein mag) sagte, es war ein Meteor, dann mußte es auch ein Meteor gewesen sein. In der Eile wurde nur die Tatsache übersehen, daß ein Meteor nicht schweben kann, auch kann er nirgendwohin einen Lichtstrahl richten.

Die Regierung brauchte nicht einmal so weit vom Wege abzukommen, daß sie Druck auf die Presse oder die Wissenschaft ausgeübt oder sie beeinflußt hätte, so lange deren eigene Leute willens waren, ihr diese

Arbeit abzunehmen. Und sie wurden in ihren fehlgeleiteten Bemühungen noch durch die irrwitzigen Randerscheinungen in der privaten UFO-Forschung ermutigt. Selbst der aufgeschlossenste Reporter mußte um seinen guten Ruf fürchten, wenn er von einem dieser UFO-Evangelisten mit wildem Blick angegriffen wurde, der darauf bestand, daß selbst der unglaubhafteste Bericht über UFOs ein „Beweis" dafür war, daß die Außerirdischen hier sind, und daß mindestens einer von ihnen ihm Botschaften voller Wahrheit und Schönheit in den Kopf gebeamt hätte.

Da die Wissenschaftler und die Journalisten so fest auf seiten der Regierung standen, auch wenn sie es selbst gar nicht bemerkten, gab es nur noch zwei Gruppen, die das Potential besaßen, den Status quo aufzurütteln: private UFO-Forscher und diejenigen, die die UFOs flogen.

Seriöse private Forscher, selbst wenn sie sich in Vereinigungen zusammenfanden, waren generell nicht in der Lage, die oftmals beeindruckenden Beweise und Analysen, die sie zu Wege brachten, effektiv zu nutzen. Wenn die meisten Wissenschaftler ihnen keine Rückendeckung geben (oder sie nicht einmal beachten) und die Presse sie nicht ernst nimmt, wie können sie das verbreiten, was sie zu sagen haben?

Wenn es einer ernstmeinenden privaten UFO-Gruppe gelingt, die Aufmerksamkeit der Presse auf sich zu ziehen, kann das für die offizielle Politik der Geheimhaltung eine ernsthafte Bedrohung darstellen. Mitte der sechziger Jahre erreichte das National Investigations Committee on Aerial Phenomena (NICAP) beträchtlichen Einfluß bei der Presse in Washington. Sie wurden oft sogar noch vor den offiziellen Sprechern zitiert. Sie waren so in der Lage, die Nation auf einige der auffälligeren Schwächen im Umgang der Regierung mit UFOs aufmerksam zu machen. Aber als die Air Force ihr Projekt *Blue Book* 1969 abschloß, ließ das öffentliche Interesse und die Unterstützung nach, und NICAP verschwand von der Bildfläche.

Trotz dem steten Zuwachs detaillierter Berichte über Beobachtungen fundamentaler Raumschiffe, die zu Flugmanövern fähig waren, die alles bis dahin Bekannte oder theoretisch Gedachte bei weitem übertrafen, bestand weder von seiten der Journalisten noch von seiten der Wissenschaftler das Verlangen nach einer objektiveren Betrachtungsweise der UFOs. Der gelegentliche schwache Ruf nach einem Überdenken der Beweise für die Existenz von UFOs wurde übertönt von den sarkastischen Denunziationen selbsternannter Wächter über die wissenschaftliche Reinheit und von den lächerlichen Überschriften der Boulevardzeitungen im Supermarkt.

Die einzige Gruppe, die außerdem noch eine echte Chance zur effektiven Veränderung des Status quo zu haben scheint, sind, diejenigen, die die UFOs fliegen, seien sie nun Außerirdische oder was auch immer. Wenn sie sich entschließen, ihr Verhalten zu ändern und offener zu werden - sie könnten ja vielleicht landen und sich den Fernsehkameras stellen oder doch zumindest den Zuschauern eines Baseballspiels - werden sich augenblicklich alle Regeln ändern. Bis jetzt jedoch kann ihr Verhalten am besten als "verstohlen" bezeichnet werden, mit nur sehr wenigen Anhaltspunkten dafür, daß sie gesehen werden, geschweige denn Menschen auch nur in etwa auf gleicher Ebene treffen wollen.

Es war nicht so, daß sich überhaupt kein einziger Wissenschaftler oder Reporter für das UFO-Rätsel interessiert hätte; viele von ihnen hatten zugegeben, daß sie sich schon seit Langem dafür interessierten, privat. Es war eher so, daß kaum einer bereit war, angesichts der allgemeinen Apathie und Ablehnung offen darüber zu sprechen. Es gab bei diesen beiden Gruppen, die sonst als mutig und weitsichtig angesehen wurden, mehr und mehr Anzeichen der Furcht. Sie fürchteten nicht körperlichen Schaden, aber den beruflichen und intellektuellen Schaden, den ein offen gezeigtes Interesse, ganz zu schweigen von der Unterstützung der These von der Echtheit der UFOs, mit sich gebracht hätte.

Ein Kolumnist einer der bedeutendsten Tageszeitungen sagte einem der Autoren, daß er dachte, die Geschichte könnte wirklich „zu groß" sein! Dieses zuvor unbekannte journalistische Konzept wurde als das Ergebnis der wahrscheinlichen Gedankenkette erklärt, die jeder ernsthaften Erforschung der UFOs folgen müßte. Das heißt, ein Reporter, der sich die Beweise genau angesehen hat, könnte sehr wohl zu dem Schluß kommen, daß UFOs außerirdische Raumschiffe sein könnten. Dies würde unausweichlich zu Überlegungen über die schwankenden politischen, ökonomischen und kulturellen Auswirkungen eines Kontaktes mit einer anderen intelligenten Lebensform führen. Dies wiederum könnte den Reporter dahin bringen, all seine anderen beruflichen Verpflichtungen abzulehnen, weil sie ihm plötzlich so inkonsequent erscheinen, und sich ausschließlich den UFOs zuzuwenden. Seine Effektivität als Reporter würde darunter leiden, und er könnte seinen Arbeitsplatz verlieren. Das wäre es denn doch nicht wert.

Dadurch daß sie Scheinermittlungen durchführte - die Projekte *Sign, Grudge* und *Blue Book* -, gelang es der Regierung, genügend Leute davon zu überzeugen, daß sie mit dem Problem gewissenhaft umging. Erst als lange nach dessen Demission die Akten des Projektes Blue Book und anderer zugänglich wurden, konnte man erkennen, daß sie alles andere als wissenschaftliche Ermittlungen waren, sondern nur eine Täuschung. Aber mehr als zwei Jahrzehnte lang wurden sie benutzt, um die Regierung in dem Licht erscheinen zu lassen, als nähme sie das Rätsel ernst und könne nichts finden, was die Vorstellung untermauern könnte, daß UFOs echt und unerklärt seien.

Das Bestehen der Regierung darauf, daß sie den UFOs 1969 endgültig die Türen verriegelt hatte, wurde von der Wissenschaft und der Presse als Beweis dafür angesehen, daß dieses Thema in der Tat kaum eine Grundlage hatte. Nachdem sie 22 Jahre lang Angriffe gegen die demonstrative Unfähigkeit ihrer offiziellen, öffentlichen Ermittlungen abgewehrt hatte, entdeckte die Regierung 1969, daß Schweigen die beste Verteidigung ist. Angesichts dokumentierter Beweise, daß Projekt *Blue Book* zum Beispiel nie Berichte erhielt, die irgendwelche Bedeutung für die nationale Sicherheit gehabt hätten, und daß solche Berichte vielmehr in geheimdienstlichen Verfahren behandelt wurden, die extra zu diesem Zweck entwickelt worden waren, leugnet die Air Force immer noch stock und steif, daß sie Interesse daran, geschweige denn damit zu tun habe. Die CIA besteht darauf, sie habe seit 1953 kein Interesse mehr an UFOs gehabt, obwohl sich Dokumente in privater Hand befinden, die sehr wohl deren Interesse bis in die siebziger Jahre hinein zeigen.

13. KAPITEL

Nach dem Absturz

Nachdem der Regierung der Vereinigten Staaten einmal klar geworden war, wie wichtig und heikel die Trümmer aus den Abstürzen waren, begann eine neue und wesentlich entscheidendere Phase der Operation. Aus Gründen, die vermutet, wenn nicht gar bewiesen werden können, wurde die Herausgabe jeglicher weiterer Nachrichten gestoppt, und alle Zeugenaussagen und Beweisstücke, die mit der offiziellen Linie (daß es nicht mehr war als ein Wetterballon) kollidieren könnten, wurden vor der Öffentlichkeit verschlossen gehalten.

Die ersten beiden Männer der U.S. Army Air Force, die sich der grundsätzlichen Beschaffenheit eines Teils der Wrackstücke aus den Abstürzen bewußt werden sollten - Major Marcel und Captain Cavitt - wurden offiziell und legal zum Schweigen gebracht. Mac Brazel, der das Material gefunden hatte, wurde unter irgend einem Vorwand der nationalen Sicherheit etliche Tage in Militärgewahrsam genommen und davon überzeugt, daß es zu seinem und dem Besten des Landes wäre, wenn er seine Geschichte dahingehend veränderte, daß sie mit der offiziellen Position übereinstimmte. Brazel wurde begraben, ohne daß er je das Gegenteil behauptet hätte.

Um sicherzustellen, daß niemand außerhalb des Einflußbereichs der Regierung ein Wrackteil in die Hände bekommen würde (was hätte beweisen können, daß das geborgene Objekt kein Ballon war und daß die Regierung log), kam ein Team vom Armeeflugplatz Roswell zur Absturzstelle auf der Foster Ranch, und eines vom Flugplatz Kirtland oder Alamogordo oder Sandia in die Ebene von San Augustin, um jedes kleinste Teilchen aufzulesen. Ein Indiz für die extreme Bedeutung, die dem beigemessen wurde, ist, daß eine zufällige Bemerkung von Brazels Sohn Bill, dahingehend, daß er ein paar kleine Wrackteile aufgelesen hatte, rasch zu einem Besuch offizieller Leute führte, die sie beschlagnahmten.

Die intensive Durchsuchung der Absturzstelle bei Corona fiel mit großer Sicherheit zeitlich mit einer ausgedehnten Suche in der Umgebung nach den Überresten des Raumschiffs zusammen, da offensichtlich war, daß das Material, das auf der Schafranch gefunden wurden, nicht das gesamte Fahrzeug gewesen sein konnte. Ein oder zwei Tage nach Beginn der Hauptbergungsaktion und fast eine Woche nach dem Absturz auf der Ranch wurde der Rest des Raumschiffs in etlichen Kilometer Entfernung von der Stelle ausgemacht, wo die ursprünglichen Trümmer gefunden wurden. Zu etwa derselben Zeit wurden in einer Entfernung von zwei oder drei Kilometern vom Hauptteil des Raumschiffes drei (oder möglicherweise vier) Leichen in etwas gefunden, was vermutlich Rettungskapseln waren. Die Entdeckung wurde wahrscheinlich aus der Luft gemacht, von Flugzeugen oder Hubschraubern vom Armeeflugplatz Roswell oder einem Stützpunkt in der Nähe, wie z.B. Alamogordo.

Nachdem die Laster so viel Wrackteile, wie sie nur tragen konnten, zum Armeeflugplatz Roswell gebracht hatten, mußten sie in einem großen, sicheren Gebäude verwahrt werden, wo sie sorgfältig bewacht wurden, während Männer, denen man vertraute, sie drinnen für den Versand an Orte fertig machten, an denen sie in Ruhe untersucht, getestet und analysiert werden konnten. Die Leichen mußten vor weiterer Verwesung geschützt werden; und man wandte dabei alle möglichen zeitgenössischen Einbalsamierungstechniken an.

Die begrenzte Menge an Wrackteilen, die von Marcel und Cavitt zum Armeeflugplatz Roswell gebracht worden war, wurde in den Bombenschacht eines B-29 Bombers geladen und nach Fort Worth geflogen, wo General Ramey die Operation übernahm, sämtliche Gespräche unmöglich machte und das Märchen vom Wetterballon erfand. Man kann annehmen, daß ein Teil oder das gesamte Material rasch nach Wright Field weitergeflogen wurde. Dies bestätigen die Zeugenaussagen etlicher Mitglieder der Mannschaft und eine Telex-Meldung des FBI, in der es heißt, daß „die Scheibe und der Ballon von einem Spezialflugzeug zum Flugplatz Wright zur weiteren Untersuchung geflogen worden" seien. Die begrenzte Möglichkeit der B-29, eine großes Volumen an Ladung zu transportieren, würde ihren Nutzen als improvisiertes Frachtflugzeug einschränken.

Nur wieviele Flugzeuge benötigt wurden, um das gesamte Material zu transportieren, das von der Absturzstelle bei Corona geborgen wurde, ist nicht bekannt, obwohl Einzelheiten aus Zeugenaussagen vermuten lassen, daß eine weitere B-29 und drei viermotorige Transportmaschinen vom Typ Douglas C-54 Skytrooper verwendet wurden, dazu sogar drei zweimotorige mittelgroße B-25 Mitchell Bomber, die Leichen an verschiedene Orte gebracht haben könnten.

Was an jener Stelle mit dem Hauptteil des Raumschiffs geschah, ist unbekannt. Wenn es zu groß war, um mit den Standardlastwagen der Armee transportiert werden zu können, wie es der Fall gewesen zu sein scheint, so mußte eine spezielle Ausrüstung herbeigeschafft worden sein, da es zweifelhaft erscheint, daß es zerlegt und auf kleinere Fahrzeuge verladen werden konnte. Da es 1947 noch keine Schwerlasthubschrauber gab, mußte der Hauptteil des Raumschiffs über Land transportiert werden, und das über schlechte bis nicht existente Straßen. Da aber in diesem Teil von New Mexico kaum jemand lebte, war die Gefahr, daß identifizierbare Wrackteile gesehen würden, minimal, insbesondere wenn der Transport bei Nacht erfolgte.

Im Hinblick auf die höchst detaillierten Beschreibungen der Trümmer, die auf der Foster Ranch gefunden wurden, ist offensichtlich, daß das gesamte Material ungewöhnlich war: ganz fest, ganz leicht und ganz anders als alles, was man bisher gesehen hatte. Die Analyse solchen Materials erfordert die besten Wissenschaftler und die beste Ausrüstung, die der Flugplatz Wright und andere militärische Einrichtungen in Zusammenarbeit mit den Universitäten und der Industrie des Landes aufbringen konnten.

Ein Mann wie Dr. Vannevar Bush war vonnöten, um zu den Spitzenleuten in den entsprechenden wissenschaftlichen Disziplinen und im Ingenieurwesen vorzudringen. Er hätte das Prestige, das nötig wäre, um diese Leute dazu zu bringen, daß sie sich an dieser neuen Aufgabe beteiligten, ohne daß sie zuerst eine Menge Fragen stellten, die am Telefon zu beantworten er nicht riskieren konnte.

Die erstaunliche Festigkeit des Materials könnte ernste, aber auch faszinierende Probleme bei der Durchführung konventioneller Tests geschaffen haben. Es mag nicht möglich gewesen sein, die Art von Experimenten durchzuführen, die Wissenschaftler traditionell anwenden, wie z. B. das Testen der Schnittfestigkeit durch Schneiden, der Zugfestigkeit durch Ziehen, und der Druckfestigkeit durch Zusammenpressen. Die Folie, die Streben und das „Pergament“ hätten sämtlichen Bemühungen, sie zu schneiden, sie zu durchbohren, zu drehen, zu dehnen und zu zerdrücken mit Leichtigkeit widerstanden.

Es sei denn, daß Teile des Raumschiffs so konstruiert waren, daß sie leicht auseinanderzunehmen waren (d.h. wenn sie mit etwas Ähnlichem wie Schrauben oder Bolzen verbunden waren), hätten Wissenschaftler und Techniker Wochen, Monate oder sogar Jahre mit dem Versuch verbringen können, es auf eine handliche Größe zu reduzieren. Ein Ergebnis dessen hätte sehr wohl die Entwicklung neuer wissenschaftlicher Testverfahren sein können, da die intellektuelle Herausforderung, die solch gänzlich unerwartete Materialien bedeuteten, Menschen zu höchster Kreativität angespornt haben könnte. Mit der gleichen Leichtigkeit hätten sie aber auch etliche Nervenzusammenbrüche auslösen können.

Kleinere Elemente der Ausrüstung, die vielleicht im Hauptteil des Raumschiffs gefunden worden waren, hätten eine einfachere Herausforderung darstellen können. Geräte, die zum Gebrauch außerhalb des Fahrzeugs bestimmt waren, mußten daher einfach zu entfernen gewesen sein, wie zum Beispiel Ausrüstung zur Rettung von Leben oder Behälter zum Sammeln von Proben; sie mögen ihren Zweck und sogar ihre Funktionen durch das simple Drücken eines Knopfes oder Drehen eines Schalters preisgegeben haben. Oder durch das Aktivieren unerwarteter Mechanismen, rein durch Zufall.

Wenn das Raumschiff irgend etwas hatte, das der Instrumententafel eines irdischen Flugzeugs oder Raumschiffs entsprach, mag es vielleicht möglich gewesen sein, eines oder mehrere „Instrumente" zu entfernen und durch den Anschluß an eine Energiequelle und an Meßinstrumente etwas darüber herauszufinden, wie sie funktionierten. Genauso gut ist es möglich, daß zum Beispiel Systeme zur Regelung der Manövrierfähigkeit gänzlich verwirrend waren und keinerlei Hinweis darauf gaben, wie sie bedient werden oder zu verstehen sind.

Es ist wahrscheinlich, daß, da Monat um Monat verging und diese außerirdische Technologie immer noch nicht vollständig beherrscht wurde, mehr und mehr Spezialisten herbeigerufen wurden und sich somit die Gesamtzahl der Leute, die zumindest einen Teil des Wesens der Sache kannten, beträchtlich vergrößerte. Die Schwierigkeit, absolute Geheimhaltung zu wahren, wäre so größer geworden und damit auch die Notwendigkeit dringlicher, effektive Langzeittechniken zu finden, um alle potentiellen Informationslecks zu kontrollieren.

Es ist sehr gut möglich, daß ein besonderes Labor für den Umgang mit den Überresten des Absturzes und den Leichen eingerichtet wurde, oder sogar etliche Labors in verschiedenen Teilen des Landes, die sich auf die Arbeit mit Materialien, Ausrüstung, Sprache und so weiter hätten spezialisieren können. Es gibt Grund zu der Annahme, daß sich ein solches Labor auf dem Luftwaffenstützpunkt Kirtland bei Albuquerque in New Mexico befand, das von der Navy betrieben wurde, die vielleicht für solche Forschungen besonders qualifizierte Leute hatte, oder einfach darauf bestand, Teil dieses einzigartig wichtigen, interessanten und prestigeträchtigen Projekts zu sein.

Es war den Leichen wahrscheinlich, jedenfalls den Aussagen von Leuten zufolge, die unmittelbar mit ihnen zu tun hatten, mit konventionellen analytischen Techniken eher beizukommen. Mediziner, die mit Autopsien vertraut waren, hätten in der Lage sein müssen, die Vorarbeit zu leisten, da es keinerlei Hinweise darauf gibt, daß die Leichen so fremdartig waren, daß sie sogar Ärzte in Erstaunen versetzten. Ein Skalpell mag bei der Aufteilung eines außerirdischen Leichnams in kleine Stücke gerade so effektiv arbeiten, wie es das auch bei Menschen tut. Weitere medizinische Standardverfahren, wie zum Beispiel die Untersuchung von Gewebeproben unter starken Magnetfeldern, mögen ein beträchtliches Maß an Informationen geliefert haben, wenn nicht sogar Erkenntnisse und Verständnis.

Die Sicherheitsmaßnahmen in Verbindung mit der zeitweisen oder dauerhaften Verwahrung der Leichen müßten noch strenger sein als die, die für die Wrackteile galten, da die außerirdische Herkunft der Leichen selbst dem flüchtigen Blick eines ungeübten Auges offensichtlich wäre. Darüberhinaus trägt auch der seltsame und strenge Geruch der Leichen zu den Schwierigkeiten bei, die es bereitet, die ganze Sache geheim zu halten. Es gibt mindestens einen Bericht darüber, wie ein höchst eigenartiger Geruch allgemeines Interesse in Wright-Patterson erregte, den Angestellte in einem benachbarten Labor ausmachten, das mit den Untersuchungen der Außerirdischen nichts zu tun hatte. Anfänglich wurde die Herkunft des Geruchs zwar zugegeben, dies wurde dann aber rasch zurückgezogen und die Spuren fast gänzlich verwischt.

Die Möglichkeiten der Regierung der Vereinigten Staaten, sämtliches Wissen und Diskussionen über einen Absturz zu unterbinden, waren offensichtlich 1947 noch nicht so gut entwickelt wie heute. Es scheint, die Armee erfuhr erst etliche Tage danach von dem Absturz auf der Foster Ranch, und dann auch nur weil ein Zivilist einem Sheriff freiwillig einige Stücke gezeigt hatte. Zu dem Zeitpunkt, an dem die

Klappe dicht gemacht wurde, hatten bereits eine Menge Leute Wrackteile gesehen und in der Hand gehabt, und andere wußten um ihre Herkunft. Seit damals wurden die Techniken, wie mit solchen Situationen umzugehen sei, offensichtlich verfeinert, denn für keinen der nachfolgenden Abstürze, über die Gerüchte gehen, gibt es auch nur die geringsten Hinweise.

Der Effektivität der Langzeitkontrolle der Regierung über alles Wissen über die Abstürze in New Mexico fehlte es nicht an, wenn auch fragwürdiger, Moral. Über mehrere Jahrzehnte wurde der Absturz als eine Fehlidentifikation ohne besondere Bedeutung betrachtet. Die Tarngeschichte vom Radarschirm wurde ohne Frage und Ausnahme von der Presse akzeptiert, und als sich eine private UFO-Forschung entwickelte, war die Spur bereits so kalt und undeutlich, daß sich niemand die Mühe machte, ihr zu folgen.

Auch der Verschluß der Forschung über die Beschaffenheit der geborgenen Wrackteile vor der Öffentlichkeit war superb, desgleichen das Verstecken eines großen Teils des Materials aus vielleicht nur zwei, vielleicht aber auch einem halben Dutzend Abstürzen. Auch der Berg an Papieren, der aus der Bergung, dem Transport, den Untersuchungen, Analysen und dem Verschluß des Materials und der Leichen vor der Öffentlichkeit hervorgegangen sein muß, wurde in der gleichen Weise behandelt.

Sobald die Regierung der Vereinigten Staaten einmal genug Material und Leichen in Händen hatte, um die führenden Persönlichkeiten davon überzeugen zu können, daß sie da mit einer außerirdischen Zivilisation umgingen, die in gewisser Hinsicht der unseren weit überlegen ist, blieb gar keine andere Wahl, als noch nie dagewesene Anstrengungen zu unternehmen, alles nur Mögliche über diesen neuen Einfluß auf unsere Gesellschaft in Erfahrung zu bringen.

Zunächst einmal müßten die Überreste von den besten Köpfen untersucht werden, und das innerhalb der Grenzen äußerster Sicherheitsmaßnahmen. Nur Wissenschaftlern, die bereit waren, ihr Engagement vollkommen geheim zu halten, könnten möglicherweise solcherart lebhafte Informationen anvertraut werden. Die Gefahren, die auch nur im kleinsten Informationsleck lagen, waren so groß, daß totale Vertrauenswürdigkeit mindestens ebenso wichtig gewesen sein mußte wie die bestmögliche wissenschaftliche Qualifikation.

Die Untersuchung der Überreste

Nachdem die gesammelten Wrackteile, Leichen, lebende Wesen, Berichte, Fotos und andere Beweise für den Absturz von einer Kombination aus staatlichen Luft- und Bodenfahrzeugen bei einem oder mehreren geheimen „Forschungszentren für außerirdisches Material“ oder Spezialabteilungen innerhalb allgemein bekannter staatlicher oder privater Einrichtungen angeliefert worden waren, konnte mit der Analyse begonnen werden. Zunächst muß das ein relativ grober Prozeß gewesen sein, da es zuvor noch nie etwas gegeben hätte, anhand dessen sich die Analytiker auf eine solch neue Erfahrung hätten vorbereiten können. Sobald aber einmal aus den Überresten eines ersten Absturzes Erkenntnisse gewonnen werden konnten, mußten von den talentiertesten und kreativsten Leuten, die man finden konnte, Methoden und zunehmend ausführlichere und ausgeklügeltere Verfahren entwickelt und verfeinert worden sein. Folgt man der Annahme, daß 1947 in New Mexico keine englische „Bedienungsanleitung“ gefunden wurde, so mußten die analysierenden Wissenschaftler jedes Stückchen des Wracks drehen und wenden, von unten und oben betrachten, kneifen und drücken, bevor sie versuchen konnten, das Raumschiff wieder zusammenzusetzen und dies, genau auf die gleiche Art und Weise wie jene, die einen Flugzeugabsturz analysieren, versuchen, ein geborstenes Flugzeug anhand der Teile, die an seiner Absturzstelle gefunden werden, wieder zusammenzusetzen.Die Untersuchungen des Wracks und der Leichen müßten in logische Schritte aufgeteilt werden, aus denen mit dem gewonnenen Wissen Experten hervorgingen:

Die Konstruktion des Raumschiffs

Äußere Form, innere Form, Konstruktion, Antrieb, Flugkontrolle, Navigation, Kommunikation, lebenserhaltende Einrichtungen, Einrichtungen für die Mannschaft, Geräte zur Benutzung außerhalb des Fahrzeugs, Tarntechnologie, Wartung und Reparatur, die Insassen.

Entdeckung und Bestimmung der Absturzorte

Das Absturz/Bergungs-Team: Erlangen des Wracks, Aufzeichnung der Daten, Sicherheitsmaßnahmen, auflesen und Abtransport der Überreste, Zusammmensetzung des Teams.

Kommunikationsversuche

Gewappnet mit dem Wissen, daß es da draußen im Weltraum zumindest eine intelligente Rasse gab, mußte die Regierung schrecklich begierig darauf sein, Mittel zur Kommunikation zu finden, in der Hoffnung zu erfahren, was das Wrack und die Leichen möglicherweise nicht enthüllen konnten: wer die Außerirdischen sind, woher sie kommen, warum sie hier sind, ob sie vor haben, uns zu schaden, ob sie uns lehren werden, was sie wissen?

Aber wie kommuniziert man mit denen, von denen man so wenig weiß? Wie sendet man jemandem eine Einladung zu einem wissenschaftlichen Symposium oder auch nur zu einem Ballspiel, wenn man dessen Adresse nicht kennt? Wie stellt man ihnen selbst die einfachsten Fragen, wenn man ihre Sprache nicht spricht oder nicht einmal weiß, ob sie überhaupt eine Sprache verwenden? Wie tauscht man Ideen aus, wenn man keine Ahnung davon hat, was in ihnen vorgeht? Oder, ob sie überhaupt nach unseren Standards kommunizieren?

Diejenigen, die im ersten Teil der UFO-Sichtungswelle von 1947 am nächsten an lebende Außerirdische herankamen, waren Piloten, an deren Flugzeugen sie vorbeigerauscht sind. Für einen Piloten ist die einfachste - und die bekannteste - Art der Kommunikation das Wackeln mit den Tragflächen. Das bedeutet: „Hallo, sehen Sie mich?" Das Gegenstück dazu in der Nacht ist das Aufblenden der Landelichter und das Warten auf ein ähnliches Antwortsignal. Keine dieser Techniken hat mit der Übermittlung von besonders viel Information zu tun, sie sind lediglich eine freundliche Geste.

Es gab viele Berichte von Piloten, Autofahrern und selbst Campern mit Blitzlichtern, die Antwort von den UFOs erhielten, aber es gab nie Berichte über organisierte wissenschaftliche Bestrebungen zu sagen: „Hallo, Ihr da! Wie wissen, daß Ihr da seid und möchten Euch gern kennenlernen!" Dennoch mußte das Bedürfnis nach Kommunikation so groß gewesen sein, daß selbst der leiseste Versuch besser war als gar keiner.

Die ersten Kommunikationsversuche waren wahrscheinlich spontan, Piloten, die mit den Tragflächen wackelten, ihre Lichter aufblendeten und sogar versuchten, die UFO-Besatzung über Funk zu rufen. Funk bietet zwar die Möglichkeit, wesentlich mehr zu sagen als nur „Hallo!", er bedingt aber Sende- und Empfangsfrequenzen und, wichtiger noch, Sprache. Aber die Technik war so einfach und so offensichtlich, daß diese Naivität entschuldbar ist.

Wenn natürlich beim ersten Versuch gleich Funkkontakt mit den UFOs hergestellt werden konnte, sind alle Spekulationen überflüssig. Wir haben keine Ahnung, welche Informationen ausgetauscht wurden, und wissen daher auch nicht, was die Auswirkungen waren, wenn es überhaupt welche gab. In der Annahme jedoch, daß es ausgefeilterer Techniken bedurfte, können wir doch einigermaßen gebildet fragen, mit was man es denn versucht haben könnte.

Da die meisten Sichtungen, über die etwas ausführlicher berichtet wurde, Anfang 1947 im pazifischen Nordwesten gemacht wurden, mag die Regierung eilends in Washington und Oregon hochleistungsfähige Funksender und empfindliche Empfänger aufgestellt haben, um zu versuchen, die Außerirdischen zu rufen und ihre Nachrichten für uns und für einander abzuhören.

Aber die Welle von 1947 verbreitete sich schon bald über die ganzen Vereinigten Staaten, und somit waren die Chancen, Informationen auf kurzer Reichweite an irgend einem Ort zu erhalten, recht klein.

Und dennoch mußte etwas getan werden und zwar schnell, bevor irgend ein „Amateur“ sie rief und eine bedeutungsvolle Antwort erhielt, die er dann an die Presse weitergäbe. Da wir nichts über die Kommunikationsmethoden der Außerirdischen wußten, mußten wir alles Vorgeschlagene versuchen, was natürlich eine höchst ineffiziente Vorgehensweise war und vielleicht keineswegs diejenigen beeindruckte, von denen wir hofften, daß sie am anderen Ende der Leitung wären.

Wir mußten akzeptieren, daß wir von einem Stadium groben Unwissens aus operierten - und vermutlich noch operieren. Wir wußten nicht, wie wir kommunizieren sollten und ob die Außerirdischen überhaupt daran interessiert waren, von uns zu hören. Sie mögen uns lediglich als Äquivalent zu weißen Ratten in einem Laboratorium betrachtet haben: Welcher medizinische Forscher verwendet überhaupt Zeit darauf, sich zu fragen, ob die Ratten versuchen, mit ihm zu kommunizieren? Oder es könnte sein, daß die großen Unterschiede in der Kultur und der Biologie eine Kommunikation schlichtweg unmöglich machten, selbst wenn man den Versuch dazu unternahm, wie man es schon seit Langem mit Delphinen getan hatte.

Aber der Versuch mußte unternommen werden, denn der mögliche Gewinn für die Menschheit (nicht zu reden von der Ehre, mit der der erste Mensch überschüttet würde, der mit Außerirdischen sprach) wäre so groß, daß es undenkbar wäre, die Möglichkeit zu ignorieren. Wenn die Außerirdischen ein Kommunikationsmedium benutzten, das wir als Sprache betrachteten, dann müßten ein paar echt schlaue Leute in der Lage sein, eine einfache Übersetzung einer Botschaft hinzubekommen.

Was aber, wenn sie eher durch Gedanken als durch Worte kommunizieren? Oder auf eine Art und Weise, die keinem Menschen je in den Sinn kam? Dann hingen die Chancen, zu ihnen durchzukommen, fast gänzlich von ihrem guten Willen und ihrer Fähigkeit ab, zu uns durchzukommen. Ihr Erscheinen an unserem Himmel war wahrscheinlich das Ergebnis langfristiger Planungen, und so mögen sie mehr Gedanken auf die Kommunikation verwendet haben als wir, die ganz plötzlich und ohne große Vorwarnung auf ihre Anwesenheit aufmerksam geworden waren.

Ein weiteres mögliches Kommunikationsmittel, das kurzfristig eingerichtet werden könnte, wären visuelle Signale, wie zum Beispiel ein großes Bild, das auf dem Boden ausgebreitet würde und einen Menschen zeigt, der unseren Besuchern einen Blumenstrauß entgegenstreckt. Dabei geht man natürlich davon aus, daß unser kulturelles Verhalten bei ihnen etwa dasselbe bedeutet wie bei uns und nicht das Gegenteil oder überhaupt nichts. Erkennen Sie das Problem? Die, die sich der Herausforderung gegenübersahen, mit den Außerirdischen zu sprechen, hätten nicht die leiseste Ahnung, was sie täten!

Aber wir würden es versuchen müssen, oder wir verpassen eine historische Gelegenheit. Einen Hinweis könnte man möglicherweise auf den Streben finden, die von der Foster Ranch geborgen wurden, nicht zu reden von dem, was im Hauptteil des Raumschiffes gefunden worden sein mag oder in dem, das in der Ebene von San Augustin abstürzte war. Gewappnet mit dem, was als außerirdische Schrift betrachtet werden mußte (aber auch etwas anderes gewesen sein könnte), hätten wir unsere Spitzenlinguisten ans Werk gesetzt und hätten etwas erfahren können. Zumindest soviel, um aus unseren Kommunikationsversuchen mehr machen zu können als nur Schüsse ins Blaue.

Ob es überhaupt Versuche gab, einen Austausch zu erreichen, ist natürlich geheim; und das sind auch die Ergebnisse.

14. KAPITEL

Die Absturzstelle heute

Du kannst mit zehn Zeugen der Abstürze in New Mexico sprechen oder mit fünfundzwanzig. Es ist immer dasselbe. Sie waren da, und du warst es nicht. Als es geschah, warst du ein Kind und konntest den offiziellen Mantel der Geheimhaltung und der Täuschung weniger gut durchschauen als die meisten anderen. Nun mußt du dich als Außenstehender mit dem möglicherweise bedeutendsten Ereignis der Geschichte befassen. Wie vertraut du mit den Details auch immer wirst, deine Informationen kommen, bestenfalls, aus zweiter Hand.

Aber es gibt eine Möglichkeit, dem, was geschah näher zu kommen: Du mußt zur Absturzstelle reisen und sie dir selbst ansehen. Du kannst so tun, als suchst du nach Überresten der beiden Objekte, die auf die Ranches stürzten, und du kannst von dem Einfluß träumen, den du auf die Weltgeschichte hättest, wenn du nur ein kleines Stückchen fändest. Was du aber wirklich tust, ist der Versuch, diesen längst vergangenen Tagen näher zu kommen. Dies ist beständiges Land, wo sich von Jahrzehnt zu Jahrzehnt nur wenig verändert. Nicht wie in großen Städten, wo 25 Jahre alte Gebäude eingerissen werden, um neueren Platz zu machen. New Mexico hängt an seiner stolzen Vergangenheit; New Mexico ist immer noch fast dasselbe.

Und der größte Teil von New Mexico ist so gut wie leer. Reist du mehr als nur ein paar Meilen von der wirklich modernen Stadt Albuquerque weg und du findest dich auf dem offenen Land wieder, das wahrscheinlich immer noch ungefähr so aussieht wie vor hundert Jahren. Klar, es gibt jetzt Satellitenantennen für's Fernsehen und ein paar glänzende neue amerikanische Autos. Aber die Hügel, die Täler, die Berge, die ausgetrockneten Flußbetten und die buschigen kleinen Bäume sind immer noch dieselben wie jene, die die Pioniere begrüßten. Sobald du einmal die guten geteerten Straßen verlassen hast und dich auf Dreck und Schotter befindest, fällt es nicht schwer, sich die enormen Viehtriebe vorzustellen, die einst die Grundlage für die Wirtschaft in New Mexico und den Hintergrund für ein paar Hundert Westernfilme bildeten.

Sich vorzustellen, was im Juli 1947 geschah, ist schon viel schwerer. Eines der wichtigsten Ereignisse in der Geschichte hat keine Spuren auf dem Land und nur recht wenige Details in der Erinnerung der Leute in New Mexico hinterlassen. Jedes kleinste Stückchen Wrackteil wurde 1947 von dem Land abgeschrubbt, und die Erinnerungen der meisten, die damit zu tun hatten, wurden effektiv hinter einer Mauer der offiziellen Geheimhaltung verschlossen gehalten. Die Rechtfertigung heißt nationale Sicherheit, obwohl „nationale Unsicherheit" der Wahrheit vielleicht näher käme.

Der Weg zur Absturzstelle bei Corona beginnt mit geteerten Straßen, wo Schafe unmittelbar neben dem Randstein grasen, mit intensiver Neugier den Autos der Fremden nachstarren und dann zu ihrer unendlichen Suche nach Nahrung im spärlichen Gras zurückkehren. Dann geht es weiter über rauhe unbefestigte Straßen, die eine faszinierende Aussicht über das Land bieten, gelegentlich ein Gebäude, aber nur wenige vertraute Anzeichen von Zivilisation. Schließlich eine knochenerweichende Fahrt auf einem rauhen Pfad, der leicht als ein Unfall der Natur mißverstanden werden könnte, außer daß er von dem einzigen Orientierungspunkt aus der dir angegeben wurde, weiterführt.

Die Absturzstelle selber sieht kaum wie der Ort aus, an dem ein außerirdisches Raumschiff einst seine Teile in der Folge eines Unfalls, der katastrophal gewesen sein mußte, verstreute. Sie sieht aus wie tausend andere Orte auch in New Mexico: sanft geschwungene Hügel mit Fleckchen widerstandsfähiger kleiner Bäume und Büsche. Wegen der kaum mehr als ein paar Zentimeter Regen jedes Jahr sieht das Gras kaum so aus, als könne es sich recht am Leben erhalten, und doch ist es Weideland, und Kühe und Schafe schlagen sich hier mühsam durch.

1947 sahen die verstreuten Bäume, Büsche und das Gras fast genauso aus wie heute. Allerdings hatten sie Gesellschaft. Ein Teil dieses ungastlichen Landes war mit Stücken seltsamen Materials gepfeffert, ein weiterer Teil spielte den Gastgeber für ein Raumschiff von einer anderen Welt und ein dritter war fast die letzte Ruhestätte für etliche Reisende von weither. Das war wahrscheinlich nicht der Ort, an dem sie das Ende ihrer Tage erwartet hatten.

Heute erfordert es eine lebhafte Phantasie, sich diese Zeit in dem heißen Sommer 1947 vorstellen zu können, als irgend etwas schrecklich schief lief. Warum ein Luftfahrzeug, das unzählige Millionen von Kilometern fliegen konnte, mit etwas nicht umgehen konnte, das ihm am Himmel über New Mexico begegnete, bleibt unbekannt, zumindest außerhalb des Pentagon. Aber es geschah etwas wirklich Unerwartetes, und die Welt änderte sich insgeheim.

Sage und schreibe 25 Hektar waren bedeckt von zumeist kleinen Stücken seltsamer metallischer Folie, schlanken Streben, schwerem Papier und schwarzem Plastik. Vieh und Pferde scheuten davor zurück wie mehrfach berichtet wurde, und zogen es vor, um die Trümmer herumzulaufen. Etwas sagte ihnen, daß es nichts Normales war. Prioritäten änderten sich über Nacht. Das Füttern und Tränken der Schafe war nicht mehr länger die Hauptsorge, denn es war etwas in das rauhe routinemäßige Leben des Schafranchers eingedrungen.

Viele Stunden hingebungsvoller Suche nach selbst dem kleinsten Stückchen, das von dem Trauma von 1947 noch übrig war, erbrachten überhaupt nichts. Hunderte von Felsbrocken wurden umgedreht und förderten doch nichts weiter zutage als hin und wieder einen kleinen Skorpion. Sträucher, die aussahen, als reichten sie bis in die letzte Eiszeit zurück, wurden beiseite geschoben und eingedrückt, aller Dreck wurde von ihren Wurzeln geschrubbt. Und immer noch nichts, das auch nur ein Stirnrunzeln wert gewesen wäre.

Wie konnte eine Gruppe von GIs, von denen nur wenige in einem so wilden Land Erfahrung hatten, so sorgfältige Arbeit leisten und alle Stücke eines unbekannten Fahrzeuges auflesen? Niemand wußte, wie es ausgesehen hatte, bevor es auseinanderbrach, und so konnte auch niemand abschätzen, wieviel Material sich auf dem Feld befinden mußte. Und doch wurde anscheinend alles aufgesammelt und zum Luftwaffenstützpunkt Roswell gebracht, wo es in Kisten verpackt, in C-54 verladen und an einen Ort geflogen wurde, wo Wissenschaftler bereits vor Erwartung zitterten.

Die großen Stücke wären ja offensichtlich gewesen, und eine sorgfältige Suche hätte auch kleinere zu Tage gefördert. Was aber, wenn unter den Trümmern auch ganz kleine Stückchen waren, die weder Sonnenlicht reflektierten noch auf Metalldetektoren ansprachen? Mußten da nicht noch welche verborgen sein? Irgendwo unterhalb des Haupttrümmerfeldes, wohin der gelegentliche Regen sie geschwemmt haben könnte? Oder wo die oft starken Winde sie hätten hinblasen können?

Es erscheint vernünftig, aber bis jetzt wurde auch nicht ein einziges winziges Teilchen gefunden. Auch wenn seit damals fast ein halbes Jahrhundert vergangen ist, kannst du dem Drang nicht widerstehen, dir alles doch noch einmal genau anzusehen. Du gehst langsam und vorsichtig über das rauhe Land, die Augen auf die Erde genau vor deine Füße gerichtet. Du trittst einen Klumpen Dreck beiseite, schiebst einen knorrigen alten Ast aus dem Weg, brichst ein kürzlich abgesplittertes Stück Fels auf. Wie hirnverbrannt die Aussichten auch sein mögen, es muß getan werden, denn die Freude darüber, ein Stück von einem Raumschiff gefunden zu haben, wird sofort das wachsende Unbehagen darüber vertreiben, daß du so viel Zeit mit einer so offensichtlich hoffnungslosen Aufgabe verbringst.

Du sagst dir zwar, es steht nicht mal Eins zu einer Million, daß du überhaupt etwas findest. Und dennoch ist eine Chance von Eins zu einer Million so unendlich viel mehr als gar keine Chance. Es bedeutet, daß es möglich ist, daß du findest, was andere nicht finden konnten. Ein Stückchen eines Gegenstandes, der dich für kurze Zeit von diesem ausgemergelten alten Planeten abhebt zu einem Flug zu dem Planeten, von dem das Raumschiff vor so vielen Jahren kam. Aber es ist ein Phantasieflug. Hier gibt es nichts außer ganz gewöhnlichen Sträuchern, Bäumen, Gras, Dreck und Felsen.

Und dennoch ... du mußt immer weiter gehen. Wer weiß, ob nicht unter dem nächsten Fels ein Stückchen silbriger Folie liegt, das dort fast zwei Generationen lang auf dich gewartet hat. Es ist heiß und einsam, und die dünne Luft ist unangenehm trocken. Es ist ein seltsamer Platz für einen Stadtmenschen, aber er muß noch viel seltsamer gewesen sein für die Besucher, deren Tage hier endeten. Ganz egal, warum sie über New Mexico flogen, sie starben hier, und vielleicht müßte man deshalb diesem Ort größere Achtung zollen. Wenn Astronauten oder Kosmonauten einmal andere bewohnte Welten besuchen und dabei sterben, wie würden wir empfinden, wenn die Leute vom Ort auf der Absturzstelle herumtrampelten in der Hoffnung, Souvenirs zu finden?

Je länger du in den staubigen Hügeln der Schafranch herumstocherst und nichts findest, desto eher möchtest du aufhören. Nein, nicht aufhören, du möchtest eher den letzten und vielleicht ja erfolgreichen Angriff auf einen Haufen unschuldiger Felsen und Sträucher verschieben, hinter denen der „High-Tech-Gral“ versteckt sein muß. Überzeugt, daß dort etwas zu finden ist, hast du nur zeitweilig die Geduld verloren und mußt weitergehen.

Zurück geht es über die rauhesten Straßen, die man je gesehen hat und die in diesem Landesteil als „Highway“ durchkommen. Schließlich kommst Du zu der ruhmreichen Kreuzung, die sich Corona nennt. Nach einem trockenen Tag an einem wirklich desolaten Ort erscheint dies wie Zivilisation. Welche Freude, endlich aus dem ersten Gang herauszukommen! Und dann auf nach Westen zur Ebene von San Augustin, wo einem wesentlich weniger UFO-Forscher vorangingen. Vielleicht mehr Kühe, die aber nur nach geschmacklosem Zeug suchen, um es zu kauen, nicht um Geschichte zu machen.

240 Kilometer später stößt du auf den ruhigen, einstmals großen See und bald danach auf die gespenstischen und täuschend großen untertassenförmigen elektronischen Antennen. Das „Große Aufgebot“ dehnt sich bis über den Highway, seine 21 Kilometer langen Arme strecken sich aus, um selbst so schwache Funksignale aufzufangen, daß nur ein Wissenschaftler diese Errungenschaft wirklich schätzen kann. Man wählte diesen Teil von Catron County - den am dünnsten besiedelten Teil des Staates - für das größte Radioteleskop der Welt, denn er ist elektronisch ruhig, ohne die Störsignale, die man anderswo antrifft. Nicht weil er in der Nähe der Absturzstelle eines seltsamen Vehicels liegt, wie einige überdramatische Untertassenfans vermuteten.

Du fährst an dem „Großen Aufgebot“ vorbei und fragst dich, was der Tag heute wohl so bringen mag. Zur Linken erstreckt sich die Ebene, vor langer Zeit die Heimat der Anastazis und Athabaskanier und anderer antiker Völker, deren Nachfahren heute in Pick-ups am „Großen Aufgebot“ vorbeifahren und die vertraute Formation der sich langsam bewegenden Monumente kaum eines Blickes würdigen.

Die Flachheit der Ebene steht in scharfem Kontrast zu den sie umgebenden steilen, felsigen Hügeln, und du mußt dich einfach fragen, ob die Mannschaft unmittelbar vor dem Absturz vielleicht einen ebenen Landeplatz suchte. Aber du kannst nicht mehr herausfinden, was sie dachten oder wie verzweifelt ihre Situation war, bevor sie auf dem Boden aufschlugen. Dennoch mußt du versuchen zu verstehen, was geschehen war, auch wenn du weißt, daß du wahrscheinlich zu keinem bedeutenden Schluß kommst.

Du fährst zwar auf einer guten Straße, aber es herrscht fast kein Verkehr, und es gibt keinen Überschuß an Einrichtungen für Touristen. Die verschlafene kleine Stadt Magdalena hat ein Restaurant und ein paar

Motels, von dem keines besonders appetitlich aussieht. Du fährst weiter nach Datil und zu der Eagle-Guest-Ranch, die auf den ersten Blick auch nicht besonders ansprechend aussieht, sich dann aber als gemütliches, freundliches Motel/Restaurant/Supermarkt entpuppt, das als eine Art Gemeindezentrum dient. Du hast das Gefühl, jedermann in der Umgebung von 40 Kilometern oder mehr kommt hier her, um die neuesten Nachrichten vom Ort zu erfahren.

Die Absturzstelle ist noch ein gutes Stück von hier entfernt, am Rande einer großen Viehranch. Es gibt dort ein paar mehr Bäume als in Corona, aber das Gras und die Sträucher sehen genauso aus. Auch viele Felsen. Und nicht eine einzige Spur von dem Absturz, bei dem nachgewiesenermaßen drei Außerirdische ums Leben kamen und einer überlebte, auch wenn der vielleicht wünschte, er wäre tot. Wiederum gehst du so langsam und methodisch umher, wie du nur kannst, starrst auf den Boden und wünschst dir ein oder zwei Wrackteilchen herbei.

Auch hier findest du nicht mehr als auf der Schafranch. Aber du suchst immer weiter in der Furcht, daß gerade der nächste Felsbrocken, den du sonst vielleicht umgedreht hättest, auch weiterhin seinen außerirdischen Schatz verbergen wird. Nach ein paar Stunden sagst du dir, du mußt auf den Boden der Realität zurückkehren. Das könnte für immer so weitergehen, und da du diese Zeit nicht hast, gibst du den Plan wieder auf, jeden Quadratzentimeter einer Gegend zu untersuchen, die keine festgelegten Grenzen hat.

Bis jetzt hat die Reise noch in keinster Weise die Zeit und die Kosten gerechtfertigt. Du hast Hirsche gesehen, Antilopen und sogar ein paar Wapitis. Aber die kannst Du auch in jedem Zoo sehen und dazu noch beträchtlich mehr exotische Kreaturen. Stücke von dem Wrack Jahrgang 1947 bleiben qualvoll außer Reichweite. Hast du diese Reise wirklich unternommen, um absolute, physische Beweise für den Absturz eines außerirdischen Raumschiffs zu finden, oder rein um deine Entschlossenheit zur Schau zu stellen? Die Suche mußte unternommen werden, aber die Motivation dazu ist alles andere als klar.

Du läßt noch ein letztes Mal den Blick schweifen über die gänzlich natürliche Ansammlung von Felsen und Flora (einschließlich einiger verblüffend farbenprächtiger Blumen, die kaum groß genug sind, um zu überleben), und dann packst du wieder ein. Wenn es dort wirklich noch etwas gibt, das im Glanze eines Mysteriums hier ankam, dann muß es bis zu einer intensiveren Suche warten. Du gibst es nur äußerst ungern zu, aber du langweilst dich. Es langweilt dich, nach Stücken unbekannten

Materials zu suchen, das aus unbekannten Gründen von einem unbekannten Ort kam. Die Worte versprechen etwas schrecklich Aufregendes, aber deine Füße sind müde, deine Augen sind müde, und alles, was du als Lohn deiner harten Arbeit vorweisen kannst, sind staubige Schuhe.

Könnte es sein, daß die Regierung wirklich alles gekriegt hat? Jahrelange Arbeit mit jeder Menge offizieller Agenturen, Büros und Ämtern haben bei dir den starken Eindruck hinterlassen, daß 100%ige Effektivität so selten ist wie ... Teile von Raumschiffen. Es muß doch zumindest ein oder zwei Stückchen geben, die nicht in Stahlkammern verschlossen sind. Schließlich gelang es doch auch Pappy Henderson, der einen der Transporter flog, die mit den in Kisten verpackten Wrackteilen beladen waren, sich ein Stückchen in die Tasche zu stecken, und genau das tat auch mindestens einer der Sergeants, die die Teile in Kisten verpackten. Und was ist mit all den GIs, die die Absturzstelle abschrubbten? Widerstanden die alle der wunderbaren Versuchung?

Irgendwo da draußen gibt es eine ganze Sammlung von Teilen. In einer alten Kaffeekanne oder Zigarrenkiste oder in dem zerschundenen alten Koffer, in dem Opas Armeeuniform ruht, zusammen mit der ordentlich zusammengelegten Flagge, die kurz seinen Sarg bedeckte. Ein Stückchen Folie hätte leicht zwischen die Seiten eines Buches rutschen können. Aus diesem Grund könnten einige Teile auf irgendeinen Kaminsims stehen, und keiner würde je vermuten, wo sie wirklich herkommen.

15. KAPITEL

Auswirkungen

Die kurzfristigen und die langfristigen Auswirkungen einer solch komplexen, ungewöhnlichen und kontroversen Sache wie der Bergung abgestürzter außerirdischer Raumschiffe wären selbst dann nur schwer zu bestimmen, wenn alle Fakten bekannt und veröffentlicht wären. Aber wenn die Art der Ereignisse von der Regierung vehement geleugnet wird, sind nur einige wenige qualifizierte Personen dazu in der Lage, ihre Weisheit und ihr Fachwissen auf die Arbeit an diesem Problem zu verwenden.

Weil sie die Lage so verschieden beurteilen, haben die beiden Autoren beschlossen, sich diesem Aspekt getrennt zu nähern. Sie sehen zwar die Auswirkungen je auf ihre eigene Weise, was aber nicht bedeutet, daß sie sich über die grundlegenden Umstände der Abstürze von 1947 nicht einig wären. Der Ansicht Don Berliners wird die von Stanton Friedman folgen.

Wenn eine einzelne Eiche auf offenem Feld von einem Blitz getroffen wird, bleibt die Auswirkung des Ereignisses auf diesen einzelnen Baum beschränkt. Selbst wenn er zerbirst und stirbt, ist doch kein einziger anderer Baum, kein Mensch, schlimmstenfalls ein paar Eichhörnchen davon betroffen. Die sofortigen und die langfristigen Auswirkungen sind dieselbe. Der Verlust ist unerheblich und wird leicht akzeptiert.

Als aber im Juli 1947 das erste UFO in New Mexico abstürzte, verhinderte nur die Tatsache, daß die Regierung der Vereinigten Staaten die Welt davon abhielt zu erfahren, was passiert war, daß die langfristigen Auswirkungen so bedeutend wurden wie nur bei irgend einem anderen

Ereignis in der Geschichte. Es war alles andere als Routine und akzeptabel, zumindest für die wenigen Auserwählten, die davon erfahren durften.

Die Stellung der Menschheit an der Spitze der Evolutionsleiter, für Äonen eine Quelle immensen Stolzes, war auf einmal ernsthaft in Gefahr. Der absolute Herrscher über die ganze Erde (und vermutlich auch über alles andere), befand sich am Rande der Enthüllung, daß er in mancher Hinsicht denen unterlegen war, von denen er nichts wußte und über deren Existenz er nicht sicher war.

Jemand war am Privathimmel der Menschen geflogen, und das in Objekten, die allem, was hier auf der Erde entwickelt worden war, weit überlegen waren. Und selbst wenn mindestens eines davon abgestürzt war, waren sie doch eindeutig das Produkt einer Zivilisation, die ein wesentlich höheres Wissen über Wissenschaft und Technologie besaß. Der Mensch mag zwar immer noch behaupten, Herrscher über die Erde zu sein, aber plötzlich gab es den Beweis dafür, daß es jemanden gab, der inteligenter war, früher angefangen oder sich schneller entwickelt hatte. Der Mensch mag zwar immer noch in der Lage sein, große Flüsse umzuleiten, weite Wälder auszulichten, wilde Pferde zu zähmen und Schoßhündchen das Sitzen beizubringen. Aber die Konstrukteure, Erbauer und Piloten der UFOs hatten ehrfurchtgebietendes Wissen (wenn nicht notwendigerweise Weisheit), und könnten wohl in der Lage sein, den Menschen ihrem Willen zu unterwerfen.

Innerhalb von zwei Wochen nach dem Beginn der ersten großen amerikanischen UFO-Sichtungs-Welle war deutlich geworden, daß die seltsamen Raumfahrzeuge weitaus schneller und besser manövrierten als alle bekannten Flugmaschinen. Darüberhinaus konnten sie fast geräuschlos fliegen und schienen ihr Erscheinen auf Radar kontrollieren zu können. Jegliche realistische Chance, daß sie das Werkzeug eines anderen Landes sein könnten, wurde von der Entdeckung der Überreste zweier abgestürzter Exemplare in der Wildnis von New Mexico ausradiert. Die Existenz superleichter, superfester Materialien unbekannter Zusammensetzung sollte genug sein, um auf ihre außerirdische Herkunft hinzuweisen. Aber die Entdeckung einiger kleiner nichtmenschlicher Wesen in den Wracks eliminierte die letzte Hoffnung, daß die Ehre für diesen enormen Sprung nach vorne dem Menschen zukommen könnte.

Indem sie jegliches Wissen über diese erstaunliche Entdeckung geheimhielt, verschob die Regierung der Vereinigten Staaten den Tag, an dem dem Menschen klar würde, daß sein Platz im Kosmos doch nicht ganz so erhaben war, wie er dachte. Da das Wissen um die Aktivitäten der Außerirdischen auf auserwählte Berater der Regierung begrenzt war und damit den möglicherweise unbezahlbaren Rat von kenntnisreichen Outsidern entbehrte, verlangsamte die Regierung den Prozeß, Erkenntnisse über die Außerirdischen zu gewinnen und Methoden zum Umgang mit ihrer Anwesenheit zu erarbeiten. Sie verschob auch den Tag der Rechenschaft, an dem unsere Regierung endlich für ihr Verhalten zur Verantwortung gezogen würde.

Natürlich mag die Regierung gute Gründe dafür gehabt haben, die Nachricht von der Entdeckung Außerirdischer zunächst geheim zu halten ... oder sie mag zumindest geglaubt haben, sie hätte gute Gründe. Zunächst befürchtete sie, die „fliegenden Scheiben“ könnten eine schrecklich fortschrittliche Art sowjetischer Flugzeuge oder Marschflugkörper sein, die von gefangenen Nazi-Wissenschaftlern entwickelt worden waren. In der ersten Zeit nach dem Krieg war nichts erschreckender als die Vorstellung, von sowjetischen Waffen überflogen zu werden, und daher war das Bestreben, die Fakten geheim zu halten, verständlich. Zumindest so lange, bis deutlich wurde, daß die rätselhaften fliegenden Dinger einfach zu fortschrittlich waren, als daß sie das Ergebnis einer Zusammenarbeit zwischen den Sowjets und den Nazis sein konnten. Da wir wußten, daß sie nicht uns gehörten und daß auch keine andere Nation auf der Erde den erforderlichen technischen Fortschritt hätte machen können, mußte man sich mit der Möglichkeit auseinandersetzen, daß sie außerirdisch waren.

Aber bis wir mit Sicherheit wußten, wer für die fliegenden Scheiben verantwortlich war und daß sie keine Bedrohung der nationalen Sicherheit darstellten, muß es als klug erschienen sein, Stillschweigen zu bewahren. Die Entdeckung von Beweisen für die außerirdische Beschaffenheit der Scheiben beantwortete eine der großen Fragen, aber es bestand immer noch die Möglichkeit, daß sie nicht freundlich gesinnt waren. Daß sie niemanden mit Strahlengewehren à la Buck Rogers beschossen hatten, mag eher ein Zeichen von Verschlagenheit, denn von Freundlichkeit sein.

Trotz des brilliant effektiven Sicherheitssystems, das die Regierung der Vereinigten Staaten einrichtete, konnten die Tatsachen von der Erscheinung und dem Verhalten der fliegenden Scheiben doch nicht für immer verborgen bleiben, da sie von Tausenden von Leuten gesehen und öffentlich gemeldet wurden, unter ihnen Scharen von Berufspiloten, Wissenschaftlern, Ingenieuren und anderen, deren Wissen und berufliche

Fähigkeiten ihre Berichte trotz deren bizarren Inhalts glaubhaft machten. Die Beschreibungen enthielten genügend Details, um auf eine ganz neue Klasse von fliegenden Maschinen hinzudeuten, die überhaupt keine Ähnlichkeit mit irgend etwas hatten, das je von einer bekannten Regierung geschaffen worden war.

Die Erkenntnis, daß diese UFOs möglicherweise außerirdische Vehikel waren, bahnte sich nach und nach ihren Weg ins Bewußtsein der Öffentlichkeit - trotz größter Bemühungen der Desinformationsspezialisten der Regierung, der selbsternannten Wächter über den wissenschaftlichen Konservatismus und trotz des Schadens, der der Glaubwürdigkeit durch Berichte über UFOs in den Boulevardzeitungen im Supermarkt und durch hirnrissige Randerscheinungen der UFO-Szene zugefügt wurde. Da für die erstaunlichsten Berichte über UFOs jegliche andere Erklärung fehlte, nahmen mehr und mehr Leute an, daß sie außerirdischen Ursprungs waren, auch wenn sie keinen direkten Beweis dafür hatten.

Was die Motive der Außerirdischen anging, so waren diese wesentlich schwerer zu verstehen. Die meisten Leute stellten sich vor, daß sie aus wissenschaftlicher Neugier die Erde und ihre Bewohner erforschten, denn das haben auch wir vor, wenn wir auf andere Planeten kommen. Ihre kontinuierliche Anwesenheit in großer Zahl über zumindest einige Jahrzehnte, läßt jedoch vermuten, daß sie, wenn sie Forscher sind, nur sehr langsam lernen, oder daß wir besonders schwer zu durchschauen sind (was dem Menschen zumindest einen zeitweiligen Auftrieb seines Selbstwertgefühles verschaffen könnte). Aber während des größten Teils der modernen UFO-Ära wurde keine andere Motivation auf seiten der UFO-Besatzungen ernsthaft in Betracht gezogen.

Bis 1981, als der New Yorker Autor Budd Hopkins begann, sich den seltsamsten Teil des Rätsels um die UFOs, die sogenannten Entführungen durch Außerirdische näher anzusehen. Diese kurzzeitigen Entführungen von Leuten, offensichtlich durch Außerirdische, bei denen meistens verwirrende Prozeduren durchgeführt werden, die einer medizinischen Untersuchung ähneln, wurden Mitte der sechziger Jahre mit der Veröffentlichung von *Interrupted Journey* von John Fuller zum ersten Mal publik. Er beschrieb die ungewöhnlichen Erlebnisse von Barney und Betty Hill, deren Rückkehr von einem ansonsten normalen Urlaub einen Abstecher in die Geschichte einschloß. Im folgenden Jahrzehnt kamen ein paar ähnliche Geschichten ans Licht, blieben aber im allgemeinen innerhalb der UFO-Szene.

Hopkins' *Fehlende Zeit* und *Eindringlinge* verkauften sich gut und etablierten Entführungen durch Außerirdische als Thema für Talkshows die enorme Zuschauerzahlen erreichten. Die Bücher beschrieben Dutzende von Berichten über „Entführungen“, denen Hopkins nachgegangen war und brachte ihm und dann auch dem Bestsellerautor Whitley Strieber, dessen *Besucher* (über seine persönlichen, entführungsähnlichen Erlebnisse) von Millionen gelesen wurde, Tausende von Zuschriften möglicher „Entführter“ ein. Die erstaunliche Detailgenauigkeit von jetzt vielen Hunderten individueller Berichte und die Tatsache, daß Psychowissenschaftler keine alternative Erklärung für die emotionsgeladenen Symptome finden konnten, läßt stark vermuten, daß diese unglücklichen Leute Opfer eines höchst seltsamen Phänomens wurden.

Hopkins und andere seriöse Forscher sind der Auffassung, daß die „Aliens“ an Tausenden unschuldiger Leute genetische Experimente durchführen - oft über etliche Generationen hinweg - und sie sogar zur Produktion hybriden Nachwuchses benutzen. Die Forscher geben offen zu, daß das abwegig klingt, bestehen aber darauf, daß Anhaltspunkte das vermuten lassen.

Wenn das der Fall ist, und es Grund zu der Annahme gibt, daß die Regierung der Vereinigten Staaten darum weiß, dann wird ihr Zögern bei der Öffnung der meisten UFO-Akten eher verständlich. Die Regierung trägt die Verantwortung dafür, die Öffentlichkeit vor Bedrohungen durch Fremde zu schützen, und müßte sie zugeben, daß Außerirdische mit Hunderten von Amerikanern tun können, was sie wollen, könnte das sehr wohl zu politischen Erschütterungen führen.

Stellen Sie sich vor, Sie sitzen am großen Schreibtisch im Oval Office des Weißen Hauses, wo so viele berühmte Männer Ereignissen vorsaßen, die Geschichte machten. Der Pressesprecher des Präsidenten kommt herein mit einem gequälten Ausdruck auf seinem schnell gealterten Gesicht. Er verbreitet die Höhepunkte der jüngsten Welle von UFO-Sichtungen und wünscht sich, er wäre irgendwo weit weg, und müßte alles tun, nur das nicht.

Er startet etwas, das schnell zu einem Ritual für die versammelte Presse Washingtons wird (einst seine Freunde), die ihn jetzt wie einen Hund um Antworten hetzen. Das übliche Gewäsch über UFOs, sie seien Temperaturinversionen und Wetterballons, funktioniert nicht mehr: Sie haben zu viele Berichte gehört über riesige, fensterlose, metallische Objekte, die rings um unsere besten Kampfflugzeuge fliegen, als daß sie auf das noch hereinfielen. Ein paar von den Kerlen gehen sogar so weit, den Pressesprecher einen Lügner zu nennen, und das tut weh.

Was tun Sie - der Präsident der Vereinigten Staaten? Räumen Sie ein, daß Sie und Ihre Vorgänger bis zurück zu Harry Truman das amerikanische Volk belogen haben, als Sie ihm versicherten, UFOs seien nicht echt? Sie würden es ja gerne, aber Sie wissen, daß Sie, sobald Sie auch nur entfernt die Möglichkeit einräumen, daß UFOs mehr als Irrtürmer und Einbildung sind, damit die Schleusen geöffnet haben für eine Million peinlicher Fragen, die nach Antworten verlangen, die Sie einfach nicht zu geben bereit sind.

Werden Sie zugeben, daß es unerklärliche Gefährte gibt, die am amerikanischen Himmel fliegen, wo Sie doch wissen, daß Sie dann werden erklären müssen, warum Sie nicht wissen, wem sie gehören? Und warum die größte Luftwaffe der Welt nach mehr als vierzig Jahren immer noch machtlos ist und in ihre Aktivitäten nicht eingreifen kann?
Solch ein Einräumen von Machtlosigkeit (und damit stillschweigend auch Unfähigkeit) angesichts dessen, was leicht als Bedrohung der nationalen Sicherheit betrachtet werden könnte, wäre rufschädigend für das gesamte amerikanische Luftverteidigungssystem. Das würde dem Steuerzahler überhaupt nicht gefallen, der zig Milliarden Dollar rausrückt in der Erwartung, daß er von oben beschützt wird.

Sie könnten zugeben, daß ein paar unbekannte Objekte das Land überflogen haben, zugleich aber behaupten, daß sie eher eine Kuriosität als eine Bedrohung darstellten. Aber das schlichte Zugeständnis, daß auch nur ein paar wenige UFOs existieren, könnte sehr wohl dem Faß den Boden ausschlagen. Die laute, bis dahin jedoch ineffektive private UFO-Forschung behauptete schon seit Jahren, daß UFOs echt sind. Wenn Sie ihnen diesen einzigen Punkt zugestehen, hätten Sie ihr größere Bedeutung verschafft und sie möglicherweise in den Status einer Autorität für ein Thema erhoben, dem leider verläßliche Informationsquellen vollkommen fehlten. Nach Jahren, in denen sie mit dem Kopf an eine Mauer stießen, die unsere Geheimdienste errichtet hatten, wären sie plötzlich zu Experten geworden, deren Meinung von den entscheidenden Männern der Fernsehsender eifrig gesucht würde. Und Sie wären verantwortlich für noch mehr graue Haare auf dem Kopf ihres Pressesprechers.

Und wenn es da oben wirklich ‚Unidentifizierte Fliegende Objekte' gibt, worauf Amateure schon so lange bestanden hatten und was die Regierung genauso lange geleugnet hatte, konnten dann die erschreckenden Behauptungen von Sichtungen aus der Nähe nicht auch wahr sein? Solange die Autoritäten - die führenden Köpfe der Regierung und der Wissenschaft - sich darin einig waren, daß auch nicht ein einziges UFO je gesichtet wurde, waren solche abwegige Vorstellungen wie UFO-Landungen und Entführungen durch Außerirdische unsinnig erschienen. Sobald aber einmal die Vorstellung von echten UFOs am Himmel akzeptiert worden wäre, wäre nur noch ein kleiner Schritt zur Akzeptanz direkterer Annäherungen. Schließlich hatte die Regierung zugegeben, daß sie in Bezug auf die Existenz von UFOs gelogen hat! Warum sollte man also annehmen, daß irgendwelche anderen Dementis der Realität entsprächen?

Natürlich könnten Sie, der Präsident, sich an die alte Parteilinie halten und weiterhin darauf bestehen, daß es UFOs überhaupt nicht gibt. Jedes Mal, wenn es in der Vergangenheit eine größere Welle von Sichtungen gegeben hatte, zeigte die Presse Anzeichen eines Vertrauensverlustes gegenüber den offiziellen Erklärungen. Wenn sich die Unruhe aber gelegt hatte, wurde alles wieder so, wie es zuvor auch gewesen war. Fast jeder vergaß die UFOs, da ihre Anwesenheit keine Folgen gezeitigt hatte, gerade so als wären sie nie da gewesen.

Aber es liegt ein großes Risiko in wiederholten Dementis angesichts einer wachsenden Beweismenge, geliefert von immer sachverständigeren Zeugen. Wenn die Öffentlichkeit und/oder die Presse je beschließen sollten, daß die Regierung bei der Behandlung der UFO-Frage unehrlich war, dann wäre alles verloren. Man wird nichts mehr glauben, was der Präsident sagt, und selbst das abwegigste Gerücht könnte akzeptiert werden. Da eine verläßliche offizielle Informationsquelle fehlt, befriedigt jedes Gerücht die Bedürfnisse der Öffentlichkeit.

Wenn der Punkt erreicht ist, an dem die Gefahr, daß einem nicht mehr geglaubt wird, größer ist als die Gefahr, daß die Öffentlichkeit erfährt, was wirklich vorgefallen ist, dann ist die Zeit gekommen, die Wahrheit über UFOs zu enthüllen, ganz gleich wessen Ruf dabei besudelt wird. Da Hunderte von Leuten in die komplexe Täuschung verwickelt sind, die eine massive Tarnung erfordert, werden manche leiden müssen, wenn alles ans Licht kommt. Solange die Helfer des Präsidenten die Dinge drehen und wenden können, um den Anschein zu erwecken, er sei auf der Seite der Wahrheit und Gerechtigkeit, werden die anderen für sich selber sorgen müssen.

Dann stellt sich das Problem zu entscheiden, wann und wie die Information freigegeben werden soll, die so lange zurückgehalten worden war. Wirft man sie den Leuten einfach vor und hofft, daß nachdenkliche Bürger sie sorgfältig aussortieren, analysieren und keine voreiligen Schlüsse ziehen? Oder gibt man sie in sorgfältig bemessenen Dosierungen frei, wobei man die Reaktion des „Patienten" auf die „Medizin" beobachtet, um zu entscheiden, was als Nächstes zu tun sei? Man geht das große Risiko ein, daß durch die Freigabe der ersten Nachrichtenbruchstücke eine Welle der Presseneugier losbricht, die nicht mehr zu kontrollieren sein wird.

Wenn Sie den Leuten sagen, daß UFOs über unseren Köpfen fliegen (oder auch nur flogen), dann mögen sie das akzeptieren und nicht mehr weiter darüber nachdenken. Oder sie mögen zu dem Schluß kommen, daß - wenn Sie bereit sind, so viel zuzugeben - noch mehr dran sein muß, und daher für Berichte (sachliche oder sensationelle) über Landungen, Abstürze, Konfrontationen und Entführungen aufnahmebereit sein. Wenn Sie Zeit dazu haben, können Sie vielleicht die Reaktion der Öffentlichkeit testen, indem Sie einem eingeschränkten Zuhörerkreis einen kleinen Teil relativ milder Information bekanntgeben und dann sorgfältig die Reaktionen beobachten. Wenn Sie aber so sehr unter Druck stehen weil Sie bis zum allerletzten Augenblick in der Hoffnung gewartet haben, es werde sich alles wieder zerstreuen, dann wird das nicht möglich sein, und Sie müssen einfach aufs Ganze gehen.

Die eigentliche Gefahr liegt in der Art der Information, die Sie zurückgehalten haben. Ist sie eher gutartig, dann sind die Risiken minimal. Ist sie aber wahrhaft schockierend, dann mag es fast jedes Risiko wert sein zu verhindern, daß sie an die Öffentlichkeit gelangt.

Die unspektakulärste Möglichkeit ist, daß zwar seit unzähligen Jahrzehnten UFOs an unserem Himmel kreuzten, sie aber nie ein Anzeichen dafür gaben, daß sie unfreundlich wären oder mit uns Kontakt aufnehmen wollten. Wenn das der Fall ist, dann ist nur der Stolz des Menschen gefährdet. Seit langem daran gewöhnt, sich als das höchste Beispiel für Macht und Wissen anzusehen, fähig, jeder Herausforderung an seine Größe zu begegnen, wäre die Erkenntnis des Menschen, daß es welche gibt, die direkt über unsere Köpfe hinwegfliegen, eine überlegene Technologie besitzen und sich straffrei bewegen können, ein schwerer Schlag.

Seit prähistorischen Zeiten herrschte der Mensch über die Tiere und über andere Menschen, und er fühlte sich in seiner Stellung auf der Spitze des Berges sicher. Außerirdische Raumschiffe und damit natürlich Außerirdische, ob sie die UFOs nun wie unsere Piloten Flugzeuge oder per Fernbedienung fliegen, würden den Menschen auf eine Position der Unterordnung herabsetzen. Aber eine neue Form der Unterordnung, wie sie bis jetzt noch keine echten Veränderungen im Verhalten des Menschen hervorgebracht hat. Keine Ketten, keine Verbeugungen in ihrer

Gegenwart, kein Salutieren vor einer außerirdischen Flagge, kein Fragen um Erlaubnis. Nicht einmal Einschränkungen der wertvollen Redefreiheit, Versammlungsfreiheit oder auch nur der Gedankenfreiheit.

Die Reaktionen auf diese schockierende Erkenntnis werden weder einfach noch einheitlich sein. Einige, die schon lange akzeptiert haben, daß UFOs echt und wahrscheinlich außerirdisch sind, werden die Nachricht recht ruhig aufnehmen, sie hatten sich ja schon jahrelang darauf vorbereiten können. Andere, die UFOs schon lange zur Kenntnis nahmen, aber sie nie besonders interessant fanden, weil sie nie persönlich betroffen waren, werden mit den Schultern zucken und zur Sportseite weiterblättern. Wieder andere jedoch, mögen die Nachricht höchst beunruhigend finden, besonders wenn sie die jahrelangen offiziellen Dementis als „Beweis" dafür akzeptiert haben, daß es UFOs als etwas Andersartiges und Wichtiges einfach nicht geben kann. Die Vergangenheit wird dann all jene einholen, die aus dem einen oder anderen Grund autoritär klingende Stellungnahmen abgegeben hatten, die UFOs diskreditierten, ihre Beobachter und all jene, die sie interessant fanden.

Die glühendsten Verfechter der Echtheit der UFOs (Untertassenfans, New-Age-Gläubige, Herausgeber von Boulevardzeitungen) werden ohne Zweifel sicherstellen, daß die Welt erfährt, wie vorausschauend sie waren. Das wird die Schwierigkeiten noch vergrößern, die Öffentlichkeit ruhig zu halten. Solange man aber glaubt, daß UFOs nie näher kamen als ein paar Hundert Meter über uns, sollte es möglich sein, die Leute davon zu überzeugen, daß nichts Traumatisches geschehen wird.

Sobald die UFOs aber näher kommen - oder ihr Näherkommen von Regierungsstellen bestätigt wird - wächst die Gefahr einer starken Reaktion in der Öffentlichkeit. Sobald einmal zugegeben wird, daß sie irgendeinen Einfluß auf die Menschen oder die Umwelt hatten (was „Begegnung der zweiten Art" genannt wird und physiologische und physische Wirkungen umfaßt), wird es für jedermann leicht sein, sich eines dieser gespenstischen Dinger vorzustellen, wie es einen aus der Ruhe bringt. Ein UFO, das einen unschuldigen Autofahrer auf einer einsamen Straße in der Nacht erschrecken kann, indem es neben ihm herfliegt und ein helles Licht in seinen Wagen scheinen läßt, kann das vermutlich auch mit anderen machen. Auch wenn kein echter Schaden entsteht, könnten doch starke Gefühle der Unsicherheit weite Teile der Bevölkerung überwältigen.

Selbst wenn die Regierung Annäherungsversuche und Augenblicke des Eingreifens nicht bestätigt, sobald Überflüge einmal akzeptiert sind, bedarf es keiner großen Phantasie mehr, um einigen der sensationelleren Behauptungen zu glauben, die im Laufe der Jahre aufgestellt worden waren. Und wir sollten dem ins Auge sehen: Wenn etwas fliegen kann, dann kann es wahrscheinlich auch landen. Und wenn es landen kann, dann dürften die, die es so ausgezeichnet fliegen konnten, auch in der Lage sein, herauszuklettern, um wer weiß was zu tun. Wo beruhigende Tatsachen fehlen, werden Visionen von scheußlichen, geifernden Monstern aus Science-Fiction-Filmen viel zu viele Phantasien auslösen.

Während sich die Information durch Mund-zu-Mund-Propaganda nach und nach verbreiten wird, wird sie als Sekundäreffekt die Glaubwürdigkeit der Regierung erschüttern, wenn die Öffentlichkeit bemerkt, daß man ihr nicht die ganze Wahrheit erzählt hatte und daß man den führenden Persönlichkeiten nicht trauen kann. Zum größten Teil wird die Öffentlichkeit die verblüffenden Neuigkeiten dennoch akzeptieren und sich wieder ihren Geschäften zuwenden. Selbst wenn die abstruse Idee von den „Entführungen durch Außerirdische" zum akzeptierten Bestandteil des täglichen Lebens werden sollte, sind solche Erlebnisse doch kurz und bringen kaum langfristigen körperlichen Schaden mit sich, und eine offene Diskussion könnte den psychischen Schaden vermindern. Aber es gäbe mit Sicherheit Auswirkungen auf die menschliche Kultur.

Zunächst ist da die politische und militärische Lage der Welt. Angesichts der immer größer werdenden Dringlichkeit, Frieden zwischen Ost und West zu erlangen, mag das Hinzukommen einer dritten Partei, der Außerirdischen, nicht den großen Einfluß haben, den es in den Tagen des ‚Kalten Krieges' gehabt hätte. Die Waffenindustrien bereiten sich bereits auf eine größere Anpassung an zivile Produkte und Dienstleistungen vor, da die Streitkräfte reduziert werden. Die Anerkennung Außerirdischer in unserer Mitte oder doch zumindest an unserem Himmel könnte die Allianz zwischen den lange antagonistischen Großmächten beschleunigen. Ronald Reagan sagte, als er Präsident war, bei mindestens vier Gelegenheiten, daß eine Bedrohung aus dem Weltraum die Nationen der Erde vereinen könnte.

Das unmittelbarste und schmerzlichste Ergebnis einer weitverbreiteten Anerkennung der Anwesenheit Außerirdischer wäre der rasche Wertverlust von Rüstungsaktien an der Börse. Es fiele schwer, angesichts weitaus überlegener Technologie, die wahrscheinlich dazu benutzt werden könnte, die Erde zu überwältigen, wenn das zu den Plänen der Außerirdischen paßte, den langfristigen Nutzen von Militärflugzeugen und Marschflugkörpern zu erkennen. Warum sollte man sich über Bedrohungen, die von anderen Ländern ausgehen, Gedanken machen, wenn doch eine viel unheilverkündendere Bedrohung genau über uns kreuzt?

Mit dem Wertverfall der Rüstungsaktien würde ein ähnlicher Wertverfall der Aktien Hunderter von Firmen einhergehen, deren Arbeit mit der Rüstung in Verbindung steht, besonders in der Forschung und Entwicklung. Man kann sich leicht einen Börsenzusammenbruch epischen Ausmaßes vorstellen, dem die Entlassung Hunderttausender Angestellter im „blauen Anton" wie im Anzug folgte und das schnelle Versagen aller Arten von Dienstleistungs- und Handelsgewerbe. Eine tiefe Depression könnte sehr wohl innerhalb kürzester Zeit folgen.

Dies allein würde die Regierung der Vereinigten Staaten (im Gleichklang mit anderem) davon abhalten, die Nachricht von der Existenz und Beschaffenheit der UFOs freizugeben. Welcher Präsident wollte als der „Herbert Hoover" des Weltraumzeitalters in die Geschichte eingehen und an einer finanziellen Katastrophe diesen Ausmaßes schuld sein? Wenn natürlich die Nachricht schön langsam herausgelassen werden könnte, so daß sich die Wirtschaft in etwa rechtzeitig auf die veränderte Nachfrage einstellen könnte, dann wäre es eventuell möglich eine tiefe Krise zu vermeiden. Wie wir aber bereits vermutet haben, sind die Chancen, das Tempo der Veröffentlichung zu bestimmen, nicht sehr groß.

Selbst wenn man die finanzielle Reaktion kontrollieren könnte, gibt es doch andere Elemente in unserer Kultur, die wahrscheinlich nicht so gut reagieren würden. Die Religion, zum Beispiel. Wie würden die großen organisierten Religionen auf die Anwesenheit von Außerirdischen in unserer Mitte reagieren? Ohne Zweifel würden viele die Außerirdischen sofort für sich beanspruchen, in der Überzeugung, daß lebende, intelligente Wesen von wo auch immer in Dingen der Philosophie und des Dogma zu denselben Schlüssen gekommen sein müssen wie sie.

Was aber, wenn die Außerirdischen eine Religion praktizieren, die einer bekannten Religion stark ähnelt, und alle anderen ablehnen? Oder wenn sie eine Religion praktizieren, die absolut keine Ähnlichkeiten weder zu den großen noch zu den kleineren Religionen der Erde aufweist, und damit alle unsere Religionen ablehnen? Oder falls es in ihrem Leben gar nichts gibt, was einer Religion auch nur ähnelt, und sie daher selbst die Idee einer Religion und eines „höchsten Wesens" ablehnen? Was wäre demnach, wenn auch sie eine Periode erdenähnlichen religiösen Verhaltens durchlebt hätten, der dann ein nichtreligiöses Leben folgte, das ihnen eindeutig besser bekam?

Würden die religiösen Führer das in reifer Art und Weise akzeptieren, oder würden sie große Bemühungen unternehmen, die Außerirdischen (und damit auch gleich ihre abtrünnigen Schafe) von der absoluten Notwendigkeit zu überzeugen, ihren „einzig und allein wahren" Glauben anzunehmen? Würden sie sich zu einem religiösen Krieg gegen die Außerirdischen verbünden? Während Massen singender und jubilierender Glaubensbrüder, die die Zentren der großen Städte füllen und den Bedürfnissen einiger Kirchenführer entgegenkommen mögen, die ihre Autorität schwinden sehen, wäre der Einfluß auf die religiöse Toleranz doch verheerend.

Dessenungeachtet wäre die Haltung der Außerirdischen gegenüber den Religionen der Erde für Hunderte Millionen Menschen überall in der Welt, denen von Kindesbeinen an beigebracht worden war, daß ihr Glaube der einzig wahre im ganzen Universum sei, mit Sicherheit ein sehr aufregendes Erlebnis. Wenn diese offensichtlich hochentwickelten Wesen auch ohne erkennbare Gottheit gut funktionieren, würde das Bedürfnis nach Religion wie wir sie kennen, weniger werden, wenn nicht ganz verschwinden. Die Antwort der großen Kirchen wird sich zeigen, aber die Erfahrung bietet keinen Grund zum Optimismus.

In den weiten und immer wichtiger werdenden Feldern der Wissenschaft und Technologie könnte die Erkenntnis, daß uns andere um Jahrzehnte, Jahrhunderte oder vielleicht sogar Jahrtausende voraus sind, einen Schlag gegen das kollektive Ego bedeuten, von dem wir uns nie mehr erholen würden. So viele der besten Denker der Welt sind mit der systematischen Suche etwas auf eine neue und bessere Art und Weise auszuführen, so beschäftigt, daß es verheerend sein könnte, ihre Motivation zur Grundlagenforschung zu zerstören.

Das Gebiet, das von der Erkenntnis, daß andere die großen und kleinen Probleme der bemannten Raumfahrt gelöst haben, am unmittelbarsten betroffen wäre, wäre das Raumfahrtprogramm der Vereinigten Staaten, der ehemaligen Sowjetunion und der kleineren Nationen in der Raumfahrt. Milliarden auf ausgeklügelte Bemühungen zu verschwenden, den Mond zu kolonisieren und den Mars zu erforschen, erschiene plötzlich genauso sinnlos wie der Versuch, bessere Straßen für römische Wagen zu bauen. Cape Canaveral und das russische Weltraumzentrum bei Tyuratam würden rasch zu Museen statt zum Sprungbrett für die aufregendsten Abenteuer des Menschen.

Und was wird aus den Tausenden hoch gebildeter und erfahrener Spezialisten, die ihr Berufsleben den Raumfahrtprogrammen gewidmet hatten? Sie würden nicht nur ihren Arbeitsplatz verlieren, sondern auch ihre angesehene Stellung in der Gesellschaft. Sie wären so altmodisch wie die, die einst Pfeilspitzen herstellten, indem sie Feuersteine anspitzten. Ohne Motivation blieben auch Hunderttausende junger Leute in vielen Ländern, die deshalb um so härter studierten, weil sie von der Hoffnung getragen waren, eines Tages an ihrem nationalen Raumfahrtprogramm teilnehmen und vielleicht etwas Wichtiges für die Menschheit tun zu können.

Die technologisch am weitesten entwickelten Kulturen der Erde könnten auf ein früheres, weniger weit entwickeltes Stadium zurückfallen, wie es immer geschah, wenn eine moderne Gesellschaft unbedacht eine primitive ausrottete. All das und noch mehr könnte den Präsidenten davon abhalten, auch nur einen Hinweis darauf zu geben, daß UFOs echt sind. Und er hofft, daß die unvermeidliche unerwartete Landung oder der Absturz erst geschieht, wenn er abgetreten ist, um seine unvollständigen Memoiren zu schreiben.

Stanton Friedman sieht als Wissenschaftler die Zukunft anders. Im Folgenden seine Sichtweise:

Die Auswirkungen, die die Außerirdischen im Hier und Jetzt auf die Menschheit haben, werden in vieler Hinsicht davon abhängen, wie sie vorgestellt werden. Entweder sie tun das selbst, mitten in der „World Series“. Oder unsere Regierung gibt endlich zu: „O ja, Außerirdische kamen schon immer hier her, wir wissen das bereits seit mehr als vierzig Jahren.“

Die Außerirdischen als böse darzustellen, könnte eine Kraft hervorbringen, die die Bewohner dieses Planeten dazu bringt, zusammenzuarbeiten. Es wäre eine echte Wohltat für die Rüstungsindustrie, wenn die Amerikaner, die Russen, die Deutschen, die Japaner und so weiter alle zum Wohle der Menschheit zusammenarbeiteten. Werden sie aber als gut dargestellt, kann man sich vorstellen, daß die Raumfahrtindustrie boomt. Schritte könnten unternommen werden, andere Planeten in unserem Sonnensystem zu kolonisieren, man könnte sich zur Heimatbasis der Außerirdischen bewegen, vorausgesetzt, sie liegt in der „Nachbarschaft“.

Können sie uns in der Weltraumtechnologie voranbringen, so daß auch wir zu den Sternen gelangen können? Hier stellt sich jedoch die große Frage: Werden wir als Besucher dorthin gehen, als Sklaven, als Gleichgestellte oder als mögliche Schüler eines kosmischen Kindergartens? Wird sich ein Weltraumtourismus entwickeln, der Besuchsreisen für Außerirdische vermittelt, die Jagen oder Fischen gehen oder vielleicht ihre Art von Flitterwochen verbringen möchten? Was ist, wenn sich herausstellt, daß die Außerirdischen hierher kommen, weil sie entdeckt haben, daß der Erde in naher Zukunft eine Katastrophe bevorsteht? Es könnte ein Asteroid auf Kollisionskurs sein. Oder wir könnten uns einer Region im Weltraum nähern, die eine hohe Strahlungsintensität hat. Oder vielleicht hat eine andere Rasse Außerirdischer unsere Zerstörung vorgesehen. Nur die Vorstellungskraft setzt den Möglichkeiten Grenzen. Wenn wir auf eine Katastrophe zugehen, sind sie bereit einige von uns oder uns alle zu retten? Sind sie bereit, unsere Antwort noch einmal zu überdenken? Wird dies einen Anreiz für uns darstellen, uns ihnen zu unterwerfen? Wir wissen es einfach nicht.

Was, wenn sich herausstellt, daß die Außerirdischen wirklich die Götter der Bibel sind? Das heißt, die allmächtigen Wesen, die schon früher hier waren, ihre Arbeit getan, uns dann verlassen haben und nun zurückkommen, um ihren technologischen Hut in den Ring zu werfen? Nehmen wir an, sie waren vor zweitausend Jahren hier, reisten dann durchweg mit annähernd Lichtgeschwindigkeit, so daß die Zeit sich für sie verlangsamte, während sie für die Leute weiterlief, die sie zurückließen. Sie könnten dieselben Wesen sein, die auch zu Jesus' Zeiten hier waren, und sie mögen Jesus oder andere Religionsführer zurückgelassen haben und sind nun zurückgekommen, um nachzusehen, wie alles gelaufen ist. Das klingt wie Science-fiction, wenn man aber bedenkt, daß Einsteins Relativitätstheorie besagt, daß sich die Zeit für Leute verlangsamt, die mit extrem hoher Geschwindigkeit reisen, dann besteht doch die verblüffende Möglichkeit, daß wir ein altes Experiment sind, das ausgewertet wird. Sie mögen nicht gerade schrecklich beeindruckt sein von der Art, in der wir gelernt haben, einander umzubringen, oder von unserer Unfähigkeit, viele grundlegende Bedürfnisse so vieler Leute auf unserem Planeten zu erfüllen.

Was, wenn sich herausstellt, daß es in den letzten dreißig Jahren direkte Treffen zwischen Repräsentanten der Erde und den Außerirdischen und vielleicht sogar Austauschprogramme gegeben hat? Es gibt da einen Bericht, nach dem es einen Film über ein Treffen auf dem Luftwaffenstützpunkt Holloman in den sechziger Jahren gibt, was sehr wohl wahr sein könnte. Wenn das stimmt ...

Was, wenn sich herausstellt, daß wir jemandes Privateigentum sind? Die Einwohner der beiden Amerikas hatten mit Sicherheit nicht viel zu melden bei den Territorialansprüchen der europäischen Entdecker im

16. und 17. Jahrhundert. Mit anderen Worten, unser Planet könnte eine Gegend sein, um die verschiedene Gruppen Außerirdischer disputieren. Es besteht auch die Möglichkeit, daß hier eine Strafkolonie war, eine Art Quarantänestation, in der sie Unerwünschte abladen und ihnen die Chance geben konnten, etwas daraus zu machen.

Es könnte auch sein, daß der Grund, warum Außerirdische hierher kamen, ein rein ökonomischer war. Was haben wir, für das Außerirdische sich interessieren könnten? Eines könnte das biologische Material sein. Es könnte die DNA der Leute sein, von der wir so viele Variationen zum Thema Mensch haben - unglaubliche Variationen von Defekten, Stärken, Schwächen. Und es gibt die DNA der Pflanzen und der Tiere, genetisches Strukturmaterial. Wir haben eine undifferenzierte biologische Population mit zum Beispiel 10.000 Variationen von Sorghum (einer Hirseart, d.Ü.). Welche Charakteristika Sie auch immer wollen, es gibt wahrscheinlich ein paar Samen mit diesen Charakteristika. Dasselbe gilt auch für Fische und Säugetiere, von denen es seit sehr langer Zeit viele Arten und Variationen gibt. Wenn die außerirdische Gesellschaft gelernt hat, die Reproduktion von Menschen, Tieren und Pflanzen unter Laborbedingungen zu kontrollieren, so könnte es sein, daß eine neue Krankheit entstanden ist. Es könnte sein, daß sie bestimmte Charakterisika brauchen, weil sie Orte erforschen wollen, für die ihr eigener biologischer Aufbau nicht paßt. Man kann sich unzählige Kombinationen zwischen deren und unseren Genen vorstellen, die zu ihren speziellen Bedürfnissen passen mögen. Wir wissen es nicht.

Es erscheint wahrscheinlich, daß jede technologisch fortgeschrittene Zivilisation Biologie genauso intensiv studiert haben wird wie Technologie, und so das „Geheimnis" des Alterns gelüftet hat. Das mag sie dazu gebracht haben, einen Weg aus dem Problem des Alterns zu finden. Mit anderen Worten, wenn es bestimmte biologische Uhren gibt, die neu gestellt werden müssen, wenn es bestimmte negative Stimuli gibt, so mögen sie unter Kontrolle gebracht worden sein, so daß eine fortgeschrittene Zivilisation, die sich zwischen den Sternen bewegen kann, länger lebt als wir.

Nehmen wir nun an, die Außerirdischen sind, nach irdischen Maßstäben, 300 Jahre alt, können ultra-fortschrittliche Computer benutzten und haben Zugang zu Informationen, die viele verschiedene Zivilisationen im Laufe einer langen Zeit entwickelt haben. Das unterscheidet sich sehr von unserer Situation - all unser Wissen wurde in den letzten paar Tausend Jahren gewonnen, was auf einer kosmischen Zeitskala nur eine sehr kurze Spanne bedeutet. Unter solchen Voraussetzungen kann man erwarten, daß einige außerirdische Besucher extrem gebildet sind. Ihr Denken mag in Bezug auf uns jedoch sehr zurückhaltend sein. Es kann sein, daß sie einfach abwarten und sagen, daß zwar viele von uns das Potential zum Guten haben und wahrscheinlich auch bildungsfähig sind, diese Eigenschaften bei unseren Führern doch sehr zu wünschen übrig lassen. Wir (die Außerirdischen) kamen in den vierziger Jahren des 20. Jahrhunderts hier her, weil wir eine wachsende Technologie entdeckten. Sie (die Menschen) hatten es fertig gebracht, in einem großen Krieg vierzig Millionen ihrer Leute umzubringen und viel von ihrem Planeten zerstört. Statt sich zu überlegen, wie sie miteinander in Frieden leben könnten, war das Nächste, was sie taten, konkurrierende Gruppen mit neuen Waffen von großer Zerstörungskraft zu entwickeln um dann die „großen Führer" in deren „erleuchtetem Selbstinteresse" noch mehr Millionen ihrer Leute umbringen zu lassen.

Diese Erde ist eine Gesellschaft mit ernsthaften Schwierigkeiten, da sie sich hauptsächlich an der Erfindung immer neuer effizienterer Wege, sich selber umzubringen, entwickelt hat. Wollen wir, daß sie sich in den Weltraum hinaus bewegen, oder sollten man sie auf der Erde behalten?

Im Hinblick auf ihre Einstellung dem Leben gegenüber können sie sicher nichts dagegen einwenden, daß wir mit ihnen ein paar biologische Experimente durchführen. Wir mögen uns vielleicht ein paar Tausend von ihnen geliehen haben, während sie jedoch zulassen, daß jeden Tag Zehntausende Kinder an vermeidbaren Krankheiten und an Hunger sterben. Wie können sie sich dann darüber beklagen, was wir tun? Manche von ihnen behaupten fest, wir seien grausam und „unmenschlich", doch sie schlachten jedes Jahr Millionen Tiere als Nahrung und als Sport.

Eine andere Möglichkeit ist, daß die Außerirdischen aus ökonomischen Gründen hier sind, die ganz andere sind, als daß sie wertvolles biologisches Material wollten. Die Erde ist der dichteste Planet des Sonnensystems, sie enthält so dichtes Material wie das wenig bekannte Osmium und Rhenium sowie Platin, Uran und Gold, von denen einige ganz besondere Eigenschaften haben. Viele haben hohe Schmelzpunkte, hohe Festigkeit bei hohen Temperaturen und sind sehr korrosionsbeständig. Wichtiger noch vielleicht erscheint es, daß, sie im Universum sehr selten sind, wie wir aus dem Studium der Spektren von Sternen wissen.

Die Erde hat daher wahrscheinlich größere Vorkommen dieser Metalle als jeder andere Planet in unserem Sonnensystem und wahrscheinlich auch in der ganzen Nachbarschaft. Vielleicht stecken die Außerirdischen

„Ansprüche“ ab wie die Goldsucher in Kalifornien und Alaska. Vielleicht stecken sie sogar ihre Ansprüche auf Materialien ab, die wir gar nicht als wichtig erachten, gerade so wie wir vor dem Zweiten Weltkrieg dem Uran, Zirkonium und anderen seltenen Elementen wie Eurodium und Neodymium wenig Aufmerksamkeit schenkten. Jetzt werden sie als wertvolle Metalle betrachtet, als Handelsmetalle.

Die Erde könnte auch ein Labor für außerirdische Psychologen sein, die das menschliche Verhalten studieren, gerade so wie wir Ratten in einem Irrgarten studieren oder Affen unter besonderen Bedingungen, wobei wir einseitige Spiegel und Kassettenrekorder verwenden. In Anbetracht unserer Schwierigkeiten, uns selbst zu verstehen, um wieviel faszinierender mögen wir da den Außerirdischen erscheinen? Ein Teil des ganz besonderen Verhaltens der UFOs (eine Scheibe, die mit der breiten Seite nach vorne fliegt, zum Beispiel, oder die über den Rand rollt) könnte analog dem Professor sein, der seine Psychologiestudenten mit einer scheinbar irrationalen Handlung schockiert, nur um zu sehen, wie sie reagieren werden.

Es mag für das Ego sehr befriedigend sein zu denken, daß die Außerirdischen, die die Erde besuchen, eine ganz bestimmte Absicht haben müssen, da ihre Reise außergewöhnlich schwierig, gefährlich und lang gewesen sein muß. Das wäre aber genauso dumm, wie wenn man moderne transatlantische Flüge an Charles Lindberghs historischem Alleinflug von 1927 messen würde. Damals war es ein mutiger Mann, der 34 Stunden in einem schlecht ausgerüsteten schwer zu fliegenden Einsitzer saß, heute fliegen jedes Jahr 10 Millionen Menschen in gerade einmal sechs oder sieben Stunden über den Atlantik. Viele reisen aus Gründen, die einst als trivial betrachtet worden wären, heute aber vollkommen akzeptabel sind, weil die Reise so einfach ist. Wenn man sechs Monate bräuchte, um dorthin zu kommen, würden sie nicht für ein Wochenende nach London gehen.

Wenn die Außerirdischen seit vielen Generationen oder seit Millionen Jahren zwischen den Sternen herumfliegen, könnten sie genauso viele Gründe haben, auf die Erde zu kommen, wie wir sie haben, um nach New York City zu gehen: gute, schlechte, indifferente; persönliche, höchst öffentliche; kurzfristige und langfristige; glückliche und traurige. Statt zu versuchen, uns vorzustellen, welcher einzige Grund die Außerirdischen motiviert, uns zu besuchen, sollten wir vielleicht eher ein weites Spektrum konkurrierender Möglichkeiten in Betracht ziehen.

Was den Grund oder die Gründe anbelangt, warum unsere Regierung weiterhin darauf besteht, daß sie überhaupt nicht hier sind: Vielleicht wissen sie etwas so Aufregendes, daß es auch nichts mehr helfen würde, wenn wir es wüßten. Vielleicht geschieht etwas Schreckliches, oder es ereignet sich bald, oder könnte vielleicht irgendwann einmal passieren, und die Aussicht könnte unsere Lebensweise stören und die Lage doch nicht verbessern. Selbst der Hinweis auf eine drohende Tragödie könnte großen Aufruhr verursachen.

Es ist auch möglich, daß, gerade wie Moses das „Gelobte Land" nicht betreten durfte, weil er der älteren Generation entstammte, die die Sklaverei kannte, unsere Regierungen warten, bis alle alten engstirnigen Militärführer gestorben oder zumindest pensioniert sind. Max Planck, der große deutsche Physiker, sagte: „Neue Ideen werden akzeptiert, nicht weil ihre Gegner schließlich an sie glauben, sondern weil ihre Gegner sterben und eine neue Generation aufwächst, die an sie gewöhnt ist."

Zum ersten Mal in der Geschichte haben wir eine neue Generation, die die Zeit gar nicht kennt, als es noch kein bemanntes Raumfahrtprogramm gab. Karrikaturen am Samstagmorgen, Fernsehserien wie *Star Trek*, Kinofilme und die Abendnachrichten werden kombiniert, um die jungen Menschen einer „Gehirnwäsche" hin zum Weltraumbewußtsein zu unterziehen.

Warum sind die Außerirdischen hier? Wo kommen sie her? Was, wenn überhaupt, sind ihre Pläne für uns? Warum haben sie sich nicht förmlich vorgestellt, statt so unauffällig wie möglich zu bleiben? Warum sind Regierungen entschlossen, ihre Anwesenheit geheim zu halten? Da uns jegliches Wissen über die Psyche der Außerirdischen fehlt, können wir ihr Verhalten nicht erforschen. Und da uns jeglicher Zugang zu den geheimsten Räumen des Pentagon verwehrt ist, können wir auch das Verhalten unserer eigenen Leute nicht erforschen, wenn sie den Außerirdischen gegenüberstehen.

Es haben sich fast ein halbes Jahrhundert lang die Daten über eine intensive UFO-Aktivität in unserer Atmosphäre und am Boden angehäuft, desgleichen auch die Theorien. Aber trotz der Bemühungen, die darauf verwandt wurden, das große Rätsel des 20. Jahrhunderts zu lösen, sind wir ihm heute nicht näher, als wir es waren, als UFOs über den weiten Flächen von New Mexico abstürzten und die Regierung uns so leicht an der Nase herumführen konnte und uns glauben machte, es sei Teil eines Wetterballons.

SCHLUSS

Im Juli 1947 stürzten in New Mexico zwei recht seltsame Geräte ab. Sie waren weder Wetterballons noch Versuchsraketen oder geheime Militärflugzeuge. Allem Anschein nach waren das, was abstürzte, zwei außerirdische Raumschiffe mit kleinen Humanoiden als Besatzung.

Dutzende von direkten und indirekten Zeugen haben über die Details der Abstürze ausgesagt, über die Bergung der Wracks und der Leichen durch das Militär, über deren Transport an Bord von Militärflugzeugen aus New Mexico und über die sorgfältige und fortgesetzte Verschleierung des vielleicht wichtigsten Ereignisses der letzten tausend Jahre durch die Regierung der Vereinigten Staaten.

Außer für ein paar Stunden am 8. Juli blieb die Geschichte dank der ungewöhnlich effektiven Desinformationspolitik der Regierung mehr als dreißig Jahre lang verborgen. Sie kam erst 1978 langsam ans Licht, als einer der beiden ersten Soldaten, die am Schauplatz des Absturzes bei Corona waren, einem der Autoren seine Geschichte erzählte. Langsam fanden sich mehr Zeugen, die ihre Aussagen dem hinzufügten, wodurch sich ein vollständigeres Bild ergeben konnte.

Hunderte, möglicherweise Tausende Männer und Frauen waren mit den aufwendigen, kostspieligen offiziellen Bemühungen befaßt, mit den Abstürzen umzugehen, die Wracks und die Leichen zu transportieren, zu untersuchen und zu verwahren und zumindest einen lebenden Außerirdischen zu beherbergen, zu erfahren, mit wem und was sie es zu tun hatten, und das alles geheim zu halten. Diejenigen, die diesen Prozeß initiierten, sind lange abgetreten, und die meisten anderen wahrten erfolgreich ihre Anonymität. Aber es melden sich immer mehr Bürger, die das Interesse der Öffentlichkeit im Sinn haben und neue Informationen liefern, die helfen, diese sehr komplexe Materie zu klären.

Wäre es bereits 1947 allgemein bewußt geworden, daß zwei Flugobjekte einer anderen, fortgeschrittenen Zivilisation in die Wüste New Mexicos eingeschlagen waren, wäre die moderne Geschichte des Menschen sicher anders verlaufen. So wie es aussieht, wurde diese Geschichte im Pentagon und in verschiedenen Geheimdiensten eingemauert, wo nur ein paar wenige Auserwählte davon wissen. Die Menschen in der Welt wurden über ein paar Ereignisse von unberechenbarer Tragweite im Unwissen gelassen.

Die Regierung der Vereinigten Staaten besteht auch weiterhin darauf, daß bei Corona oder San Augustin nichts Wichtiges geschah, daß dort in der Tat *überhaupt* nichts geschah! Sie wird diese Position aber angesichts einer wachsenden Sammlung von Zeugenaussagen derer, die dort waren, nicht für immer halten können.

Viel wurde erreicht, von den Autoren und von anderen, die einen großen Teil ihres Lebens der Suche nach der Wahrheit über die Ereignisse in New Mexico gewidmet haben. Aber es muß noch viel mehr getan werden, bevor denen in hohen Positionen klar wird, daß sie gegenüber dem amerikanischen Volk die moralische Pflicht haben, ihnen zu sagen, was vor fast zwei Generationen wirklich geschah. Der „Kalte Krieg" ist vorbei. Wie kann ein freies Volk in einer freien Gesellschaft eine Wahl treffen, wenn es in Unwissenheit gehalten wird?

Auch wenn es ein Wettlauf mit der Zeit ist, die Suche nach mehr und besseren Beweisen geht weiter. Wenn Sie irgendetwas mit den Abstürzen in New Mexico zu tun hatten, melden Sie sich bitte bei den Autoren. Wenn Sie jemanden kennen, der damit zu tun hatte, lassen Sie es uns wissen. Die Namen von Zeugen werden nicht ohne Erlaubnis verwendet werden. Und wenn Sie Informationen über weitere Abstürze von UFOs haben, in den Vereinigten Staaten oder anderswo, brauchen wir Ihre Hilfe. Rufen Sie an oder schreiben Sie: Stanton Friedman/Don Berliner, Jochen Kopp Verlag, Hirschauer Straße 10, D-72108 Rottenburg.

ANHÄNGE

Die Majestic-12-Dokumente wie sie Jaime Shandera 1984 erhielt.

A-1

TOP SECRET / MAJIC
EYES ONLY

001

NATIONAL SECURITY INFORMATION

* TOP SECRET *

EYES ONLY

COPY ONE OF ONE.

BRIEFING DOCUMENT: OPERATION MAJESTIC 12

PREPARED FOR PRESIDENT-ELECT DWIGHT D. EISENHOWER: (EYES ONLY)

18 NOVEMBER, 1952

WARNING! This is a TOP SECRET - EYES ONLY document containing compartmentalized information essential to the national security of the United States. EYES ONLY ACCESS to the material herein is strictly limited to those possessing Majestic-12 clearance level. Reproduction in any form or the taking of written or mechanically transcribed notes is strictly forbidden.

* TOP SECRET *

TOP SECRET / MAJIC
EYES ONLY

T52-EXEMPT (E)

EYES ONLY

001

TOP SECRET / MAJIC
EYES ONLY

Informationen mit Bedeutung für die nationale Sicherheit

TOP SECRET

NUR ZUR EINSICHTNAHME AUSFERTIGUNG EINS VON EINS

INFORMATIONSDOKUMENT: OPERATION MAJESTIC 12

ERSTELLT FÜR DEN DESIGNIERTEN PRÄSIDENTEN
DWIGHT D. EISENHOWER: (NUR ZUR EINSICHTNAHME)

18. NOVEMBER 1952

WARNUNG: Dieses Dokument ist STRENG GEHEIM - NUR ZUR EINSICHTNAHME und enthält abteilunginterne Informationen, die für die nationale Sicherheit der Vereinigten Staaten von entscheidender Bedeutung sind. Der ZUGANG NUR ZUR EINSICHTNAHME zu dem darin enthaltenen Material ist streng auf diejenigen beschränkt, die eine Unbedenklichkeitsbescheinigung für Majestic-12 haben. Reproduktion jedweder Art oder die Anfertigung geschriebener oder mechanisch übertragener Notizen ist streng verboten.

A-2

TOP SECRET / MAJIC

EYES ONLY

002

* TOP SECRET *

EYES ONLY COPY ONE OF ONE.

SUBJECT: OPERATION MAJESTIC-12 PRELIMINARY BRIEFING FOR PRESIDENT-ELECT EISENHOWER.

DOCUMENT PREPARED 18 NOVEMBER, 1952.

BRIEFING OFFICER: ADM. ROSCOE H. HILLENKOETTER (MJ-1)

NOTE: This document has been prepared as a preliminary briefing only. It should be regarded as introductory to a full operations briefing intended to follow.

* * * * * *

OPERATION MAJESTIC-12 is a TOP SECRET Research and Development/Intelligence operation responsible directly and only to the President of the United States. Operations of the project are carried out under control of the Majestic-12 (Majic-12) Group which was established by special classified executive order of President Truman on 24 September, 1947, upon recommendation by Dr. Vannevar Bush and Secretary James Forrestal. (See Attachment "A".) Members of the Majestic-12 Group were designated as follows:

Adm. Roscoe H. Hillenkoetter
Dr. Vannevar Bush
Secy. James V. Forrestal*
Gen. Nathan F. Twining
Gen. Hoyt S. Vandenberg
Dr. Detlev Bronk
Dr. Jerome Hunsaker
Mr. Sidney W. Souers
Mr. Gordon Gray
Dr. Donald Menzel
Gen. Robert M. Montague
Dr. Lloyd V. Berkner

The death of Secretary Forrestal on 22 May, 1949, created a vacancy which remained unfilled until 01 August, 1950, upon which date Gen. Walter B. Smith was designated as permanent replacement.

* TOP SECRET *

TOP SECRET / MAJIC

EYES ONLY EYES ONLY T52-EXEMPT (E)

002

TOP SECRET / MAJIC
EYES ONLY

TOP SECRET

NUR ZUR EINSICHTNAHME AUSFERTIGUNG EINS VON EINS

BEZUG: OPERATION MAJESTIC-12 VORLÄUFIGE INFORMATIONEN FÜR DEN DESIGNIERTEN PRÄSIDENTEN EISENHOWER.

DOKUMENT ERSTELLT AM 18. NOVEMBER 1952.

INFORMIERENDER OFFIZIER: ADM. ROSCOE H. HILLENKOETTER (MJ-1)

ANMERKUNG: Dieses Dokument ist lediglich als vorläufige Information gedacht. Es ist als Einführung zu einer umfassenden Unterrichtung zu verstehen, die noch erfolgen soll.

Die Operation MAJESTIC-12 ist ein STRENG GEHEIMES Forschungs- und Entwicklungs-/Aufklärungsprojekt, das unmittelbar und ausschließlich dem Präsidenten untersteht. Unternehmungen des Projekts unterstehen der Aufsicht der Gruppe Majestic-12 (Majic-12), die auf Empfehlung von Dr. Vannevar Bush und Minister James Forrestal durch geheime Sonderverfügung Präsident Trumans vom 24. September 1947 eingerichtet wurde. (siehe Anhang „A"). Als Mitglieder der Gruppe Majestic-12 wurden berufen:

Adm. Roscoe H. Hillenkoetter	Dr. Jerome Hunsaker
Dr. Vannevar Bush	Mr. Sidney W. Souers
Minister James V. Forrestal	Mr. Gordon Gray
Gen. Nathan F. Twining	Dr. Donald Menzel
Gen. Hoyt S. Vandenberg,	Gen. Robert M. Montague
Dr. Detlev Bronk	Dr.Lloyd V. Berkner

Durch den Tod von Minister Forrestal am 22. Mai 1949 wurde ein Sitz frei, der bis zum 1. August 1950 unbesetzt blieb; zu diesem Zeitpunkt wurde General Walter B. Smith als permanentes Mitglied berufen.

A-3

TOP SECRET / MAJIC

EYES ONLY

* TOP SECRET *

003

EYES ONLY

COPY ONE OF ONE.

On 24 June, 1947, a civilian pilot flying over the Cascade Mountains in the State of Washington observed nine flying disc-shaped aircraft traveling in formation at a high rate of speed. Although this was not the first known sighting of such objects, it was the first to gain widespread attention in the public media. Hundreds of reports of sightings of similar objects followed. Many of these came from highly credible military and civilian sources. These reports resulted in independent efforts by several different elements of the military to ascertain the nature and purpose of these objects in the interests of national defense. A number of witnesses were interviewed and there were several unsuccessful attempts to utilize aircraft in efforts to pursue reported discs in flight. Public reaction bordered on near hysteria at times.

In spite of these efforts, little of substance was learned about the objects until a local rancher reported that one had crashed in a remote region of New Mexico located approximately seventy-five miles northwest of Roswell Army Air Base (now Walker Field).

On 07 July, 1947, a secret operation was begun to assure recovery of the wreckage of this object for scientific study. During the course of this operation, aerial reconnaissance discovered that four small human-like beings had apparently ejected from the craft at some point before it exploded. These had fallen to earth about two miles east of the wreckage site. All four were dead and badly decomposed due to action by predators and exposure to the elements during the approximately one week time period which had elapsed before their discovery. A special scientific team took charge of removing these bodies for study. (See Attachment "C".) The wreckage of the craft was also removed to several different locations. (See Attachment "B".) Civilian and military witnesses in the area were debriefed, and news reporters were given the effective cover story that the object had been a misguided weather research balloon.

* TOP SECRET *

EYES ONLY

TOP SECRET / MAJIC

EYES ONLY

T52-EXEMPT (E)

003

TOP SECRET / MAJIC
EYES ONLY

TOP SECRET

NUR ZUR EINSICHTNAHME AUSFERTIGUNG EINS VON EINS

Am 24. Juni 1947 beobachtete ein Zivilpilot auf dem Flug über die Cascade Mountains im Bundesstaat Washington neun diskusförmige Flugobjekte, die mit hoher Geschwindigkeit in Formation flogen. Dies war zwar nicht die erste Beobachtung solcher Objekte, die bekannt wurde, aber die erste, die in den Massenmedien große Aufmerksamkeit erregte. Hunderte Meldungen von Beobachtungen ähnlicher Objekte folgten. Viele davon stammten aus äußerst glaubwürdigen militärischen und zivilen Quellen. Diese Meldungen führten zu unabhängigen Bemühungen verschiedener militärischer Stellen, im Interesse der nationalen Sicherheit Art und Absicht dieser Objekte festzustellen. Es wurden eine Reihe von Zeugen vernommen und einige erfolglose Versuche untenommen, gemeldete Flugobjekte mit Flugzeugen zu verfolgen. Die Reaktion der Öffentlichkeit grenzte gelegentlich an Hysterie.

Trotz dieser Bemühungen ergab sich nur wenig stichhaltiges über die Objekte, bis ein Rancher meldete, daß in einer abgelegenen Gegend von New Mexico etwa 120 Kilometer nordwestlich der Roswell Army Air Base (heute Walker Field) ein Objekt abgestürzt sei.

Am 7. Juli 1947 lief ein Geheimeinsatz an, um die Bergung dieses Objekts zu wissenschaftlichen Untersuchungszwecken sicherzustellen. Im Verlauf dieser Operation entdeckten Luftaufklärer, daß anscheinend vier kleine menschenähnliche Wesen aus dem Flugobjekt ausgestiegen waren, kurz bevor es explodiert war. Sie waren gut drei Kilometer östlich der Absturzstelle auf den Boden aufgeschlagen. Alle vier waren tot und stark entstellt durch Raubtiere und Witterungseinflüsse, denen sie etwa eine Woche lang ausgesetzt waren, ehe man sie fand. Eine spezielle Wissenschaftlergruppe besorgte den Abtransport dieser Leichen zur Untersuchung. (Siehe Anhang „C") Auch die Wrackteile des Flugobjekts wurden an verschiedene Orte gebracht. (Siehe Anhang „B") Es fand eine abschließende Besprechung mit zivilen und militärischen Zeugen statt, und den Reportern wurde zur Tarnung die wirkungsvolle Geschichte erzählt, bei dem Objekt habe es ich um einen abgetriebenen Wetterballon gehandelt.

• TOP SECRET •

EYES ONLY

COPY ONE OF ONE.

A covert analytical effort organized by Gen. Twining and Dr. Bush acting on the direct orders of the President, resulted in a preliminary concensus (19 September, 1947) that the disc was most likely a short range reconnaissance craft. This conclusion was based for the most part on the craft's size and the apparent lack of any identifiable provisioning. (See Attachment "D".) A similar analysis of the four dead occupants was arranged by Dr. Bronk. It was the tentative conclusion of this group (30 November, 1947) that although these creatures are human-like in appearance, the biological and evolutionary processes responsible for their development has apparently been quite different from those observed or postulated in homo-sapiens. Dr. Bronk's team has suggested the term "Extra-terrestrial Biological Entities", or "EBEs", be adopted as the standard term of reference for these creatures until such time as a more definitive designation can be agreed upon.

Since it is virtually certain that these craft do not originate in any country on earth, considerable speculation has centered around what their point of origin might be and how they get here. Mars was and remains a possibility, although some scientists, most notably Dr. Menzel, consider it more likely that we are dealing with beings from another solar system entirely.

Numerous examples of what appear to be a form of writing were found in the wreckage. Efforts to decipher these have remained largely unsuccessful. (See Attachment "E".) Equally unsuccessful have been efforts to determine the method of propulsion or the nature or method of transmission of the power source involved. Research along these lines has been complicated by the complete absence of identifiable wings, propellers, jets, or other conventional methods of propulsion and guidance, as well as a total lack of metallic wiring, vacuum tubes, or similar recognizable electronic components. (See Attachment "F".) It is assumed that the propulsion unit was completely destroyed by the explosion which caused the crash.

• TOP SECRET •

TOP SECRET / MAJIC
EYES ONLY

TOP SECRET

NUR ZUR EINSICHTNAHME AUSFERTIGUNG EINS VON EINS

Eine von General Twining und Dr. Bush auf direkte Anweisung des Präsidenten eingeleitete geheime Untersuchung erbrachte (am 19. September 1947) das vorläufige Ergebnis, daß es sich bei dem Objekt höchstwahrscheinlich um ein Kurzstecken-Aufklärungsflugzeug handelte. Diese Schlußfolgerung basierte größtenteils auf der Größe des Flugzeugs und dem offensichtlichen Fehlen jeglichen erkannebaren Proviants. (Siehe Anhang „D") Dr. Bronk leitete eine ähnliche Untersuchung für die vier toten Besatzungsmitglieder ein. Die Untersuchungsgruppe kam zu dem vorläufigen Schluß (30. November 1947), daß zwar die äußere Erscheingung dieser Wesen menschenähnlich sei, daß sich jedoch die biologischen und evolutionären Prozesse, die für ihre Entwicklung verantwortlich sind, erheblich von jenen unterschieden, die beim Homo sapiens beobachtet oder angenommen werden. Dr. Bronks Team schlug vor, für diese Wesen den Begriff „Extraterristrische Biologische Entitäten" oder „EBE" als Standardbezeichnung einzuführen, bis eine Festlegung auf eine definitive Bezeichnung möglich ist.

Da praktisch gesichert ist, daß diese Flugobjekte nicht aus einem Land der Erde stammen, haben sich umfassende Überlegungen auf die Frage gerichtet, woher sie kommen und wie sie hierher kommen. Der Mars war und ist eine Möglichkeit, obwohl manche Wissenschaftler, vor allem Dr. Menzel, es für wahrscheinlicher halten, daß wir es mit Wesen aus einem völlig anderen Sonnensystem zu tun haben.

In dem Wrack wurden viele Proben einer mutmaßlichen Art von Schrift gefunden. Versuche, sie zu entschlüsseln, blieben bislang weitgehend ohne Erfolg. (Siehe Anghang „E") Ebenso ohne Erfolg blieben Versuche, die Art des Antriebs oder Art und Transmissionsweise der verwendeten Energiequelle festzustellen. Die Ermittlungen in dieser Richtung wurden erschwert durch das völlige Fehlen erkannbarer Tragflächen, Propeller, Düsentriebwerke oder anderer konventioneller Antriebs- und Steuersysteme sowie auch durch das völlige Fehlen von Verkabelungen, Rohren oder ähnlicher erkennbar elektronischer Bauteile.
(Siehe Anhang „F") Es ist anzunehmen, daß das Antriebssystem bei der Explosion, die zum Absturz führte, völlig zerstört wurde.

A-5

TOP SECRET / MAJIC
EYES ONLY

* TOP SECRET *

EYES ONLY   COPY ONE OF ONE.

A need for as much additional information as possible about these craft, their performance characteristics and their purpose led to the undertaking known as U.S. Air Force Project SIGN in December, 1947. In order to preserve security, liason between SIGN and Majestic-12 was limited to two individuals within the Intelligence Division of Air Materiel Command whose role was to pass along certain types of information through channels. SIGN evolved into Project GRUDGE in December, 1948. The operation is currently being conducted under the code name BLUE BOOK, with liason maintained through the Air Force officer who is head of the project.

On 06 December, 1950, a second object, probably of similar origin, impacted the earth at high speed in the El Indio - Guerrero area of the Texas - Mexican boder after following a long trajectory through the atmosphere. By the time a search team arrived, what remained of the object had been almost totally incinerated. Such material as could be recovered was transported to the A.E.C. facility at Sandia, New Mexico, for study.

Implications for the National Security are of continuing importance in that the motives and ultimate intentions of these visitors remain completely unknown. In addition, a significant upsurge in the surveillance activity of these craft beginning in May and continuing through the autumn of this year has caused considerable concern that new developments may be imminent. It is for these reasons, as well as the obvious international and technological considerations and the ultimate need to avoid a public panic at all costs, that the Majestic-12 Group remains of the unanimous opinion that imposition of the strictest security precautions should continue without interruption into the new administration. At the same time, contingency plan MJ-1949-04P/78 (Top Secret - Eyes Only) should be held in continued readiness should the need to make a public announcement present itself. (See Attachment "G".)

* TOP SECRET *

TOP SECRET / MAJIC
EYES ONLY

EYES ONLY   T52-EXEMPT (E)

Die Notwendigkeit, so viele weitere Erkenntnisse wie möglich über diese Fahrzeuge, ihre Flugeigenschaften und ihre Absichten zu gewinnen, führte im Dezember 1947 zu dem als US Air Force Project SIGN bekannten Unternehmen. Um Geheimhaltung zu wahren, beschränkte sich die Verbindung zwischen SIGN und Majestic-12 auf zwei Abwehroffiziere im Air Material Command, die die Aufgabe hatten gewisse Information auf dem Dienstweg weiterzuleiten. Im Dezember 1948 ging SIGN in das Projekt GRUDGE über. Derzeit läuft das Unternehmen unter dem Decknamen BLUE BOOK, der Air-Force-Offizier, der die Projektleitung innehat, ist gleichzeitig als Verbindungsmann tätig.

Am 6. Dezember 1950 schlug im Gebiet El Indio - Guerrero an der texanisch-mexikanischen Grenze ein zweites Objekt vermutlich gleicher Herkunft mit hoher Geschwindigkeit auf die Erde auf, nachdem es zuvor eine lange Flugbahn durch die Atmosphäre beschrieben hatte. Als ein Suchtrupp an der Absturzstelle eintraf, waren die Überreste des Objekts fast völlig verkohlt. Das Material, das noch geborgen werden konnte, wurde zur Untersuchung in die Anlage der Atomenergiekommission nach Sandia, New Mexico gebracht.

Auswirkungen auf die nationale Sicherheit sind auch weiterhin insofern bedeutend, als die Motive und Absichten diese Besucher völlig im Unklaren bleiben. Zudem hat ein erheblicher Anstieg der Aufklärungsflüge dieser Flugobjekte, der im Mai dieses Jahres begann und bis in den Herbst hinein anhielt Anlaß zu ernsthafter Sorge gegeben, ob sich vielleicht neue Entwicklungen anbahnen. Aus diesen Gründen sowie aus naheliegenden internationalen und technologischen Erwägungen und der unbedingten Notwendigkeit, eine öffentliche Panik um jeden Preis zu verhindern, bleibt die Gruppe Majestic-12 weitehin einstimmig bei der Ansicht, daß die strengsten Sicherheitsvorkehrungen ohne Unterbrechung auch unter der neuen Regierung fortbestehen sollten. Zugleich sollte der Eventualplan MJ-1949-04P/78 (Streng Geheim - Nur zur Einsichtnahme) weiterhin einsatzbereit gehalten werden, falls sich die Notwendigkeit ergeben sollte, eine öffentliche Erklärung abzugeben. (Siehe Anghang „C“)

A6

TOP SECRET / MAJIC
EYES ONLY

006

• TOP SECRET •

EYES ONLY

COPY ONE OF ONE.

ENUMERATION OF ATTACHMENTS:

- *ATTACHMENT "A"........Special Classified Executive Order #092447. (TS/EO)
- *ATTACHMENT "B"........Operation Majestic-12 Status Report #1, Part A. 30 NOV '47. (TS-MAJIC/EO)
- *ATTACHMENT "C"........Operation Majestic-12 Status Report #1, Part B. 30 NOV '47. (TS-MAJIC/EO)
- *ATTACHMENT "D"........Operation Majestic-12 Preliminary Analytical Report. 19 SEP '47. (TS-MAJIC/EO)
- *ATTACHMENT "E"........Operation Majestic-12 Blue Team Report #5. 30 JUN '52. (TS-MAJIC/EO)
- *ATTACHMENT "F"........Operation Majestic-12 Status Report #2. 31 JAN '48. (TS-MAJIC/EO)
- *ATTACHMENT "G"........Operation Majestic-12 Contingency Plan MJ-1949-04P/78: 31 JAN '49. (TS-MAJIC/EO)
- *ATTACHMENT "H"........Operation Majestic-12, Maps and Photographs Folio (Extractions). (TS-MAJIC/EO)

• TOP SECRET •

TOP SECRET / MAJIC
EYES ONLY

EYES ONLY

T52-EXEMPT (E)

006

TOP SECRET / MAJIC
EYES ONLY

TOP SECRET

<u>NUR ZUR EINSICHTNAHME</u> AUSFERTIGUNG <u>EINS</u> VON <u>EINS</u>

LISTE DER ANHÄNGE

„ANHANG A“	Geheime Sonderverfügung 092447 (TS/EO)
„ANHANG B“	Operation Majestic-12, Lagebereicht 1, Teil A, 30. November 1947 Nr. 1, (TS-MAJIC/EO)
„ANHANG C“	Operation Majestic-12, Lagebericht 1, Teil B 30. November 1947 (TS-MAJIC/EO)
„ANHANG D“	Operation Majestic-12, Vorläufiger Untersuchungsbericht, 19. September 1947 (TS-MAJIC/EO)
„ANHANG E“	Operation Majestic-12, Blue-Team-Bericht 5 30. Juni 1952 (TS-MAJIC/EO)
„ANHANG F“	Operation Majestic-12, Lagebericht 2, 31. Januar 1948 (TS-MAJIC/EO)
„ANHANG G“	Operation Majestic-12, Eventualplan MJ-1949-O4P/78 31. Januar 1949 (TS-MAJIC/EO)
„ANHANG H“	Operation Majestic-12, Karten und Fotofoliant (Auszüge). (TS-MAJIC/EO)

* TOP SECRET *

EYES ONLY

COPY ONE OF ONE.

ATTACHMENT "A"

* TOP SECRET *

T52-EXEMPT (E)

TOP SECRET / MAJIC
EYES ONLY

TOP SECRET

<u>NUR ZUR EINSICHTNAHME</u> AUSFERTIGUNG <u>EINS</u> VON <u>EINS</u>

ANLAGE „A“

A-8

TOP SECRET

EYES ONLY

THE WHITE HOUSE

WASHINGTON

00

September 24, 1947.

MEMORANDUM FOR THE SECRETARY OF DEFENSE

Dear Secretary Forrestal:

As per our recent conversation on this matter, you are hereby authorized to proceed with all due speed and caution upon your undertaking. Hereafter this matter shall be referred to only as Operation Majestic Twelve.

It continues to be my feeling that any future considerations relative to the ultimate disposition of this matter should rest solely with the Office of the President following appropriate discussions with yourself, Dr. Bush and the Director of Central Intelligence.

Harry Truman

TOP SECRET

EYES ONLY

00

TOP SECRET TOP SECRET / MAJIC
EYES ONLY

Das Weiße Haus Washington

24. September 1947

MEMORANDUM FÜR DEN VERTEIDIGUNGSMINISTER

Sehr geehrter Herr Minister Forrestal,

Wie bei unserem letzten Gespräch in dieser Angelegenheit vereinbart, erhalten Sie hiermit die Genehmigung, Ihr Unternehmen mit aller gebotenen Eile und Vorsicht fortzusetzen. Von nun an wird diese Angelegenheit nur noch als Operation Majestic Zwölf bezeichnet.
Ich bin auch weiterhin der Ansicht, daß alle zukünftigen Entscheidungen über die endgültige Regelung dieser Angelegenheit ausschließlich beim Präsidentenamt liegen sollten nach eingehenden Beratungen mit Ihnen, Dr. Bush und dem Director of Central Intelligence.

gez. Harry Truman

A-9

Notes by S.T. Friedman: This document was found after a few days of searching in the just declassified boxes of Record Group 341 in Mid 1985 by Jaime Shandera and William Moore. Stanton Friedman had discovered during a visit to the National Archives in March 1985 that the RG was in the process of being classification reviewed. Post cards were received hinting that checking the file would be a good idea. This memo clearly has nothing to do with anything else in Box 189 where it was found. Most likely it was planted there during the classification review which involved many teams of 4 each working for a few weeks in a location where they were able to bring in notes, files, brief cases etc. The item in its original form is a carbon on Dictation Onion Skin by Fox Paper. It is discolored around the edges. My best bet for the actual author is James S. Lay who was Exec. Sec of NSC and worked very very closely with Cutler and met "off the Record" with Ike at the WH on July 14, 1954. The mark through the classification is red STF →

July 14, 1954

~~TOP SECRET RESTRICTED SECURITY INFORMATION~~

MEMORANDUM FOR GENERAL TWINING

SUBJECT: NSC/MJ-12 Special Studies Project

The President has decided that the MJ-12 SSP briefing should take place during the already scheduled White House meeting of July 16, rather than following it as previously intended. More precise arrangements will be explained to you upon arrival. Please alter your plans accordingly.

Your concurrence in the above change of arrangements is assumed.

Note that the last sentence is almost identical to the wording of another TS Cutler-Twining memo found at the Library of Congress in the Twining papers. STF

ROBERT CUTLER
Special Assistant
to the President

Note that there is no signature and no /s/
STF

Anmerkungen von Stanton Friedman:
Dieses Dokument fanden Jaime Shandera und William Moore Mitte 1985 nach ein paar Tagen der Suche in den Kisten der Berichtsgruppe 341, deren Geheimhaltung gerade erst aufgehoben worden war. Stanton Friedman hatte bei einem Besuch in den Nationalarchiven im März 1985 entdeckt, daß die Geheimhaltung der Berichtsgruppe gerade einer Überprüfung unterzogen wurde. Wir erhielten Postkarten mit dem Hinweis, es sei eine gute Idee, sich die Akte einmal anzusehen. Diese Notiz hat mit allem anderen in Kiste 189, in der sie gefunden wurde, eindeutig nichts zu tun. Höchstwahrscheinlich wurde sie während der Überprüfung der Geheimhaltung dort hinein getan. Mit der Überprüfung waren viele Teams von je vier Leuten befaßt, die vier Wochen lang an einem Ort arbeiteten, zu dem sie Notizen, Akten, Aktenkoffer usw. mitbringen konnten. Das Blatt im Original ist ein Durchschlag auf Diktat-Durchschlagpapier von Fox Paper. Es ist an den Ecken ausgebleicht. Ich vermute stark, daß der wahre Autor James S. Lay ist, damals Executive Secretary beim NSC. Er arbeitete sehr, sehr eng mit Cutler zusammen und traf sich am 14. Juli 1954 „außerhalb des Protokolls" im Weißen Haus mit Ike. Der Strich durch den Geheimhaltungsvermerk ist rot.

TOP SECRET VERSCHLUSSACHE SICHERHEITSINFORMATION

MEMORANDUM FÜR GENERAL TWINING

BEZUG: NSC/MJ-12 Sonderstudienprojekt

Der Präsident hat beschlossen, daß die Informationsrunde über MJ-12 während des bereits terminierten Treffens im Weißen Haus am 16. Juli stattfinden soll und nicht im Anschluß daran wie ursprünglich beabsichtigt. Bei Ihrer Ankunft werden Ihnen die genaueren Abläufe erläutert werden. Bitte richten Sie Ihre Pläne entsprechend darauf ein.

Von Ihrer Mitwirkung bei der oben erwähnten Programmänderung wird ausgegangen.

Beachten Sie, daß dieser letzte Satz mit dem Wortlaut eines weiteren Cutler-Twining-Memorandums übereinstimmt, das sich in der Bibliothek des Kongresses unter den Twining-Papieren fand.

ROBERT CUTLER
Special Assistent
des Präsidenten

Beachten Sie, daß es weder eine Unterschrift noch ein Siegel gibt.

TOP SECRET [redacted]

9. (TS[redacted]) NSA-originated reports - Thirty-eight documents are the direct product of NSA SIGINT operations and one document describes classified SIGINT activities. These documents can be further described as follows:

a. The document describing SIGINT operations reports [redacted]

Eine typische Seite aus einer 21 Seiten umfassenden Eidesstattlichen Versicherung der National Security Agency an einen Bundesrichter, in der sie die Zurückhaltung 156 klassifizierter NSA UFO-Dokumente rechtfertigt, wie sie Stanton Friedman anläßlich einer Anfrage aufgrund des Freedom of Information Act 1979 erhielt.

LITERATURVORSCHLÄGE

Der erste Schritt und oft auch das größte Hindernis für diejenigen, die mehr über UFOs erfahren möchten, ist es, Informationen zu erhalten, denen man vertrauen kann. Ein großer Teil der neuesten und verläßlichen Informationen wird bei Konferenzen oder in UFO-Zeitschriften mit begrenztem Verteiler veröffentlicht, wohingegen viel des Materials, das überall zugänglich ist, ob in den Boulevardzeitungen im Supermarkt, über Computer-Informationssysteme oder in auflagenstarken Zeitungen und Zeitschriften oft von zweifelhafter Verläßlichkeit ist. Das Folgende ist eine Liste einiger Bücher, Berichte, Filme und Organisationen, die konsultiert werden sollten, wenn man über abgestürzte Untertassen und UFOs im allgemeinen mehr erfahren will.

Bücher

Berlitz, Charles, und Moore, William L. *Der Roswell-Zwischenfall* Wien/Hamburg: Paul Zsolnay Verlag, 1980, 196 Seiten. Enthält die ersten Interviews mit vielen Schlüsselfiguren der Ereignisse in New Mexico, aber auch viel sensationalisiertes Material, das nicht dazu gehört.

Randle, Kevin, und Donald R. Schmitt. *UFO Crash at Roswell.* NewYork: Avon, 1991, 327 Seiten. Beträchtliche Bemühungen wurden darauf verwendet, neue Zeugen zu finden, aber das Buch hat keine solide Basis, mißachtet Gerald Anderson, bringt die Geschichte von Barney Barnett in die Nähe von Corona und läßt die MJ-12-Dokumente der Bequemlichkeit halber weg.

Weiner, Tim. Blank Check: The Pentagon's Black Budget. New York: Warner Books, 1990, 273 Seiten. Weiner, der zwei Mal den Pulitzer Preis für Journalismus erhielt, leistet Ausgezeichnetes in der Dokumentation des jährlichen „schwarzen Budgets" des Pentagon (Forschungsgelder, die nicht der Kontrolle oder Aufsicht des Kongresses unterstehen).

Berichte und andere Veröffentlichungen

Eberhardt, George, Hrsg. „The Roswell Report: An Historical Perspective." 1991, J. Allen Hynek Center for UFO Studies, 2457 W. Peterson Avenue, Chicago, Illinois, 60659,U.S.A. 145 Seiten. Enthält 20 Artikel, von denen 12 Nachdrucke sind. Gegenbeweis zu dem langen negativen Artikel über MJ-12 sind nicht enthalten, und es wird auch nicht darauf verwiesen. Etliche neue Stücke, einschließlich eines über Gerald Anderson, weisen zahlreiche Fehler auf.

Friedman, Stanton T., „Flying Saucers, Noisy Negativists and Truth." Papier der MUFON Konferenz, Juli 1985. Zählt mehr als 20 falsche Aussagen von Phil Klass in dessen dreiseitigem Kommentar über Roswell in einem seiner Bücher auf. 17 Seiten, 15 Literaturverweise (UFO Research Institute, P.O.Box 968, Houlton, Maine 04730 U.S.A.).

Friedman, Stanton T., „The Final Report on Operation Majestic 12." 1990 veröffentlicht und finanziert vom „Fund for UFO Research', P.O.Box 277, Mt. Rainier, MD 20712 (U.S.A.) Auch erhältlich bei UFORI (gegen $14). 108 Seiten, 65 Seiten Text, viele Dokumente, Korrespondenz mit Phil Klass, Kopie seines Schecks über $1000, weil ihm nachgewiesen werden konnte, daß er bezüglich des Cutler Twining Memorandums im Unrecht war; stellt viele Anti-MJ-12-Argumente bloß. Listet 33 Details in den Dokumenten auf, die vorher nicht bekannt waren.

Friedman, Stanton T., „UFOs: Earth's Cosmic Watergate." 1981. Das große Bild der Verhüllung der UFOs, zitiert zahlreiche Dokumente der Regierung, einschließlich Anweisungen des USAF-OSI an alle Einheiten, ihre eigenen Regeln zu verletzen, wenn eine Anfrage nach dem Freedom of Information Act über UFOs von S. T. Friedman kommt. 22 Seiten (UFORI.)

Friedman, Stanton T., „Update on Crashed Saucers in New Mexico." Ein Papier, das beim 22. jährlichen Internationalen Symposium des MUFON im Juli 1991 in Chicago vorgestellt wurde. 20 Seiten, (UFORI).Aufzeichnungen über die gesamte Konferenz sind erhältlich. 301 Seiten (MUFON, 103 Oldtown Road, Sequin, Texas, 78155, U.S.A..

Friedman, Stanton T., „Update on Operation Majestic 12." Juli 1989. Ein Papier, das beim Internationalen Symposion des MUFON im Juli 1989 vorgestellt wurde. Enthält detaillierte Daten bezüglich der Mitglieder von MJ-12. 19 Seiten (UFORI).

Moore, W. L., „Crashed Saucers: Evidence in Search of Proof." Vorgestellt im Juni 1985 beim Symposium des MUFON in St. Louis, Missouri. Dies ist die beste Zusammenfassung der frühen Arbeiten von Friedman und Moore und beschäftigt sich auch eingehend mit Frank Scullys 1950 erschienenem Buch *Behind the Flying Saucers*. Erhältlich als getrennter 48seitiger Bericht von UFORI.

Moore, W. L. und Shandera, Jaime, „The MJ-12 Documents: an Analytical Report." 1990. Unter den vielen Details, die der Bericht liefert, sind auch Einzelheiten über Schreibmaschinentypen, Schreibstile, Unterschriften und etliche andere Bemühungen zur Desinformation im Zusammenhang mit Dokumenten. Beschäftigt sich vor allem mit Gerichtlichem. 111 Schreibmaschinenseiten, Großformat, (The Fair Witness Project, 4219 W. Olive Avenue, #247, Burbank, California, 91505 U.S.A).

Schmitt, Donald R., „New Revelations from Roswell." Vorgestellt beim MUFON Symposium in Pensacola, Florida, im Juli 1990. Ablauf auf S. 154 - 168. Gesamtumfang 201 Seiten, erhältlich beim MUFON.

Stringfield, Leonard, „UFO Crash Retrievals - The Inner Sanctum" Juli 1991. 142 Seiten erhältlich beim MUFON.

Artikel

Carpenter, John S. „Gerald Anderson: Truth vs. Fiction." *MUFON UFO Journal*, No. 281 (Sept. 1991): 3-7, 12. Detaillierte Kritik der Attacken gegen Gerald Anderson in „Roswell Report".

Friedman, Stanton T. „The MJ-12 Debunking Fiasco." *International UFO Reporter*, 13:3 (Mai/Juni 1988). Stellt viele der Anti-MJ-12 Behauptungen von Phil Klass bloß, wie sie in *The Skeptical Inquirer*

veröffentlicht worden waren.
Friedman, Stanton T. „The Secret Life of Donald H. Menzel.“ *International UFO Reporter* (Jan./Feb. 1988): 20-24. Dokumentiert im Detail die Beweise für das Doppelleben des Donald Menzel als Gegner der UFOs, Professor der Astronomie in Harvard und effektivem Angestellten von Regierungsagenturen wie NSA, CIA und der Navy (und höchstwahrscheinlich wichtiges Mitglied der Operation Majestic 12).

Filme

UFOs Are Real, ein 93minütiger Dokumentarfilm, der unter anderem das erste Interview mit Sergeant Jesse A. Marcel, Interviews mit vier Doktoren, drei Oberstleutnants, zwei Entführten, mit Ted Phillips über Fälle mit körperlichen Spuren und viele Bilder von UFOs zeigt. S.T. Friedman war Co-Autor des Drehbuchs und technischer Berater, vor Ort und im Film (eine deutschsprachige Ausgabe ist erhältlich beim Jochen Kopp Verlag).
Whiting, Fred, *Reflections on Roswell*, 1992. 105minütiges Video mit vielen der wichtigsten Zeugen, die die abgestürzten Untertassen gesehen hatten. Erhältlich nur beim Fund for UFO Research.

Organisationen

Für allgemeine Informationen über UFOs schicken Sie einen selbstadressierten Briefumschlag mit internationalem Antwortschein an:

1) The Mutual UFO Network (MUFON), 103 Oldtown Road, Seguin, Texas, 78155, U.S.A.. Gibt das monatlich erscheinende *MUFON Journal* und *Proceedings of the Annual MUFON International Symposium* heraus, gewöhnlich im Juli, sowie auch besondere Berichte. Hat über 5.000 Abonnenten und zahlreiche örtliche Niederlassungen, die für die Erforschung von Fällen in ihrer Gegend verantwortlich sind.
2) J. Allen Hynek Center for UFO Studies, 2457 Peterson Avenue, Chicago, Illinois, 60659, U.S.A.. Veröffentlicht den zweimonatlich erscheinenden *International UFO Reporter*.
3) Fund for UFO Research, P.O.Box 277, Mt. Rainier, Maryland, 20712, U.S.A.. KEINE Mitgliederorganisation. Hat einen hochangesehenen

Vorstand und hat mehr als $250.000 aufgebracht, von denen mehr als $50.000 zur Erforschung von abgestürzte Untertassen verwendet wurden. Hält eine Liste von Veröffentlichungen bereit, einschließlich deklassifizierter Dokumente der Regierung. Spenden sind steuerabzugsfähig.

4) UFO Newsclipping Service, Route 1, Box 220, Plumerville, Arizona, 72127, U.S.A.. Monatlich mindestens zwanzig Seiten Ausschnitte über UFOs.
5) Arcturus Press, P.O. Box 831383, Stone Mountain, Georgia, 30083, U.S.A.. Spezialisiert auf Veröffentlichungen über UFOs, einschließlich gebrauchter Exemplare alter Klassiker.
6) *UFO Magazine*, 1536 S. Robertson Blvd. Los Angeles, California, 90035, U.S.A. Zweimonatlich.
7) Omega Communications, P.O. Box 2051, Cheshire, Connecticut, 06410, U.S.A.. Hält eine jährliche Konferenz ab „The UFO Experience“ und nimmt den Ablauf auf Tonband und Video auf. Hat eine Liste Dutzender Vorträge führender UFO Forscher, einschließlich Stanton Friedman und Don Berliner, plus UFO Kontaktlern und Entführten.

UFOLINE liefert Informationen über verschiedene Aspekte des UFO-Phänomens. Informationen liefert Stanton Friedman, 1-900-446-UFOS (8367). Anrufe kosten $2 für die erste Minute, danach $1. Sie können Nachrichten und Berichte von Sichtungen hinterlassen.

Speziell für den deutschen Sprachraum bietet der Jochen Kopp Verlag ein umfangreiches Angebot an deutschsprachiger UFO-Literatur und Videodokumentationen zum Thema. Desweiteren erscheint in diesem Verlag die weltweit verbreitete Fachzeitschrift *UFO-KURIER*. Einen kostenlosen Gesamtkatalog erhalten Sie beim Jochen Kopp Verlag, Hirschauer Straße 10, D-72108 Rottenburg.

INDEX